JN028279

企業倫理入門

理論とケースで学ぶ

編著 高浦康有
TAKAURA Yasunari

藤野真也
FUJINO Shinya

東京 白桃書房 神田

はじめに

　最近、ビジネス関連の記事やニュースで、コーポレート・ガバナンス、CSR、CSV、ESG、SDGs 経営といった言葉を見聞きする機会が多くなった。これらのキーワードを概説した実用書の新刊も相次いでいる。こうした用語の隆盛の背景として指摘できるのは、企業の社会的責任の領域の拡大である。企業の社会への影響力が高まるにつれて、企業にとっても社会にとっても持続可能なビジネスを期待する声が高まっている。企業には、それを取り巻く投資家や労働者、消費者、地域社会（自然環境を含む）といった利害関係者との間でサステナブルな関係が構築、維持できているか問われるようになった。

　ではそうした社会的期待に応えるためには、企業はどうすればよいのだろうか。目先の流行用語に振り回されることなく、哲学や倫理学を軸に据えた本質的なアプローチが経営に求められる。そこで、「よい企業」の倫理的基準や社会規範に合致した事業要件をしっかり見据えるための学問的視点が必要となる。本書が提供するのは、いわばサステナブルな経営を構想しデザインするための基本的な視座である。

　本書がベースとする企業倫理学（business ethics）は、応用倫理学の一部として 1970 年代頃から研究が盛んになり、現在では経営学、倫理学はもとより、法学、哲学、心理学、社会学などあらゆる学問領域からのアプローチが見受けられる。そのため企業倫理学に敷衍的な定義を与えることは容易ではないが、誤解を恐れずにあえてそれを試みようとすれば、グッド・ビジネス（good business）とは何かを探求する学問といえる。グッド・ビジネスという言葉を直訳すればよいビジネスとなるが、ここで注目したいのは「グッ

ド」の基準を定めることの難しさと「ビジネス」という言葉の多義性である。

　まず何がグッドであるかについては、あなたが思う正しさと、他人が思う正しさは異なっているかもしれない。しかし文化的、宗教的に多様な背景をもつ人々から成る社会にあっても、理性的な存在である人間であれば何か合意できる共通のものがあると考えるのが主たる倫理学の立場である。そして、その共通の基準を導くにあたっては、さまざまなアプローチがある。本書では西洋倫理学が展開してきた主要な学説に依拠しながら、よいビジネスの根拠づけや倫理的判断の基本的な枠組みに迫っていく。

　次にビジネスという言葉が多様な意味をもつことについてである。ビジネスは大きく、第一に企業という意味、第二に事業活動という意味、そして第三に仕事という意味がある。これを踏まえ、もう一度グッド・ビジネスという言葉に立ち返ってみると、企業倫理を学ぶとは、よい企業とは何か、よい事業活動とは何か、よい仕事はいかに生まれるか、を探求することにほかならない。本書ではこの三つを柱に据えながら、企業倫理に関するトピックスを体系的かつ網羅的に学習していく。

　さて本書は、序章および四つのパートから構成される。

　序章では、まず企業倫理をとりまく今日のグローバルなビジネス環境について概観しつつ、企業倫理が求められる社会的背景や根拠について考える。

　第Ⅰ部では、上述したグッド・ビジネスを理解する際の基礎となる主要な倫理学説について解説する。そもそもグッドかバッドか善悪の基準とは何だろうか。功利主義や正義論、徳倫理など規範倫理学のアプローチを参照しながら、具体的なビジネスの文脈でこのことについて考えていく。また、近年の行動倫理学の成果も紹介し、実践的な場面で良心を保つことが難しくなる状況についても留意を促したい。

　第Ⅱ部以降は、こうした善悪の基準への理論的理解を踏まえて、よきビジネスの制度的、風土的側面をより具体的に取り扱う。企業倫理もしくは経営倫理の講義ではなく、コーポレート・ガバナンスやCSR論などのテキストとしてより実践的に活用する場合には、第Ⅰ部をいったん飛ばして、第Ⅱ部

以降から読み進めてもよいだろう。

第Ⅱ部では、よい企業のあり方をめざして企業はどうあるべきか、どう統治されるべきかについて検討する。法律を守るだけではない、株主やその他のステークホルダー（利害関係者）のことを考えた理念的な経営が今日ますます企業に求められていることに鑑み、企業倫理をどう経営制度に組み込めばよいかについて考えるヒントを提示する。

第Ⅲ部では、よい事業活動をテーマに、事業戦略、マーケティングなど個別の事業活動において、企業がどのように振る舞うべきかに焦点を当てる。より複雑化する環境や社会の課題に的確に対処するため、戦略的な志向に倫理観を組み込むビジネス・マインドが必要とされている。かつて環境問題への関心の高まりを契機に、CSRへの対応が期待されるようになった企業社会の歴史を紐解きながら、今日の事業活動のあるべき姿をとらえると同時に、これからの時代における新たな課題であるAIと企業倫理の関連についても問題提起を行う。

第Ⅳ部では、よい仕事・職場をどうつくるかという観点から、企業を構成する個々のメンバーである従業員というステークホルダーの重要性に焦点を当てる。従業員がやりがいをもって働ける職場をどうつくるか、また従業員のもつ主体性や多様性を経営にどう活かすか、などを具体的に考察していく。また、従業員の道徳意識を高め自発的な倫理的行動を促し、職場の倫理風土を構築するためのリーダーシップのテーマについても取り扱う。最後に、経営者の倫理と対立しがちな技術者（専門職）の倫理についても取り上げ論じる。

　本書では、大学や企業研修においてテキストとして利用されることを想定して、各章のおわりに討論のための問いとビジネス・ケースを設けた。日本企業のケースを多く取り入れている点も、これまでの海外テキストの翻訳本にはない本書の特徴である。また過労死問題やLGBT（性的マイノリティ）差別、原発事故など日本の企業社会の実情に即したトピックを取り上げ、企業倫理の課題をよりリアルにとらえることができるように配慮した。ビジネス・ケースを読むことで、本文の学習内容がより具体的にイメージでき、理

解が深まるだろう。さらに本文やケースを読んだ後に、ぜひ問いについて考え、クラスメートや同僚と意見を交わしてほしい。多様な見解や価値観に触れることで、ビジネスの倫理的課題についてあなたの見方もより深まっていくはずである。

とくにこれからビジネスの世界に飛び込もうとする若い読者には、本書を通じて、これまで倫理学が展開してきた知見に照らし合わせ、ビジネス上の困難な課題に直面したときに、確たる倫理観をもってよりよく対処し解決の筋道を示すことのできる思考法を身につけてほしいと願っている。

今ビジネスを学んでいる大学生にとっても、またビジネス経験を積んだ社会人にとっても、さらに企業の倫理問題に関心を寄せる一般市民の読者にとっても、本書が企業のあるべき姿への洞察を深めてくれる意義ある一冊となれば嬉しく思う。

2022 年 2 月

高浦康有　藤野真也

目次

――――

――――――――――――

第Ⅰ部　ビジネスと倫理学

第II部　よい企業システムの構築

第III部　よい事業活動の展開

第IV部　よい仕事・職場の創造

企業倫理とは何か

1　グローバル経済が直面する課題

　20世紀後半から人やモノ、情報が国境を越えて移動する経済のグローバル化が顕著になっている。主要な企業は海外に製品を輸出するだけでなく、多様な国や地域に生産拠点を展開し、多国籍企業へと成長を遂げるに至っている。

　こうしたグローバル化のうねりは私たちの社会にも多くの影響をもたらしている。家電量販店には新興国ブランドのスマートフォンが並び、建設や介護の現場ではアジアの若者が人手不足を補って働いている。新型コロナウィルス感染症の流行により訪日観光客が激減したことで、観光業を中心にダメージを受けるなどの影響も生じた。もはや海外との交易的なつながりなしには私たちの経済は成り立たなくなっていると言えよう。

　世界に目を向ければ、グローバル化はそれまで途上国とされてきた国々に成長の機会を与え、世界的な富の再分配を促す側面をもつ一方、それらの地域の労働者に十分な恩恵が行き届かず、搾取的で劣悪な労働環境を許容してきた側面があることも指摘されている。また生産過程において深刻な環境汚染が放置され、地域の住民に健康被害を及ぼすような事態も生じている。製品・サービスのサプライ・チェーン（供給網）が世界的に拡大する中、グローバル企業は生産者とフェアな取引を進め、社会・環境面で倫理的配慮を行っていかなければならない。

先進国とされる日本の経済にあっても、長時間労働にともなう過労死の問題が後を絶たなかったり、管理職や役員への女性の登用が十分に進んでいなかったり、製品の検査体制の不備によって消費者が生命の危険にさらされたりといった課題が見られる。より安全で確かな製品・サービスの提供や労働者の人権への配慮といったものが、国内企業にも求められているのである。

2　企業になぜ倫理が必要か

ここで企業がなぜ倫理的でなくてはいけないのかを考えてみよう。

もしアジアのコーヒー豆の生産者と取引するカフェ・チェーンが、世界的な供給過剰でコーヒー豆の国際価格が下落しているときに、生産者の足元を見てコーヒー豆を安く買い叩くなら、どうであろうか。あるいは石油会社が、石油の掘削を行っているアフリカ地域で、パイプラインからの原油流出による水質汚染やガス燃焼による大気汚染を見過ごしているなら、どうなるであろうか。

いずれコーヒー豆の生産者は経済的な苦境に陥り、コーヒー産品の供給が滞ってしまうかもしれない。あるいは汚染が深刻化し人間が生存できないような環境ゆえに、石油の掘削や輸送、設備の保守にあたって人材の確保が難しくなり、やがて生産活動が停止してしまうかもしれない。つまり地域社会の維持を前提とした「持続可能な（sustainable）」ビジネスではなくなってしまうのである。

企業がその利己心のおもむくままに資源を収奪するなら、結果的に企業の衰退や滅亡を招いてしまうことになる。逆に、フェアトレード（公正な対価に基づく生産者支援）を積極的に実践し、あるいは環境汚染の除去や防止のみならず地域の衛生インフラの改善に取り組むといった活動がなされるなら、社会全体の持続可能性を高めることにつながるだろう。

ここから企業はその利己心を抑制し、事業を展開している地域社会とともに長期的な繁栄の道を選択すべきであるという倫理規範が導かれる。

「啓発された自己利益」の視点から考える

　17世紀のイギリスの哲学者トマス・ホッブズ（Thomas Hobbes, 1588-1679）は、各人の利己心が衝突し合う自然状態は万人の万人に対する闘争でしかないとみなし、人々が自然的理性にしたがって国家権力に統治を委譲することで市民社会の秩序がもたらされると考えた（Hobbes, 1651）。また同時代の哲学者ジョン・ロック（John Locke, 1632-1704）は、人々の合理的な承認によって、互いに公平に有する生命・自由・財産の諸権利が脅かされることのない統治国家が設立されると説いた（Locke, 1690）。自己利益の追求を互いに抑制することで、人々は敵対的状態から解放され、それぞれの自由と平等が守られることになる。そうした素朴な理性の働きを「啓発された自己利益（enlightened self-interest）」と呼ぶ。

　企業もまた自己抑制的に利益を追求することで長期的な存続が図られる。ただし留意しておきたいのは、ここでいう「啓発された自己利益」の考え方は、単に消費者から不買運動を起こされないように、あるいは企業の評判を高めるために、短期的には利益にならないようなことに取り組むという戦略的な思考とは異なることである。

図表 0.1　版画家アブラハム・ボスによるホッブズ著『リヴァイアサン』の表紙

上部に描かれた巨大な支配者（主権国家＝リヴァイアサン）の身体は、自然権を自ら譲渡した多数の臣民から構成されている。
［出所］Public Domain, from the British Library's collections, 2013［05 5054]

　先の例で言えば、コーヒー豆を安く買い叩くと消費者からバッシングされるからとか、環境汚染を放置したままではその石油会社の系列のガソリンスタンドで不買運動にあうからといった理由で対策を講じる企業の行動が見られるとすれば、それは多少利口な利己心に基づくものでしかない。ブランド価値を上げるため、善き会社であるという印象づけを狙う場合も同様である。

「啓発された自己利益」の思考は、本来的に、自己もその一部である社会システムを維持、発展させようという理性的観点から、狭義の利己心を抑制しようというものでなくてはならない。

「共通価値の創造（CSV）」を実践する企業

この点、アメリカの経営学者のマイケル・ポーター（Michael E. Porter）らが近年、社会と企業双方の価値を生み出す戦略フレームワークを CSV（creating shared value：共通価値の創造）と名づけ、地域社会や経済環境の課題の解決により社会的価値を高めながら、同時に経済的価値としての収益を生み出していくアプローチを提唱したことは興味深い（Porter & Kramer, 2011）。そこには、もはや受身的に本業における社会的負荷の影響を和らげるといった従来の CSR（corporate social responsibility：企業の社会的責任）戦略は限界を迎えており、積極的に社会ニーズを事業に取り込み課題解決に当たらなくては現代の企業の成長はないという危機意識がある。

例えば世界的な食品大手のネスレは、妊娠中・出産後の女性や乳幼児向けに栄養価の高い食品・飲料の取扱いを増やしたり、サプライヤーである農業従事者の経済状態を改善したり、水資源の保全や公衆衛生へのアクセスの改善、廃棄物の削減を目指したりして、多様な CSV の実践に取り組んでいる[1]。株主利益のみならず株主以外のステークホルダーの価値も創造することが長期的に必要であると、同社は認識している[2]。ネスレ以外にも、GE、ダノン[3]、キリンなど、その経営環境に能動的に働きかけることで、事業機会の創出と同時に、社会の価値向上を図る企業が増えている。

1970 年代にいち早く社会的責任マネジメントの必要性を指摘したピーター・ドラッカー（Peter F. Drucker）は、企業は「社会の課題解決を事業機会につなげる」（Drucker, 1973）べきことを提唱したが、今日その取り組みの重要性はより高まっているといえるだろう。

国際的イニシアティブへの参画の広がり

　このように、社会と共存する持続可能なビジネスのあり方の思考を深めていくならば、企業個々のレベルを超えた、企業・団体どうしの国際的なネットワークによる枠組みづくりにつながる。そうした取り組みの一つとして「国連グローバル・コンパクト」があげられる。1999年の世界経済フォーラム（ダボス会議）の席上でコフィー・アナン国連事務総長（当時）が提唱した、企業等による自発的な取り組みに基づくイニシアティブ（行動計画）である。企業を中心とし大学、NGO、労働組合など多様な団体が、責任ある創造的なリーダーシップを発揮することによって社会の構成員として行動し、持続可能な成長を実現するための世界的な枠組みづくりが期待されている。2020年3月現在、世界約160カ国で1万4000を超える団体（そのうち企業が約1万社）が署名し、人権・労働・環境・腐敗防止の4分野・10原則を軸に活動を展開している。

　さらに2011年6月には「ビジネスと人権に関する指導原則」が国連の人権理事会で決議され、自社のみならずサプライチェーン上の取引先の従業員、地域社会の住民も対象として含む、あらゆるステークホルダーの人権の尊重に関する方針の策定や人権デュー・ディリジェンス（事業活動が人権に与える負の影響の特定や軽減・防止等に関わる一連の手続き）、被害者救済の取り組みが企業に求められるようになった。この指導原則の効果的な実施に向けて、2020年10月には日本政府によって「『ビジネスと人権』に関する行動計画」が策定され、日本企業においても人権擁護に向けた取り組みが徐々に進められている。

　また2015年9月の国連サミットで採択されたSDGs（sustainable development goals：持続可能な開発目標）[4]でも、貧困や飢餓の撲滅、環境保護、ジェンダー平等などの世界的な課題に対して、グローバル・パートナーシップにおける企業の貢献が期待されている。2016年3月にはグローバル・レポーティング・イニシアティブ（GRI）、国連グローバル・コンパクト、持続可能な開発のための世界経済人会議（WBCSD）の3団体が企業向けの行動指針である「SDGコンパス」を共同作成し、事業活動に持続可能性を統

合すべきことを企業に訴えている。

　グローバルな気候変動がもたらす自然災害の多発や感染症の世界的拡大、少数民族の政治的迫害など、個人の安全保障が脅かされるような事態が頻発する中、世界の人々の人権と福祉を守るため、企業に課された使命はより大きいものとなっている。こうした要請に応え、法的拘束力のないイニシアティブであっても積極的に参画し、政府やNGOなど多様なセクターと連携しながら国際的な課題解決に取り組む企業は、倫理的水準が高いと評価できよう。

企業倫理の理論的・実践的課題

　倫理という言葉は多義的であるが、これまで議論してきたように、本書ではひとまず「他者に対して一方的に不利な条件を押し付けたり搾取したりするのではなく、自己抑制的に対等な立場で共益的な関係をめざす」ことを企業の基本原則としてとらえ、グローバルにつながった世界をよりよくするために寄与することが、企業倫理を基礎的に形づくると考える。

　ただし、そうした企業倫理のとらえ方がいかに正当化されるかについては、功利主義や正義論などこれまでの倫理学の知見を動員しながら考察を深める必要があるだろう。またコーポレート・ガバナンスや事業戦略、マーケティングなどの企業実践に、この原則をどのように組み込んでいくかについては、それぞれの環境要因や歴史的動向を踏まえたうえで議論すべきだろう。さらに基本原則を支える従業員の道徳性を高めるリーダーシップや組織文化のありようにも注目していくことが望まれる。以降の章においては、企業倫理をめぐる、こうした理論的、実践的課題を取り扱っていくことにする。

3　企業は道徳的主体であるのか

　さて本書では、企業倫理の望ましいあり方や方向性を主として議論するものであるが、企業の倫理を語るときに気をつけるべきなのは、誰がその倫理

的意思決定を行う主体になるのかという問題である。企業が経営者一人によって単独支配されているような小規模経営の場合をのぞき、現代の企業は一般的に、多数で構成される複合的な意思決定の階層構造を有しており、法人それ自体に道徳的責任を負わせることはできないという見解がある。果たして、企業（法人）は道徳的主体であるのか、そうでないのか、この厄介な問題をあらかじめ検討しておかなければならない。

アメリカの企業倫理学の学界ではこの問題をめぐって 1970 年代から長い論争（企業道徳的主体論争）があり、近年でもさまざまな見解が示されている（宮坂、2016）。法人はその内的な意思決定構造がメンバーの行動を方向づけるがゆえに、道徳的責任の中心としての資格を得る（French, 1984）といった擁護論が支持される一方で、法人は没人格的な物的目的の達成のために制度化された経済的システムに過ぎず、自律的な意図を欠くゆえに、道徳的主体性を認められない存在である（Ladd, 1970；Rönnegard, 2013）といった批判論も根強い。

本書の立場

この点について本書では、「企業それ自体は確かに無機質なシステムであるが、構成メンバーにより道徳的目的の選択と達成は可能である」（Werhane, 1980）という中庸的な立場をとりたい。つまり企業は、第一義的には道徳的主体ではないが、個々人の道徳的に広い観点の役割責任の引き受けによって、道徳的にふるまうことができるという点で、派生的に道徳的主体と見なしうる存在である（Werhane, 1985）。この見解にしたがうなら、企業は個々の構成メンバーの意思決定と行為の結果として、あたかも道徳的意図をもったシステムとしてふるまうのであり、そこに法的および道徳的責任を有する主体としての特性を見出すことができるだろう。

そして組織において意思決定にかかわる個々のメンバーが倫理的観点を身に付けることで、集合的実体としての企業の道徳性も発展していくという展望が得られる。かくして企業（法人）が倫理的であるか否かは、その法人を構成する個々人の道徳意識と判断力にかかっているのである。

討論のための問い

1. 本章末のワコール（CASE0. 1）やKLM（CASE0. 2）のケースを読んで、各社は「啓発された自己利益」の考え方に従って行動しているといえるか、考えてみよう。

2. 自由主義経済を信奉する立場の人の中には、「市場の競争原理こそが社会の富を増進させるのであり、競争上の最低限のルールを順守した上であれば、企業は自由に自己利益を追求してよい、それ以上の倫理は不要だ」と考える人もいる。こうした見方に対するあなたの考えを述べなさい。

3. 資本主義経済を批判するマルクス主義の立場の人の中には、「企業（資本家）は自己の利益だけを考え、労働者が生み出した価値を搾取する性悪な存在であるから、そもそも倫理を期待することはできない。『企業倫理』は根本的に矛盾を含んだ表現に過ぎない」と考える人もいる。こうした見方に対するあなたの考えを述べなさい。

◇◇

CASE0. 1　ワコールによる外国人技能実習生の人権擁護[5]

　昨今の日本では、外国人労働者の受け入れが加速している。主な受け皿となっているのは「外国人技能実習制度」である。これは、外国人を一定期間日本に受け入れ研修・実習を行い、産業上の技能、技術、知識を伝授して、途上国の将来を担いうる人材を育成するという趣旨である。

　しかし、研修や実習という建前のもとに実習生を利用し、日本人が就きたがらない職種に労働力をまかなっているという批判がある[6]。また、一部の事業者が違法に低い賃金で実習生を搾取している実態もあり、諸外国から人権侵害との指摘も受けている[7]。その背景には、最低賃金水準が引き上げられたにもかかわらず、大部分の企業が下請業者との取引において契約単価を据え置いているという問題もある[8]。

　こうした状況の中、「人権重視」を掲げるインナーウェアメーカーのワ

コールは、製造委託先で実習生に対する賃金未払いの疑いが浮上したのをきっかけに、製造工程において外国人技能実習生に対する人権侵害が行われていないか調査を行った。調査は自社製品の製造にかかわる国内の製造委託先 60 工場のうち約 40 工場（うち 32 工場はワコールとは資本関係のない取引先の工場）が対象とされた。

　ワコールの調査担当者はこれらの工場を訪ね「労働基準監督署などから是正勧告を受けていないか」「労働時間の客観的記録があるか」「最低賃金額以上の賃金を払っているか」などをチェックする。さらに雇用契約書や労働条件通知書、監理団体による報告書なども確認し、人権侵害の疑いに目を光らせる。もし実際に不正行為が見つかれば見直しを求め、さらに隠蔽や改善指導に従わないなどの深刻な問題があれば、取引を打ち切るという厳正な対処も検討する。

　このようなワコールの取り組みの基には「ブランドに対する信頼は想定以上にもろい」という意識がある。同社は人権にかかわるリスクを強く認識し、サプライチェーン全体を通じて CSR 調査を推進し、人権意識の向上を図っている。

◇◇◇

CASE0.2 KLM の「責任ある航行」広告[9]

　2019 年 10 月、KLM オランダ航空は「いつも直接顔を合わせて話すことは必要ですか」とビデオ会議を推奨したり「電車で移動することはできませんか」と鉄道の利用を促すなど、利用者に飛行機に代わる選択肢を伝える広告動画を YouTube 上に公開した。このメッセージは、KLM が同年に発表した "Fly Responsibly（責任ある航行）" 計画に基づくもので、その背景には航空ビジネスを巡る社会的課題に対する認識の高まりがある。

　2012 年に航空業界は欧州域内排出量取引制度の対象となり、各社に温室効果ガスの排出枠が割り当てられた[10]。また 2019 年には環境活動家グレタ・トゥーンベリ氏らの影響で "flight shame（飛び恥）" という言葉が広がった。排出量増加が予想される航空業界に対し、社会の視線も厳しくなっ

ている。気候変動への意識の高まりとそれに伴う規制の強化は、航空会社にとって深刻なリスク要因となっている。

　こうした事態に対し、KLM は機体重量の削減やリサイクルなどを通じた持続可能性への取り組みを進める一方、自社の取り組みだけでは十分でないという認識をもち、顧客や業界に対し責任ある飛行機利用を呼びかけてきた。カーボンオフセットの無償提供や持続可能なビジネスの先進事例・ツールの共有もその一つである[11]。

　こうした KLM の取り組みは、業界を超えた広がりを見せている[12]。特に近距離路線については、飛行機以外の移動手段を視野に入れて減便を含む路線再編を進めている。利用者が時には飛行機に乗らないことも、産業の持続的成長の後押しになるという "Fly Responsibly" の姿勢が、同社の路線戦略において具現化されているのである。

　一方でこの取り組みは収益性を全く無視している訳ではない。KLM は便数を減らす代わりに鉄道会社と提携し、鉄道乗車券を航空券と同様に販売する方針をとっている。鉄道への接続に有利なアムステルダムの立地を活かし、空港に専用のチェックインデスクを設けるなど "Air&Rail" を新たなブランドとして売り出している。気候変動問題が地球規模での対応を要請する中で、航空会社のアライアンスは業界の垣根を超え、持続可能な成長へ向けた新たな道を模索している。

◇◇

注

1　ネスレ「共通価値の創造報告書 2018」参照。なおネスレは 1970 年代、乳児用粉ミルクの途上国販売に関わり NGO 等から「母乳育児を阻害している」「不衛生な水で作ったミルクで乳児の健康被害を招いている」といった批判を浴び、自社製品の不買運動を起こされた経緯がある（その後、同社は乳児用粉ミルクのマーケティング活動を規制した WHO［世界保健機関］の規約受け入れを表明した）。また 2000 年代にアフリカのカカオ農場での児童労働問題を告発されて以降、同社は取引先の児童労働撲滅に向けたモニタリング・現地支援の取り組みを進めた。グローバル企業としてそのアカウンタビリティ（説明責任）の遂行が常に注目されてきた企業といってよい。

2　ネスレのステークホルダーとの関係構築や CSV 戦略の詳細については、第8章、第10章を参照のこと。

3　フランスの食品会社ダノンは 2020 年 6 月、同国の会社法改正によって新たに設けられた会社形態、"Entreprise à Mission（使命を果たす会社）"モデルを上場企業として初めて採択した。このモデルは、株主利益以外に社会、環境に配慮すべきことを会社に求めるものであり、取締役がそうした義務を負うことを前提としている。同社は定款を変更し、人々の健康の改善と環境保護などを新たな目標として加え、その達成状況について、独立したミッション委員会が監督する体制を敷いた。

　　・ダノンジャパン株式会社「ダノン、上場企業初となる『Entreprise à Mission（使命を果たす会社）』に　年次株主総会において満場一致で採択」同社プレスリリース（2020 年 6 月 29 日）、https://www.danone.co.jp/wp/wp-content/uploads/20200629_PressRelease_Mission-Committee_j_Final.pdf

　　・林 順一（2021）「フランスにおける『会社の目的』に関する最近の動向：PACTE 法による『使命を果たす会社』の新設とダノンの対応」『国際マネジメント研究』第 10 巻、1-16 頁。

4　2001 年に策定されたミレニアム開発目標（MDGs）の後継として、2015 年 9 月の国連サミットで「持続可能な開発のための 2030 アジェンダ」として、SDGs が採択された。国連の全加盟国 193 カ国の参加のもと、貧困や飢餓の撲滅、ジェンダー平等の実現、環境保護など 2030 年までに持続可能でよりよい世界を目指す国際目標として位置づけられる。

5　本ケースは藤野真也が朝日新聞「『実習生の人権侵害ないか』ワコール、委託先に異例調査」2018 年 10 月 15 日、などをもとに構成した。以下、断り書きがない限り、各章末のケースは当該章の執筆者が作成した。

6　大重史郎（2016）「外国人技能実習制度の現状と法的課題：人権を尊重する多文化社会構築にむけた一考察」『中央学院大学法学論叢』第 29 巻第 2 号、281-299 頁。

7　外国人技能実習生を巡る人権侵害は、アメリカ国務省「人身売買監視対策室・人身売買報告書」2007 年 6 月、2008 年 6 月、2009 年 6 月、「国際人権（自由権委員会）総括所見」2008 年 10 月、「人、とくに女性と子どもの人身売買に関する特別報告者ジョイ・ヌゴジ・エゼイロ提出の報告書」2010 年 5 月 12 日、「移住者の人権に関する特別報告者ホルヘ・ブスタマンテによる報告」2011 年 3 月 21 日、などで指摘されている。

8　東京商工リサーチ「平成 28 年度取引条件改善事業（繊維業界における下請取引の実態等に関する調査）報告書」2017 年 3 月。

9　本ケースは藤野真也が朝日新聞「航空会社が『電車に乗って』と動画で呼びかけ？！KLM が創立 100 周年で大胆意見広告」朝日新聞デジタル・&TRAVEL、2019 年 10 月 1 日、などをもとに構成した。https://www.asahi.com/and_travel/20191001/148892/

10　European Union（2015）*EU ETS Handbook*, pp. 89-90.

11　Air France KLM Group "Dow Jones Sustainability Index announces latest rankings" *Newsroom*,（2018 年 9 月 13 日）。

12 　以下の説明は、次の資料を参考にしている。KLM Royol Dutch Airline "KLM, Thalys and NS Dutch Railways have joined forces to replace flights between Brussels and Amsterdam Airport Schiphol" *News Release*,（2019 年 9 月 13 日）。

参考文献

Drucker, P. F.（1973）*Management: Tasks,* Responsibilities, Practices. Harper & Row（上田惇生訳『マネジメント：課題、責任、実践』ダイヤモンド社、2008 年）

French, P. A.（1984）*Collective and Corporate Responsibility*. Columbia University Press

Hobbes, T. [1651]（1996）*Leviathan*（edited by Tuck, R.）. Cambridge University Press（水田洋訳『リヴァイアサン』(1)～(4)、(1)(2)改訳版、岩波書店、1992 年）

Ladd, J.（1970）Morality and the Ideal of Rationality in Formal Organizations. *The Monist, 54,* pp. 488-516

Locke, J. [1690]（1988）*Two Treatises of Government*（2nd ed., edited by Laslett, P.）Cambridge University Press（加藤節訳『完訳　統治二論』岩波書店、2010 年）

Porter, M., & Kramer, M.（2011）Creating Shared Value: Redefining Capitalism and the Role of the Corporation in Society. *Harvard Business Review,* January and February 2011（編集部訳「共通価値の戦略」『DIAMOND ハーバード・ビジネス・レビュー』2011 年 6 月号、ダイヤモンド社）

Rönnegard, D.（2013）How Autonomy Alone Debunks Corporate Moral Agency. *Business and Professional Ethics Journal, 32*（1/2）pp. 77-107

Werhane, P.（1980）Formal Organizations, Economic Freedom and Moral Agency. *The Journal of Value Inquiry*, March, *14*(1), pp. 43-50

Werhane, P.（1985）*Persons, Rights and Corporations*. Prentice Hall

宮坂純一（2016）「Werhane の『企業は派生的な道徳的主体である』論」『奈良経営学雑誌』第 4 巻　http://juka11.net/OnWerhanesNotionofCSMA.pdf

（高浦康有）

第 **I** 部

ビジネスと倫理学

よいビジネスとは何かを考えるにあたって、まず基礎となる倫理学の体系について学んでいこう。企業倫理（学）は生命倫理学や環境倫理学と同じように、倫理学の抽象的なコンセプトを実践に適用する応用倫理学として形成、発展してきた。第Ⅰ部では、古代のギリシャ哲学から始まる西洋の主たる倫理学説をとりあげ、それぞれ概要を紹介するとともにビジネスへの応用を考える。私たちは倫理学的な思考法を身につけることで、さまざまな規範がぶつかり合う今日の複雑なビジネス状況においても、より望ましい判断をすることができるだろう。

　最初に、功利主義を検討する（第1章）。「最大多数の最大幸福」の原理で有名な功利主義の考え方は、あらゆる利害関係者の幸福の総和を志向するステークホルダー経営の考え方につながりうる。

　次に義務論をとりあげる（第2章）。道徳的判断の普遍性を徹底して問う義務論は、企業の利益追求の手段として貶められがちな労働者を真に人間的な主体として扱うにはどのような経営が望ましいかを考えるきっかけを与えてくれるだろう。

　そして、公平な富の分配や機会の均等を唱える正義論に注目する（第3章）。グローバル化とともに経済的格差が拡大する今日にあって、社会的な弱者への配慮を射程に入れた正義論の考え方は重要な意義をもつ。

　さらに、人間としての幸福や善き生き方の実質を問い直す徳倫理をとりあげる（第4章）。年々競争志向が強まるビジネス界にあって、行き過ぎた利己主義への反省に立ち企業と社会との望ましい関係を構築し直す上で、徳倫理が示唆するところは深いものがある。

　最後に、こうした哲学的思考の伝統とは異なり、人や組織がなぜ倫理的であろうとしてもそうなりえないのか、道徳的判断を行ううえでの思考バイアスや心理学的特性に注目した行動倫理（学）について言及する（第5章）。行動倫理学の発想は、ビジネスにおける不正や陥りがちな判断ミスを事前に回避するためのヒントを私たちに与えてくれるに違いない。

第1章 功利主義

　企業は市場を通じて優れた商品やサービスを提供することで、消費者の生活をますます快適なものにしている。また、事業を継続させることで、地域の雇用を生み出し労働者が生活の糧を得られるようにしている。このように企業はビジネス活動を通じて、多くの人の欲求を満たし、快楽を与えることができる。人間のもつさまざまな欲求の充足や快楽を倫理学では功利（utility）と呼ぶ。この功利に注目し社会全体の幸福を最大に高めることを正しいとする考え方が「功利主義」である。功利主義にはさまざまな限界や問題点があるものの、近代以降、社会全体の利益の増大をめざす公共政策などの分野では、最も影響力のある考え方の一つとなってきた。

　そこで本章では、まず功利主義とは何かを概説し、次いで功利主義という「レンズ」を通すと、ビジネス活動の行為や施策はどのように評価されるかを検討していく。こうした議論を踏まえ、ビジネス活動が実現すべき基本的な価値が何であるのか考えてみたい。

1　功利主義とは何か

　近代の代表的な倫理学説の一つとされる功利主義（utilitarianism）は、ジェレミー・ベンサム（Jeremy Bentham, 1748-1832）やジョン・スチュアート・ミル（John S. Mill, 1806-1873）ら19世紀のイギリスの思想家によって形成されてきた。功利主義は「できるだけ多くの者にできるだけ大きな幸福をもたら

す」という「最大多数の最大幸福」の観点から、行為や施策の正しさを判断する[1]。

究極的な価値としての幸福

このように定義される功利主義は、主に、次にあげる2点に特徴がある。

第一に、ある行為や施策の望ましさを、それがもたらそうとする帰結が「最善」であるかどうかに基づき判断する点である。この点において功利主義は「帰結主義」である。帰結主義によれば、それが悪意や下心からなされたものであろうと、最善の結果をめざしたものであれば正しいとされ、そうでなければ不正なものだとされる。

第二に、上記の「最善」を「幸福の総和が最大になる」と解釈する点である。いわば「幸福帰結主義」ともいえるものである。つまり、善すなわち価値があるものとは幸福であるとされ、それに尽きるわけである。

通俗的には「善いもの」や「価値のあるもの」には、お金や知識や愛など、他のものも当てはめることができるかも知れない。そこで「なぜお金（もしくは知識や愛）が私たちにとってよいものか」と尋ねられれば、多くの人が「それをもっている（抱く）ほうがこの社会ではたいてい私たちを幸福にしてくれるから」と答えるのではないだろうか。功利主義に基づけば、究極的には幸福のみがそれ自体の価値――これを「内在的価値」という――をもち、お金だけでなく知識や愛などそれ以外の価値についても、それを有する人が幸福になるかどうかで測られるべきとされる[2]。

幸福の測り方

功利主義においては、幸福が究極の価値であることがわかったものの、どう測るとよいだろうか。何を幸せだと感じるかは、人によって異なる。おいしいものを食べるとき幸せを感じる人もいれば、寝るときに幸せを感じる人もいる。また、こうした生理的欲求の充足よりも、高尚で文化的な営為により満足を得られる人もいるだろう。ここでどのような欲求が望ましいかとい

う問題に踏み込んで議論しようとすれば、何らかの価値基準を導入せざるを得ず、その正当化が別に必要となってしまう[3]。

とはいえ、どのような手段であれ、個人の欲していることが充足されるのであれば、それを幸福だと呼んでよいだろう。これを「欲求充足」と呼ぶ。また、「あー、幸せだ」という気持ちを、同じタイプの心の状態として括ることはできる。これを「快楽」と呼ぶ。ベンサムやミルは、幸福を快楽でもってとらえていた。

功利主義では快楽や欲求充足がどれだけもたらされるかに着目する。すなわち功利の大きさを測るには、各人の幸福の程度をポイントとして表し、集計するという「功利計算 (utility calculus)」を行う。

例えば、ある企業が従業員の昇進を巡る二つの人事施策 A と B のどちらを採用すべきかという状況を考えてみよう（**図表 1.1**）。

	チアキの幸福	カオルの幸福	ヒカルの幸福	幸福の総和
人事施策 A	12	4	1	17
人事施策 B	12	4	2	18

図表 1.1　功利計算の例：人事施策

話を簡単にするため、A と B 以外に施策の選択肢がなく、また、図表に登場する三人以外に影響を与えるものではないとする。ここで、仮に A を採用すれば、チアキに 12 ポイント、カオルに 4 ポイント、ヒカルに 1 ポイントの幸福がもたらされるとしよう。一方で B を採用すれば、チアキに 12 ポイント、カオルに 4 ポイント、ヒカルに 2 ポイントの幸福がもたらされるとする。功利主義に基づき両者を比較すると、幸福の総和が最大になる施策 B が望ましいことになる。

功利計算における不偏性

ここで留意すべきは、功利主義では、個々人の幸福の大きさを計測する際に「各人を一人として数え、誰もそれ以上には数えない」というベンサムの

考え方に従い、ポイントの集計を行うということである。カギとなるのは、幸福を「単純加算」すること、すなわち、個人の属性などによって評価の重みづけ（加重計算）を許さない点にある。つまり、その人が男性だからといって幸福のウェイトを 2 倍にしたり、黄色人種だからといって半分にしたり、性別や人種、障がいの有無などによってウエイトを調整することはない。次の表を見てもらいたい（**図表 1. 2**）。

	チアキの幸福	カオルの幸福	幸福の総和
人事施策 A	12	4	16
人事施策 B	4	12	16

図表 1.2　功利主義と不偏性

　功利主義によれば、この場合、施策 A と施策 B は同じくらい望ましく、差異はない。それにもかかわらず、もしここでカオルが男性だとして、彼が男性だからという理由で優先的に彼に幸福をもたらす施策 B が正しいと評価するなら、それはカオルに偏った計算をしていることになり、功利主義の考え方には沿わない。

　偏りのない計算を行うというこの特徴は「不偏性（impartiality）」と呼ばれる。不偏性は、特定の者をえこひいきしたり差別したりしないことである。ここに功利主義がもつある種の平等主義の志向性を見出すことができるかも知れない。

　付随していうなら、功利主義における功利計算は、単なる多数決の意思決定メカニズムとも異なる。次の表を見てもらいたい（**図表 1. 3**）。

	チアキの幸福	カオルの幸福	ヒカルの幸福	幸福の総和
人事施策 A	11	3	4	18
人事施策 B	12	4	1	17

図表 1.3　功利計算と多数決の違い

　この場合、チアキとカオルは施策 B を支持し、ヒカルさんは施策 A を支

持するだろう。多数決の原理からすれば、施策Bが採用されることになろう。

　これに対し、功利主義によれば、施策Aが採用されるべきとされる。なぜなら、施策Bのもとで多数派の幸福の増加分（チアキとカオル：1［＝12－11］＋1［＝4－3］）よりも少数派の幸福の減少分（ヒカル：3＝4－1）が上回るなら、功利主義は少数派の幸福の減少（すなわち不幸）を無視し得ないからである[4]。この点からも、「最大多数の最大幸福」が満たされる限り、特定の集団の幸福を特別に優先させることはないという意味で、不偏性が保たれることがあらためて確認できよう。

功利主義の問題点

　とはいえ、功利主義には、問題点も指摘される。ここでは、次の三つを取り上げたい。

　一つめは、帰結主義たる功利主義が、行為や施策の正しさをその帰結のみで決めることについて、それがあまりに一面的な評価だという指摘である。確かに、状況によっては、行為や施策の本質、行為者や施策担当者の動機などを勘案し、その是非を判断する余地もあるはずだ。

　二つめは、善が幸福に尽きる、というのは言い過ぎではないかという指摘である。例えば、知識や愛といった価値も、幸福と同様に「内在的価値」を持ちえるように思える。私たちは、無知であったほうが幸せを感じることもあるにもかかわらず、それでも真理を知ろうとする。また、幸福は大きくなればなるほど価値が高まるが、愛は大きくなればなるほど相手への依存度が高まり危険で価値が下がるかもしれない。幸福は「高める」ことに価値があるのに対し、愛は「育む」ことに価値があるものとして、それぞれタイプが異なるようにも思える。このように、多様性豊かな価値評価の可能性を無視するかのように、功利主義は価値を「幸福」によって平準化してしまうわけである。

　三つめは、功利主義が公平性（fairness）に無関心だという指摘である。幸福の総和にしか関心をもたない功利主義によれば、施策Aと施策Bは同じくらい望ましい（**図表1.4**）。

	チアキの幸福	カオルの幸福	ヒカルの幸福	幸福の総和
人事施策 A	12	4	2	18
人事施策 B	17	1	0	18

図表 1.4　功利計算と公平性

　だが、私たちの直観は、チアキに圧倒的に有利な施策 B よりも、カオル
とヒカルにもある程度公平に配慮した施策 A を採用すべきだと判断するだ
ろう[5]。

　ここまで、功利主義の問題点を三つ挙げたが、これらの指摘から、功利主
義が私たちの倫理を根拠づけるには的外れであると考えるのは尚早である。
なぜなら、功利主義が批判されるのは、あくまで正しさの評価はそれに尽き
ないという点にあるからである。

　もちろん、功利主義に不十分な点が認められるのは事実であるが、幸福が
内在的価値をもち、それを集計して行為や施策の正しさを評価することの意
義は、ほとんどの倫理学説が認めるところである。つまり、望ましい倫理学
説は、後の章で見るように、帰結以外の評価基準、幸福以外の価値、公平性
への関心をも備えたものであるべきだ。そうした意味で、功利主義はミニマ
ルな（最小限の）倫理学説だととらえるのが適切であろう。

2　功利主義とステークホルダー経営

　ここまで、功利主義の理論的側面を取り上げ、その主旨と問題点を整理し
てきた。では、功利主義をビジネスの倫理の文脈でとらえる場合、その実践
的意義はどこにあるのか[6]。

　昨今、企業が株主のみならず消費者や従業員など、その企業のあらゆるス
テークホルダー（利害関係者）を尊重すべきだということに異を唱える者はい
ないだろう。こうした考えは、株主（ストックホルダー）に偏りすぎた過去の
企業経営に対する反省から生まれたといえる[7]。なぜなら、株主偏重が企業
を短期的利益の追求へ促し、長期的利益を損なう事態を招いてきたからであ

	株主の幸福	消費者の幸福	従業員の幸福	幸福の総和
経営方針 A	6	4	4	14
経営方針 B	4	4	7	15

ステークホルダー経営の立場（功利主義の不偏的な計算）：幸福の単純な総和で比較するので方針 B の方が望ましい。

ストックホルダー経営の立場（株主への偏りが 2 倍の場合）：A の幸福の総和は 6 × 2 + 4 + 4=20, B の幸福の総和は 4 × 2 + 4 + 7=19 と再計算されるので、方針 A の方が望ましい。

図表 1.5　功利計算の例：ストックホルダー経営とステークホルダー経営

る。事実、そうした企業は、従業員、顧客、地域社会をないがしろにし、過労死・過労自殺、食品偽装、公害など数々の問題を引き起こしてきた。

このような問題を念頭に、ここではビジネス活動の諸側面を批判的に眺める「レンズ」として、功利主義の「不偏性」と「幸福帰結主義」を用いることで、上記の疑問に答えてみたい。

第一に、不偏性の観点である。功利主義によれば、株主に偏った計算は、不偏性に反するものとして退けられることとなる（**図表 1.5**）。もちろん同じ理由で、従業員や顧客や地域社会に偏った計算もすべきではない[8]。そのうえで「最大多数の最大幸福」に従い、もしすべてのステークホルダーの幸福の総和が増えるなら、その決定はより望ましいといえる。

また、従業員の中にあっても、性別や、人種、障がいの有無などによって差別することは、功利主義では許されない。人間のもつ価値を等しく扱う功利主義の考え方は、今日、多様性（diversity）が重視される企業経営において、それを基礎づける有用なものといえるだろう。

第二に「幸福帰結主義」の観点である。たとえ従業員の金銭的報酬が増えたとしても、その職場環境が長時間労働やハラスメントの放置などで苦痛に感じられるものであれば、それは幸福帰結主義に反するものとして、やはり退けられることになる。功利主義の計算対象となるのは、お金でなく幸福である。したがって、従業員をはじめステークホルダーの幸福を無視した経営は、不正なものとみなされることになる。

このように、功利主義に照らすことで、現代企業の特徴であるステークホルダー経営を支持すべき理論的土台が明らかになる。確かに功利主義は不十分で、議論から取りこぼされる要素は多々あるかもしれない。それでも、現

代の企業経営が満たすべき最低限の条件は、功利主義のレンズを通して見えてくる。ステークホルダー経営を推進するうえで、企業は、今一度、功利主義の原点に立ち返り、その現代的意義を再確認することが求められていると言える。

討論のための問い

1. テレビ局が「低俗な」バラエティ番組を放送することに倫理的な問題はないか。「最大多数の最大幸福」の観点を中心に、快楽の質に区分を設けることの是非もふまえながら検討しなさい。

2. 快苦を感じるのはヒトにかぎらず、ヒト以外の動物もまたそうであろう。動物福祉（アニマル・ウェルフェア）を高めることが近年、関連産業において求められている。功利主義の観点から、日本のペットビジネスの現状を評価し、今後どうあるべきかについて考えなさい。

3. 消費者の欲求充足を目的とする自由市場経済は一見すると、功利主義の枠組みと適合しているように思える。「市場の失敗」という観点から、実はそうならない場合があることを示しなさい。

4. CASE1. 1において、図表に示された費用便益分析の計算は功利主義の観点を適切に反映したものといえるだろうか。安全が脅かされることで苦痛を受ける消費者や企業の評判が落ちてしまうことで損失を被りうる投資家の存在なども考慮しながら検討しなさい。

5. CASE1. 2に関連して、個人や企業において、そもそも社会的な評価を高めるために慈善活動をすることはいけないことなのか、考えなさい。

CASE1.1 フォード・ピント事件

　1970 年代から 80 年代にかけて、米国フォード・モーターが生産、販売した小型車ピントには欠陥があり次々に死傷者事故を起こした。燃料タンクが後部に配置されていたが、それが設計上の問題で、低速度で後部から衝突された場合、燃料が漏れ引火しやすかったのだ。そして、1977 年マザー・ジョーンズ誌には「ピントの狂気」という記事が掲載され、同社は世間から激しく糾弾されることになる。この記事によれば、自動車をリコール（無償での改修）することでどれだけ費用がかかるか、リコールしないことで事故が発生しどれだけの死傷者と損害賠償が発生するかが、費用便益分析によって天秤にかけられていたという（図表 1.6）。この分析表に従えばリコール費用が便益を上回るため、フォード・モーターはピントのリコールの判断を功利計算により先送りしたのだと非難されるに至った。もっとも、この費用便益分析は事故が多発する中で安全性基準の提案としてなされたものに過ぎず、フォード・ピント車のリコールの必要性の判断に対してなされたものではなかったことが明らかにされている[9]（伊勢田, 2016）。

便益 （事故時に支払われる賠償節約分）	
予測死傷者数等	焼死者数 180 人、車体炎上による重傷者数 180 人、炎上車両数 2,100 台
単位費用 （支払賠償額）	死亡者 1 人につき 200,000 ドル、負傷者 1 人につき 67,000 ドル、炎上車両 1 台につき 700 ドル
合計便益	180 × 200,000 ドル＋ 180 × 67,000 ドル＋ 2,100 × 700 ＝ 4,915 万ドル
費用 （全車改修にかかる費用）	
販売車数	乗用車 1,100 万台、軽トラック 150 万台
単位費用 （改修額）	乗用車 1 台につき 11 ドル、軽トラック 1 台につき 11 ドル
合計費用	1,100 万台× 11 ドル＋ 150 万台× 11 ドル＝13,700 万ドル

図表 1.6　「ピントの狂気」で取り上げられた費用便益分析（Birsch & Fielder, 1994：28）

CASE1.2 マイクロソフト創業者による慈善活動

　ビル・ゲイツはマイクロソフトを創業し、2000 年まで同社の CEO を、2014 年まで取締役会長を務めた。それと並行して、2000 年に妻（当時）であるメリンダとともにビル・アンド・メリンダ・ゲイツ財団を創設し、「全ての生命の価値は等しい（ALL LIVES HAVE EQUAL VALUE）」との信念のもと、環境問題や新興国の疾病対策、貧困層支援など数々の社会課題に取り組んできた。

　こうした両氏の活動には批判的な見方を寄せる人もいる。両氏は富豪だから慈善活動できるにすぎない、と。また、両氏は名声を得るなど下心のために慈善活動をしているだけではないか、と非難されることもある。

　だが、この批判は、両氏が活動の思想的基盤としている功利主義には当てはまらないだろう[10]。両氏は、功利主義者ピーター・シンガーが「豊かな国の人々には、世界中で飢えや病に苦しむ人々を助ける義務がある」と唱えて1972 年に書いた論文「飢えと豊かさと道徳」の内容に深く共鳴し、その論文が書籍化される際に紹介文を書いている。「読者はシンガー氏の論文は、出版当時は時代の先を行きすぎていたと考えるかもしれません。しかし、おそらく、ようやく時代が追いついて来たのです」（Singer, 2015: viiI）。

注

1　功利主義の定義にはほかにもいくつかある（伊勢田, 2006；広瀬 2016）。

2　価値があるものをもたらす手段として価値が生じるものを「道具的価値」という。お金の価値は道具的価値の典型である。それに対して、それ自体価値があるものを「内在的価値」という。幸福の価値は内在的価値の典型である。この点の詳細な議論については第 4 章の徳倫理を参照のこと。

3　ベンサムが快楽に質の違いを認めなかったのに対し、ミルはそれを認めている。ミルは「満足した豚よりも不満足な人間の方がよい。満足した愚か者よりも不満足なソクラテスの方がよい」（Mill, 1863）と述べているように、身体的な快楽は質が低く、精神的な快楽は質が高いとする。

なぜなら、身体的な快楽と精神的な快楽を両方経験する場合、多くの人は後者を欲すると考えられるからである。この点について、ミルが幸福を快楽でなく欲求充足としてとらえていたのでないかという指摘もある。

4　このように特徴づけられる功利主義であるが、一方で誤解されることも多い。まず、功利主義は倫理を数学のように扱っていると批判される。だが、図表 1.1 からわかるとおり、ヒカルの幸福以外の他の事情が同じであれば、施策 B を採用することに反対する人はまずいないだろう。また、功利主義はマイノリティー（少数派）を無視すると批判される。だが、功利主義は多数決の原理を採用していないことは強調されるべきだ。

5　公平性は不偏性と混同されがちなので注意してほしい。ここで公平とは各人の幸福の差が小さいことを指す。功利主義は「各人を一人として数え、誰もそれ以上には数えない」ので不偏的だが、公平には関心をもたない（不偏性を形式的正義、公平性を実質的正義と呼んで区別することもある）。

6　功利主義をビジネス倫理にあてはめた研究は少ない。筆者の知るかぎり、広告倫理（Hare, 1984）、贈収賄（DeGeorge, 1989: Ch. 3）、敵対的買収（Almeder & Carey, 1991）、企業への忠誠（Hare, 1992）、自動車事故（杉本, 2012）、内部告発（増渕, 2012）にあてはめた研究があげられる。

7　ステークホルダー経営の詳細については第 8 章を参照のこと。

8　再び、不偏性を公平性と混同しないようにしてほしい。ステークホルダーの間の公平な利益分配を議論するには、第 3 章の正義論の援用が必要である。

9　この事件は功利主義的な経営判断の問題点を指摘する事例として取り上げられることが多い。しかしたとえフォード・モーターが費用便益分析をしていたとしても、これを功利主義的な計算ととらえるのは間違いである（杉本、2012）。功利主義は、単に意思決定方法である費用便益分析とは異なる。同社が最大多数の最大幸福をもたらす帰結を真剣に考えていたならば、リコールすることが正しいという判断が下されていたかもしれない。

10　両氏はシンガーの提案、つまり所得に応じて累進的に寄付額を上げるべきだという提案を支持しているので、富豪であればあるほど慈善活動の負担は大きくなる。また、功利主義は帰結主義の一種で、下心からなされたものであろうと、救える命を救っていれば、正しさの評価は変わらない。

参考文献

Almeder, R., & Carey, D.（1991）In Defense of Sharks Moral Issues in Hostile Liquidating Takeovers. *Journal of Business Ethics, 10*(7), pp. 471-484

Birsch, D., & Fielder, J. H.（1994）*The Ford Pinto Case: A Study in Applied Ethics, Business, and Technology.* State University of New York Press

DeGeorge, R. T.（1989）*Business Ethics*（3rd. ed.）. Macmillan Publishing（永安幸正・山田經三監訳、麗澤大学ビジネス・エシックス研究会訳『ビジネス・エシックス』明石書店、1995 年）

Hare, R. M.（1984）Commentary. *Business and Professional Ethics Journal, 3*, pp. 23-28

Hare, R. M.（1992）One Philosopher's Approach to Business and Professional Ethics. *Business and Professional Ethics Journal, 11*（2）, pp. 3-19

Mill, J. S. [1863]（1969）*Utilitarianism, Reprinted in his Collected Works,* Vol.X. Routledge and Kegan Paul（川名雄一郎・山本圭一郎訳『功利主義論』京都大学学術出版会、2010 年）

Singer, P.（2015）*Famine, Affluence, and Morality.* Oxford University Press（児玉聡監訳『飢えと豊かさと道徳』勁草書房、2018 年）

伊勢田哲治（2006）「功利主義とはいかなる立場か」伊勢田哲治・樫則章（編著）『生命倫理学と功利主義』（第 1 章）ナカニシヤ出版、2006 年

伊勢田哲治（2016）「フォード・ピント事件をどう教えるべきか」『技術倫理研究』第 13 号、1-36 頁

杉本俊介（2012）「フォード・ピント事例と功利主義」中谷常二（編）『ビジネス倫理学読本』（第 6 章、124-142 頁）晃洋書房

広瀬巌著、齊藤拓訳（2016）『平等主義の哲学』（第 1 章）勁草書房

増渕隆史（2012）「功利主義はビジネス倫理の規範的原理になりうるか」中谷常二（編）『ビジネス倫理学読本』（第 7 章、143-162 頁）晃洋書房

（杉本俊介）

第
2
章

義務論

　本章では、倫理学の代表的立場の一つである義務論を学ぶ。この立場は、その名の通り義務の視点から行為の正しさを評価する立場である。例えば、ある企業が十分な利益をあげながら、低賃金の長時間労働や大規模なリストラを行っている場合、私たちはこの企業をどのように評価するだろう。ありうる方法の一つは、そうしたやり方によって長期的に売上が減少するか否かを考える、功利的なものだろう。これに対し、義務論はまさに、それが義務に従ったものか否かによって、問題の行為を評価する。

　義務というと堅苦しく聞こえるかもしれないが、義務の視点からビジネスを眺めれば、顧客や従業員との契約を守ることから、人権や尊厳を尊重することまで、さまざまな義務のあることがわかる。本章では、義務論の一般的な特徴を概観したうえで、その代表として知られるイマヌエル・カント（Immanuel. Kant, 1724-1804）の議論を確認し、それがビジネス上の行為にどのような条件を要請するかを検討する。特に、カントの議論から検討を行うことで、人権概念の中核となる人間の尊厳という考えが、いかにして義務の視点から説明されるかを見ることができるだろう。

1 義務論とは何か

義務に基づく行為の評価

多くの倫理学の教科書で、義務論はしばしば功利主義と対比される形で紹介される。すなわち、この立場は、功利主義が行為の正しさをその結果によって判断するのに対し、行為が義務に従ってなされたものか否かによって、その正しさを判断する立場として紹介される。

例えば、小売店の店主が、常連でない客にも値段のつり上げなどすることなく公平に振る舞う場面を考えよう。功利主義から見れば、店主の行為が正しいのは、その行為が評判を呼んで売上が増え全体が豊かになる場合のような、結果として全体の幸福が増加する場合である。これに対し、義務論によれば、店主の行為が正しいのは、店主が客に公正に振る舞う義務に基づいて行為する場合である。

つまり義務論は、行為の結果がいかに多くの幸福をもたらそうと、その点を評価しない。特に、しばしば極端な立場といわれるカントは、たとえ行為が失敗したとしても、義務に従ってなされた行為なら、それは道徳的に正しい行為だと考える（カント、2005: 251-252）。カントの立場が極端だとしても、このように義務論は、一般に行為を結果からは評価しない。功利主義が帰結主義と呼ばれるのに対し、義務論が「非帰結主義」と呼ばれる所以である。

義務論の類型

ただし、一口に義務論といっても、その内容は実にさまざまである（田中、2012: Ch. 1, 2）。例えば、義務を全ての場面に当てはまる普遍的なものと考えるか、個々の場面でその都度の義務があるに過ぎないと考えるか、義務の内容をどう考えるかは論者によって異なる。また、義務が何に基づくのかについても、それが私たちの感情や共感から理解されるのか、あるいは私たちの理性から理解されるのか、その説明のされ方もさまざまである。

このように、義務論を理解するうえでは、各論者の違いに注意する必要が

ある。義務論の代表的な議論には、上で触れたカントの議論や、第3章で見るロールズの正義論がある。本章では以下、現代でも大きな影響力を持つカントの議論をとりあげる。

2　カントの倫理学

普遍的な道徳判断をなす理性的な人間

　カントの議論の特徴は、道徳判断が誰にでも当てはまる普遍的法則に合致すると考える点にある[1]。普遍的というと難しく感じられるが、義務が行為者ごとにバラバラな場面を考えればわかりやすい。例えば、経営者は自社の従業員を成績や年齢の順で扱うべきか、あるいは全員を同じように扱うべきか。それぞれが好きな仕方で考えるに過ぎないなら、意見の一致を期待することは難しいだろう。これと反対に、カントは、ビジネスの場面でも例外なく成り立つ、普遍的な道徳判断が可能だと考えたのである。

　カントは、そのような道徳判断が理性によって可能になると考えた。このように人間の理性を重視する立場は、一般に「理性主義」と呼ばれる。人間は、動物と同じように欲求や傾向性に方向づけられて行為する感性的な存在者であるが、同時に、それら欲求や傾向性から独立して行為を意志することができる理性的な存在者でもある。欲求や傾向性は人によってさまざまな偶然の産物であり、普遍的な道徳判断の基礎にはなりえないが、理性はそれを持つ理性的存在者全てが共有するため、普遍的な道徳判断の基礎になることができる[2]。カントによれば、人間は普遍的な道徳法則に合致する道徳判断を行うことができるという意味で、道徳法則を自らに与える立法者であり、道徳法則に無理矢理に服従させられるというよりむしろ、自ら法則を与えたがゆえにそれに服従する、自由で自律した存在である。この考えは、「自律が人間およびすべての理性的存在者の尊厳の根拠なのである」（カント、2005: 309）というように、以下で見る尊厳の概念とも密接に結びついている。

定言命法

　では、普遍的な道徳判断はどのような形で行われるのか。カントは、道徳判断の目指す道徳法則が指令文、すなわち命法の形で与えられると考えた。カントによれば、命法には二つの種類、仮言命法と定言命法がある（カント、2005: 273）。まず、仮言命法は、「もし何々ならば、何々すべし」のように、特定の条件下で行為を規定する。これに対し、定言命法は「（無条件で）何々すべし」のように、端的に行為を規定する。例えば、「嘘をつかない」という義務の場合、仮言命法は「もしそれで利益が得られるならば、嘘をつくな」のように、特定の条件の下で嘘をつかないことを命じる。一方で、定言命法は「嘘つくな」のように、端的に嘘をつかないことを命じる。カントは、二つの命法のうち後者、すなわち定言命法こそが道徳法則だと考える。

　その理由は、定言命法が、次で見るように、まずもって特定の内容を伴わない形式的法則として与えられる点にある。もし、定言命法に主観的な目的が入るなら、それは行為者の置かれた状況によってさまざまな内容を持つことになるため、「何々の状況であれば、何々すべし」という仮言命法の形を取らざるをえず、道徳法則の普遍性を持ちえない（カント、2005: 296）。反対に、定言命法が内容を持たず形式的であるなら、それは理性的存在者である人間の誰にでも当てはまる、普遍的な法則となりうるのである。

3　カントの倫理学とビジネス

　カントは定言命法に三つの方式を与えている[3]。以下では各方式の具体的な特徴を見るとともに、それがいかにしてビジネスに適用されるかを検討する。

定言命法の基本方式

　まず、カントによれば、定言命法は次の基本方式（第一方式）をもつ。

「汝の格率が普遍的法則となることを汝が同時にその格率によって意志
しうる場合にのみ、その格率に従って行為せよ」（カント、2005: 286）。

　ここで格率とは、例えば「嘘をつかない」のような、行為において行為者
がもつはずの指針である。そして、この命法が意味するのは、この行為の指
針が、普遍的に成り立つ法則となりうるものを選べということである。これ
は、ビジネスも含めて、どのような行為が正しいかを判断するテストである
といえる。
　この方式を用いて、カントは次のような例を論じている（カント、2005:
287）。もし、あなたが生活に窮乏して、返すつもりのないのに返すと偽って
お金を借りるとすれば、それは正しい行為だろうか。カントによれば、この
場面で私たちが嘘をつきたいと思うとしても、それは普遍的法則になりえな
い。というのも、そのような法則が普遍的に成り立つとすれば、約束そのも
のが成り立たなくなるからである。別の言い方をすると、この命法は、例え
ば「場合によっては嘘をついてもよい」のような、自分だけを例外とする格
率を排除するものともいえる[4]。
　この基本方式に照らせば、ビジネスの慣行や約束に従うことに同意しなが
らそれを破ろうとすることは、常に排除される格率になる（ボウイ、2009:
23）。例えば、契約の反故やたかり行為、非道徳的な企業との戦略的提携、
情報漏洩など、一般に問題あると思われるビジネス上の行為は、いずれも普
遍的な格率になることはできない（ボウイ、2009: 21–31）。ビジネスは、基本
的に多くの慣行や約束に基づいて可能になる協働の活動である。他方で、そ
うした慣行や約束を受け入れながら、同時にそれを守ろうとしないなら、ビ
ジネスそのものが不可能ということになる（Heath, 2009: 523）。

目的自体の方式

　次に、定言命法の第二方式である。この方式でカントは、主観的な目的の
排除される形式的な定言命法にあって、唯一の客観的と言える目的を示す。
その目的とは、理性的存在者である人間である。ここでいう目的とは、何か

他の手段のためではなく、存在それ自体に価値のあるものをいう。そして、人間を含む理性的存在者は、何か他のものの手段として存在するのではない。そのため、人間を含む理性的存在者は、それ自体で存在する価値あるものであり、目的だということができる。

そのような目的としての人間を表現した定言命法は、「目的自体の方式」と呼ばれる。

> 「汝の人格の中にも他のすべての人の人格の中にもある人間性を、汝がいつも同時に目的として用い、決して単に手段としてのみ用いない、というようなふうに行為せよ」（カント、2005: 298）。

カントによれば、ここで人格とは、尊厳をもつ存在である。尊厳とは、物件（モノ）には価格があり等価物があるのに対し、等価物をもたず、いかなるものとも交換不可能な価値である。したがって、この目的自体の方式は、尊厳をもつ人格が交換可能な物件のように手段として扱われるのではなく、取り替えのきかない目的として扱われることを要請することになる。

この方式をビジネスに適用する場合、ステークホルダーに何かを強制したり騙したりするような、人を手段として扱う行為は基本的に排除されることになる（ボウイ、2009: 62）[5]。ここで、大規模なリストラが人格を目的として扱う義務に違反するかを考えてみよう。もし、雇用契約を自由な経済活動ととらえ、その中にリストラのリスクが組み込まれていると主張できたとしても、ビジネスの慣行にはなお改善の余地がある。というのも、雇用契約において、経営者は企業の財務状況やリストラの可能性について多くを知っているため、従業員を騙すのが容易だからである。もし、経営者が強制や詐欺行為をはたらいているとの非難を避けたいなら、情報の非対称性は解消されなくてはならない（ボウイ、2009: 69）。

このように、目的自体の方式は、全てのステークホルダーに対して、強制や詐欺行為を行うことを禁止する。他方で、ステークホルダーを目的として扱う行為には、従業員に対する報酬の公平な分配や、意義ある仕事を与えることなどが当てはまるだろう（ボウイ、2009: 73, 82）。

目的の国の方式

　最後に、定言命法の第三方式である。第三の方式は、主観的な目的を排除した形式性と（第一方式）、客観的な目的である人格（第二方式）を組み合わせたものである。

　　「すべての理性的存在者は、みずからが、その格率によって常に、普遍的な目的の国の立法者であるかのごとくに、行為せねばならない」（カント、2005: 313）。

　ここでいう「目的の国」とは、さまざまに異なる理性的存在者が、道徳法則によって体系的に結びついた状態を指す。そして、道徳法則は人格を目的として扱うことを要請するから、この国では互いが目的として扱われることになる。この点で、目的の国では、理性的存在者はそれぞれ道徳法則に従う成員であると同時に、道徳法則を立法する元首でもある。

　この方式に照らせば、ビジネスの世界も同様に目的の国だと考えることができる。なぜなら、組織はそもそも人格によって構成されるからである。組織の中で、人格は相互に目的として扱われ、また相互に法則を立法する主体となる。いうなれば、組織は本来的に道徳的共同体としての性格をもつのである。

　このように第三方式の考えから組織を理解する場合、例えば権威主義的な階層的管理形態、テイラー主義[6]、極端な分業体制などは否定されることになる（ボウイ、2009: 116）。それらは、いずれも組織のメンバーを目的でなく手段として扱う。反対に、第三方式のテストを通過するのは、組織のメンバー全てを同等に扱う組織の規則である。端的にいえば、カントの議論に従う限り、組織は民主化を要請するのである。「経済活動に従事しているすべての人格は道徳的な行為主体なのだから、人格をもった存在者はみな尊厳と固有の価値をもっているという点で平等である」（ボウイ、2009: 116）。道徳的共同体として組織された企業では、全てのメンバーの利益が同等に考慮されなくてはならない。

以上、カントの義務論に焦点を当て、それがビジネスにどのような含意をもつかを検討した。ここまで見てきたように、カントの定言命法は、ビジネスでどのような行為が許容されるかのテストとして用いることができる。とはいえ、実際のビジネス活動はより複雑で多岐にわたる。義務論からいかなる望ましい行為が導かれるか、個別事例に即しながら多角的に検討することが求められるだろう。

討論のための問い

1. 自社の海外合弁事業のパートナー企業が軍事政権との関わりがあることがわかった。合弁先との関係を継続すべきか。CASE2.1を参考にし、カントの定言命法に照らして検討しなさい。

2. ある零細の食品会社の品質担当者が、製品の賞味期限偽装に気づき社長に相談した。しかし社長は、ばれることはないと主張して有効な対策を行わなかった。担当者は内部告発（監督官庁やマスメディアに情報を伝えること）を考えたが、それは会社の同僚たちを裏切る行為にも思われた。担当者はどのように行動すべきか。義務論の立場から考察しなさい。

3. 他人を性労働に従事させることは、カントの「目的自体の方式」に照らして妥当といえるか。芸能プロダクションによる女性アイドルの握手券ビジネスなどを例に検討しなさい。

4. カントの「目的の国の方式」に従うなら、どのように企業組織を運営すればよいだろうか。CASE2.2を参照し、具体的な運営方法を検討しなさい。

CASE2.1 ミャンマーにおけるキリンの提携解消[7]

　2021年2月、ミャンマーで軍がクーデターを実行したことを受け、大手ビールメーカーのキリンホールディングス（以下、キリン）は、現地で合弁事業を行っている企業が軍と取引関係があるとして、提携を解消する方針を明らかにした[8]。

　キリンは、2015年にミャンマー最大手のビールメーカーを傘下に収め、現地の大手複合企業であるミャンマー・エコノミック・ホールディングスと合弁で事業を手がけてきた。

　しかし軍のクーデターを受けて、キリンは、この合弁先の企業がミャンマー軍関係者の年金の運用を行うなど、軍と取引関係があるとして提携を解消する方針を明らかにした。キリンとしてはミャンマーから撤退せず、現地の法規制では、事業を継続する上で現地企業が2割を出資する必要があることから、あらたな合弁のパートナーを探すことになると見込まれている[9]。

　これまでの合弁相手をめぐっては、国際人権団体のアムネスティから2018年、同社の株主の多くが国軍の幹部や関係者で、配当金を受領していたとの指摘を受けていた。国軍がロヒンギャの人びとに対する暴力的な掃討作戦を展開していた最中で、人権侵害への関わりが疑問視されていた[10]。

　今回のクーデターでも抗議する市民多数が拘束され、政治的自由の抑圧が問題となっている。同社は「軍が武力で国家権力を掌握した行動は大変遺憾で、今回の事態は会社の人権方針などに根底から反する」と主張した。

　ミャンマーにはキリン以外も多くの日本企業が進出している。その状況に関して、いくつかの国際的な人権団体が、ビジネスと人権に関する指導原則における人権デュー・ディリジェンス（第11章）の徹底を求めており、日本企業の対応が引き続き注目を集めている[11]。

CASE2.2 ブルネロ・クチネリの人間主義的経営[12]

　「ブルネロ・クチネリ（Brunello Cucinelli）」は、カシミヤを主力商品とする

イタリアのラグジュアリーブランドである。CEO であるブルネロ・クチネリの「人間主義的経営」は、労働者の尊厳を重視したビジネスモデルとして注目を集めている。クチネリの経営手法は、多くが哲学や宗教の教えを基礎としてもつ[13]。その特徴をいくつか紹介しよう。

　まず、クチネリは創業の 1978 年以来、生産拠点をイタリアに置き続けている。舞台となるのは、ウンブリア州ペルージャ県にあるソロメオ村だ。クチネリは経営が軌道に乗った 1985 年、妻の郷里であるこの村に本拠を移した。その際、彼は村の丘に立つ 14 世紀の古城を購入し、修復して本社としている[14]。それ以来、クチネリは景観と調和に配慮した地域の再生を目標に、さまざまな取り組みを行ってきた。

　例えば、クチネリは 2001 年に演劇や音楽、舞踏の公演を楽しむためのアートフォーラム、2013 年に手仕事と職人の技術を学ぶための職人技術学校を設立している。さらに、2014 年からは、植樹や公園の造成などを行う "A Project for Beauty" と呼ばれるプロジェクトを進めている。ソロメオ村の景観は、今では観光スポットとしても注目を集めている。

　このように、クチネリは自然と文化を重視し、そこで人間らしい生活を営むことを志向する。この姿勢が顕著に現れるのは、とりもなおさず従業員との関係においてである。例えば、「時間通り働いたら休む。学び、祈り、魂を養う。労働・魂・頭と三つのバランスが大事だ」（Brunello Cucinelli ホームページより）の言葉の通り、従業員は午前 8 時に出社し午後 5 時 30 分に退社する。昼は 90 分間の休憩があり、3 ユーロ程度で地元の農産物を使ったランチをとることができる。給与面では、相場より 20% 高い給与が支払われている。他に、従業員は原材料費の価格で会社の服を購入することができる。これらはいずれも、従業員が自分の仕事や製品を誇らしく思うよう願ってのものだ。クチネリはいう。「利益を得ることは大切ですが、それはともに働く仲間が尊厳を保てるようにするためです」（Koh, 2020）。

　もちろん、こうした経営を行うためには、財務の健全性が欠かせない。クチネリは資本主義を否定しない。利益の獲得と人間の尊厳の尊重は、クチネリの経営の両輪である。しかし、クチネリは利益のために経営手法を変えはしない。例えば、クチネリは 2014 年に、会社の株式が 2012 年の上場以来

の最高値を記録した際、生産の拡大を進言したコンサルタントの助言を拒否している（Rachel, 2016）。

　最後に、クチネリが示す利益分配の四つの基準を示しておこう（Cucinelli, 2010）。

　　1.　ビジネスのためのもの
　　2.　家族のためのもの
　　3.　従業員のためのもの
　　4.　世界を美しくするためのもの

　上で見た経営手法は、いずれもこの基準を充たすだろう。クチネリは、自らの経営を「人間主義的資本主義」と呼び、次のようにいう。それは「利益、貢献、管理、人々の尊厳、真実に対する倫理が互いを豊かにさせながら存在する、素晴らしい調和のようである」（Brunello Cucinelli ホームページより）。

注

1　以下で紹介するのは、倫理学で一般にカントの倫理学としてまとめられる議論である。他方で、この議論がカントの思想を正確に汲み尽くしたものであるかには注意が必要である。カントに帰される倫理学とカント自身の思想の関係を簡潔に整理したものとして、永守（2019）を参照のこと。

2　哲学者はしばしば理性なるものを持ち出すが、その内実に疑問を抱く者もあるだろう。本章では、差し当たりカントのいう理性を「義務や規則、規範に従って行為する能力」と考える。カントのいう理性には、それ以外にも目的に従って手段を定め行為する、いわゆる道具的合理性（第5章で扱う経済学的な合理性に相当する能力）も含まれる。義務や規則、規範に従う能力は、道具的合理性から説明できないと論じる論者もある（Heath, 2008: Ch. 3）。カントのいう理性の検討は、上述の永守（2019）が参考になる（第4章のアリストテレスの徳倫理との比較にも言及がある）。

3　実際には、カントの定言命法は五つの方式で表現されるが、本章でとりあげる三方式およびそのビジネスへの含意は、アメリカの企業倫理学者ノーマン・ボウイ（Norman E. Bowie, 1999）の議論を参照している。カントの倫理学をビジネスに適用するボウイの議論の検討は、勝西（2012）、御子柴（2012）を参照のこと。

4　ここで注意すべきは、二つ以上の義務が衝突する場合である。例えば、自宅に匿った友人を追いかけてきた人殺しに対して、友人はここにいないと嘘をつくことは許されるだろうか。この場面でカントは、このような場面でも、人は例外なく嘘をついてはならないと答える（Kant, 1797）。しかし、この答えは直観に反すると感じる者もいるだろう。この点でカントの義務論は義務の葛藤の場面に答えられないと批判を受けている。これに対し、「一応の義務」論に立つウィリアム・ロス（William D. Ross）は、状況に応じて優先される義務が比較衡量されるべきだと主張する（Ross, 1930）。この考え方に従えば、人殺しに嘘をつき友人を守ることは正しい行為となりうる。

5　カントの倫理学から帰結するステークホルダー経営論については、第 8 章も参照のこと。

6　科学的管理法を提唱した米国の技師フレデリック・テイラー（F. W. Taylor, 1856-1915）らによる、労働者の課業管理に基づく統制主義的な思想をいう。

7　本ケースは高浦康有が注 8～11 の資料をもとにまとめた。

8　日本経済新聞「ミャンマー事業　不透明感　企業、軍関与のリスク懸念　キリン HD は合弁解消へ」2021 年 2 月 6 日、https://www.nikkei.com/article/DGKKZO68899760V00C21A2EA1000/

9　朝日新聞「キリン、ミャンマー国軍系企業と合弁解消へ　撤退は否定」（若井琢水）、2021 年 2 月 5 日、https://www.asahi.com/articles/ASP2544JPP25ULFA009.html

10　アムネスティ・インターナショナル「ミャンマー（ビルマ）：キリン　ミャンマー国軍企業との提携解消へ」2021 年 2 月 16 日、https://www.amnesty.or.jp/news/2021/0216_9110.html

11　週刊東洋経済「人権リスクを軽視した日本企業　ミャンマー進出の落とし穴（ビジネスと人権：SDGs が迫る企業変革）」（岡田広行）、2021 年 9 月 17 日、https://premium.toyokeizai.net/articles/-/28215

12　Brunello Cucinelli ホームページ, Cucinelli（2010）、Koh（2020）、Rachel（2016）、Zsolnai & Wilson（2016）をもとに本ケースを作成。

13　クチネリによれば、人間の尊厳を理解するため最初に読んだのがカントである（Cucinelli, 2010）。同社の敷地には、人格を目的として扱うことを命じる定言命法の第二方式の碑文が飾られている（Brunello Cucinelli ホームページより）。

14　現在、本社は平野部に移り、城は 2013 年に設立された職人技術学校として使われている（Brunello Cucinelli ホームページより）。

参考文献

Bowie, N. E.（1999）*Business Ethics : A Kantian Perspective.*（1st ed.）Blackwell Publishers（中谷常二・勝西良典訳『利益につながるビジネス倫理：カントと経営学の架け橋』晃洋書房、2009 年）

Cucinelli, B.（2010）Dignity as a Form of the Spirit [La Dignità Come Forma Dello Spirito] .

In A Convocation Address Deliver at The University of Perugia on November 11, 2010. Retrieved from http: //press. brunellocucinelli. com/yep-content/media/Libretto_Lectio_ Doctoralis.pdf（2021 年 10 月 1 日アクセス）

Heath, J.（2008）*Following the Rules : Practical Reasoning and Deontic Constraint.* Oxford University Press（瀧澤弘和訳『ルールに従う：社会科学の規範理論序説』NTT 出版、2013 年）

Heath, J.（2009）The Uses and Abuses of Agency Theory. *Business Ethics Quarterly, 19*(4), 497-528

Kant, I.〔1785〕（1965）Grundlegung zur Metaphysik der Sitten. In Hrsg. K, Vorländer, *Philosophische Bibliothek Bd. 41, 3. Aufl.* F. Meiner（土岐邦夫・観山雪陽・野田又夫訳『プロレゴーメナ：人倫の形而上学の基礎づけ』中央公論新社、2005 年）

Kant, I.〔1797〕（1969）Über Ein Vermeintes Recht Aus Menschenliebe Zu Lügen. In Hrsg. von der Königlich Preußischen Akademie der Wissenschaften, *Kant's Gesammelte Schriften, Bd. Ⅷ, S. 423-430,* De Gruyter（谷田信一訳『人間愛から嘘をつく権利と称されるものについて　カント全集13』岩波書店、2002 年）

Koh, W.（2020）「"ブルネロ・クチネリ" ソロメオ村の哲学者」*The Rake Japan Edition, 32.* https://therakejapan.com/issue_contents/the-prophet-of-solomeo/（2021 年 10 月 1 日アクセス）

Rachel, S.（2016）Brunello Cucinelli, Philosopher and Cashmere Capitalist. *Financial Times.* https://www.ft.com/content/06ccc99a-031f-11e6-99cb-83242733f755（2021 年 10 月 1 日アクセス）

Ross, W. D.（1930）*The Right and the Good.* Clarendon Press（第一章および二章の翻訳が、矢島羊吉他編『現代倫理学大系』第一巻、248-333 頁、羊々社、1957 年、に収められている）.

Zsolnai, L. & Wilson, D.（2016）Art-Based Business. *Journal of Cleaner Production, 135,* pp. 1534-1538

勝西良典（2012）「カントの形式主義・厳格主義を擁護する：ビジネスの『倫理』のために」中谷常二編『ビジネス倫理学読本』（66-91 頁）晃洋書房

田中朋弘（2012）『文脈としての規範倫理学』ナカニシヤ出版

永守伸年（2019）「カントの倫理学とカント主義のメタ倫理学」蝶名林亮編『メタ倫理学の最前線』（69-98 頁）勁草書房

御子柴善之（2012）「応用倫理学に召喚されるカント」有福孝岳・牧野英二編『カントを学ぶ人のために』（362-372 頁）世界思想社

"Brunello Cucinelli" ホームページ。https://www.brunellocucinelli.com/ja/（2021 年 10 月 1 日アクセス）

本章は、JSPS 特別研究員奨励費 JP20J11383 の助成を受けた研究成果の一部である。

（西本優樹）

第3章 正義論

正義とはどのような倫理観なのか。正義を知ることでどのように企業の存在と経営の役割を評価できるのか。

西洋思想の歴史を紐解くと、正義論には複数の体系があることがわかる。それらの代表的なものとして本章ではアリストテレス（Aristotelēs, B.C.384-B.C.322）の古典的な正義観と、20世紀に新たに提唱されたジョン・ロールズ（John. B. Rawls, 1921-2002）の社会正義をめぐる議論に着目し、相違点を浮き彫りにする。一言で述べるならば、前者の正義は人格面での完全無欠さや、価値の平等を指し、後者は自由で公正な社会状態を正義と呼んできた。いずれの観点に立つにせよ、正義は、人間や組織を理想的な行動へと突き動かす倫理であり続けてきたことを考察する。

1 伝統的正義：アリストテレスの正義論

正義の思想は西洋哲学で長く継承されてきた倫理である。だが「正義」という語句の響きは同じでも、各々の考え方には少なからぬちがいがある。本節ではまず、古代ギリシャの哲学者アリストテレス（Aristotelēs, B.C.384-322）が『ニコマコス倫理学』の第5巻で論じた正義を伝統的正義と位置づけ、その特徴を概説する[1]。

全体的正義：悪の一味 vs 正義の味方

　私たちは幼いころから知らず知らずのうちに勧善懲悪のストーリーに慣れ親しんできた。童話や童謡、小説やテレビドラマ、映画や演劇には正義の味方が現れる。と同時に欠かせないのが悪役の存在である。意地悪でイヤミな人物であり、ヒーロー／ヒロイン役に立ちはだかる。正義の味方は幾多の逆境を乗り越え、悪役にとどめの一撃を加える場面が多くの場合、クライマックスとなる。正義と悪の二極対立の構図で描くストーリー展開は勧善懲悪の典型である。

　アリストテレスは、人間が生まれてから習得する性格のうち、優れた魂の状態を正義としてとらえた。正義はただ独りでは修得できず、他者と関係性を築きながら経験を重ねて身につけられる性質である[2]。

　彼は正義を修得した人物を二つの側面から特徴づける。一つに社会の法を守ること、もう一つに他者とのあいだに等しい関係を築くことである。あらゆる場面でこの二つの理想を行為に移すことができる性質、いわば非の打ちどころがない人柄を、アリストテレスは「全体的正義」と呼んだ。

　ヒーロー／ヒロインに勝つために悪の一味は手段を択ばない。対する正義の味方も悪を成敗するプロセスで蹴ったり殴ったりと実力行使に出ることがある。人物の行為だけに着目するとどちらが正義かわからない[3]。

　わたしたちが正義と悪を見分けるのは、人物評を予め頭に入れているためである。表情やしぐさ、登場人物との関係を知るうちに、誰が正義で誰が悪かを脳裏に焼き付ける。正義の鉄拳と悪の暴力を混同しないのは、場面設定を理解したうえで人物を評価するからである。正義の味方はそもそも悪をなしえない。万引きしないし、いじめにも加担しない。かりに悪行であるかのように見えても、それは別のねらいがあるはずだという推量を働かせる。こうした見方が全体的正義、あるいは不正義の人物評のアプローチである[4]。

　しかし現実のビジネスの状況はさまざまな価値がせめぎあうものであり、単純な勧善懲悪の二項対立の構図が当てはまらないことが多い。人としての立派な行いと、組織の管理者としての責務は場面や文脈に応じて必ずしも一致するとはかぎらない。そのためビジネス上の判断を全体的正義像の観点か

らのみ論評することは難しい。そしてここには、経営と倫理の価値観の違い
とその相克という重要な論点が潜んでいるのである。

部分的正義：数える等しさと比べる等しさ

　アリストテレスは全体的正義とは別の観点から、正義を是正的正義、交換
的正義、応報的正義、配分的正義の4種類に分類した。これらを部分的正
義という[5]。優れた人物の全体像を表すのが全体的正義であるのに対し、部
分的正義は、二者間かそれ以上のあいだの等しい関係を作り出す人物の性質
を指す。

　4種の正義は場面や文脈に応じて使い分けられる。それぞれの特徴は異な
るが、共通点もある。それは関係性のバランス、適切な釣り合いを正義と呼
ぶ点にある。言い換えると、アンバランス、不釣り合いが不正義を意味す
る[6]。

　部分的正義はまず、数量として数える関係と、
比較や対比によって比べる関係[7]に区分される。
前者には交換と是正、後者には応報と配分が当て
はまる。本節ではそれぞれの違いに着目しながら
説明する。

是正的正義：本来の状態まで埋め合わせる関係の等しさ

　是正的正義は、元通りに戻したり、直したりす
る関係に等しさを認める倫理観である。ひとたび
損失が生じた場合には、その損失に等しく埋め戻
す原状回復によって、この種の正義は実現され
る[8]。

　是正にはいくつかの手段がありうるが、主なも
のに賠償がある。生じた損失の大きさを算定し、

図表 3.1　テミス像
ギリシャ神話において法と正
義を司る女神テミスの像。左
手に法の公平を表す天秤、右
手に正義を実現する力の象徴
である剣をもつ。
［写真提供］sergeyishkoff/P
IXTA（ピクスタ）

その大きさに見合った金銭によって補填するとき、原状復帰は果たされる。損失と補償を計量的に認識する点に、是正的正義の性質を見て取ることができる。

　たとえば原子力発電所の事故災害を起こした電力会社は、原子力損害賠償法の規定により、過失があったかどうかを問わず、被害を受けた人たちに対して賠償をすることが義務づけられている。しかし福島第一原子力発電所の事故では東京電力の賠償額が十分でないとして、ふるさとを喪失した慰謝料などを求めて各地で避難者による訴訟が相次いだ。いちど壊されたものを当事者が納得できる形で原状復帰させることの厳しさをこのケースは示唆している。

交換的正義：双方の必要を自発的に満たす関係性の等しさ

　需要と供給は自発的に生じ、その関係に交換する契機が生まれる。市場ではこの交換が通貨を媒介して行われる[9]。相互の自発的な取引によって生じる関係に等しさを認める倫理観を交換的正義という。アリストテレスは自発的な交換が起きる契機を、欲求の充足としてとらえた。欲求の有無や程度は状況によって大きく異なる。例えばネットオークションやフリマアプリを通じて私たちはそれぞれの欲求を満たしているのである。

　このように市場での交換はビジネスの大前提である。経営が重んじる価値観には、企業利益とその最大化がある。できるだけたくさん売り、できるだけ多く儲けよ——そうした原則に立つ経営が優れていると考えられてきた。では災害時の物資不足の中、単価150円の飲料水を500円や1000円にまでつり上げる小売業者や、パンデミック時にマスクを買い占めオークションサイトでひと箱数万円で売りさばく個人の行為は正当化されるだろうか。確かに飛ぶように売れるかもしれない。その取引が双方の欲求を満たすものであり、かつ強要や詐欺などがないかぎり、そこには交換的正義が実現される。しかし、弱者である被災者や困窮者の足元を見た、こうした便乗値上げの行為には少なからず不正の感覚を私たちは抱く。このことを第2節で改めて考察しよう。

応報的正義：功罪に相応しい賞罰を与える

「目には目を歯には歯を」。この一文は古代メソポタミアのハムラビ法典に刻まれる碑文として有名である。この碑文が示す同害復讐は「やられたらやり返せ」の考えかたを連想しがちである。だが正義の観点から注目に値するのは「復讐」よりも「同害」である。

「目には目を」は、情け容赦のない仕返しや仇討ちを許容する倫理観ではない。応報もまた当事者間に等しい関係を築く正義の一種である[10]。その特徴は、相手から受けた危害に対し、ちょうど等しく相手にお返しすることにある。しばしば報復に目が向きがちであるものの、立派な功績に相当する褒賞もまた応報に該当する。

応報的正義の役割は、比例的な等しさを判別することにある。従業員の処分や褒賞の程度を決める場合、同業他社の事例や過去の社内実績に照らして適度な処罰や褒賞を決めることに比例的な等しさが認められる。応報的正義の考え方によれば、先例にならい、相応しい賞罰の程度を類推する。目下の出来事との類似や相似を他の事例の中に見つけ出す際の釣り合いが、応報的正義の含意である。

配分的正義：人物に相応しい地位と役割を割り当てる

しばしば気に入らない人が上司の地位にあるのはなぜなのか。あなたの個人的感情とは別に、組織においてはそれなりの正当化が図られていると見るべきだろう。ここでいう配分的正義とは、人物の適材適所に等しさを認める倫理観である。

古代ギリシャ社会では、身分制度が採用されていたといわれる。市民は多くの資産を所有し、政治的にも高い地位が約束されていた。その反面、奴隷は所有の対象となり、参政権をもたなかった。社会的な地位や政治的な権限を出生地、階級、財産など人物の属性に応じて割り当てる身分制度を貴族制（アリストクラシー）という。

近代以降、適材適所の考えかたは大きく変わる。地位や権限は能力、資

格、実績など後天的な資質に応じて割り当てる考えかたが重視されるように
なる。資質や実績に応じて地位や権限を配分する考えかたを能力主義（メリ
トクラシー）という。

　ある人物が管理職である合理的理由は、以上の二つの着想のいずれによっ
ても説明できる。能力主義に立つ場合、その人の潜在能力や資格、また社内
での実績を会社が考査した結果として、その地位がふさわしいと判断される
に至ったといえる。人物に割り当てる地位や権限の相応しさ、ほどよさが配
分的正義の意味である。他方、貴族制の着想に基づくならば、例えばその人
が特定の大学出身だったとか、得意先の重役とのコネクションがあるといっ
た、本人の後天的属性とは異なる要素が強調される。いずれもある人物に地
位や権限を割り当てる相応しさを表す考えかたである。

　配分は応報と同じように、比例的な関係に生じる等しさを求める。過去の
実績や先例に照らして適材適所を決めるのであり、法外な昇進や過少な権限
の割り当ては、配分上の不正義を許容することにつながる。

2　社会正義：J. ロールズの正義論

　アメリカの政治哲学者ジョン・ロールズが 1971 年に発表した『正義論
（*A Theory of Justice*）』は、伝統的な正義のイメージを大きく変えた。この著作
が示した正義観とは、誰でも自由を享受して生きる社会の構想だった。『正
義論』は政治、経済、社会の多方面に影響を与え、倫理の革新的な課題とは
社会正義であることを世に問う出発点となった。

　社会正義は、公正という倫理観に支えられている（ロールズ、2010：第 2 章
17 節）。「等しきものには等しく」を重んじる伝統的な正義との違いがここに
ある。ここでいう公正を「まとも」と言い換えても差し支えない。まともな
社会を実現すべく社会正義論が提唱したのは、社会に適用する公正な分配
ルールである。正義の二原理と命名されるルールによって構想される社会こ
そ、まともで正しいとロールズは論じたのである。

　以下では社会正義の特色を、分配する理由、対象、方法という三つの論点

に絞って概観する。

分配する理由：不遇者を弱者に変えない社会の構想

　社会正義論の関心は、自由で多様な人間の生きかたを認めることにある。だがそうした社会では、逆説的だが、個々人に許容される自由と多様性の範囲が課題として表面化する。

　自由と多様性を認める価値観は一見、近代以降の市民社会が掲げる理想にも思われる。だが「公共の福祉」の意味をいくらか考えてみるならば、むしろその価値観に逆行した原理が踏襲されてきたことに気づかされる。政府が公共政策を推進するために、自由と多様性を制限する大義名分としてこの語句は用いられてきた。

　近代の民主主義社会は「ひとりはみんなのために」を重んじる。選挙で多数派の代表者が選出される。その代表者が目指すのは、たいてい有権者の多数派にとって生活しやすい社会である。多数派が有望視する社会とは、いたるところで少数派には生きづらい社会でもある。

　社会正義論が理想とするのは、所属集団の多寡にかかわらず、誰もが自由と多様性を等しく享受できる社会である（ロールズ、2010：第1章5節）。少数派にとって「公共の福祉」はある意味で暴力的な言葉であり、正義は少数派だけに課されてきた負荷や犠牲を払拭することにある。鉄道や空港の敷設で立ち退きを求められる住民、開拓者に土地を追われる先住者、障がい者や孤児、難民の境遇など、そうした事例は枚挙にいとまがない。

　少数派に生まれつくのは偶然である。自ら望んでその立場に甘んじるのではない。たまたま多数派の属性が尊重される社会に生れ落ちたにすぎない。たまたま少数派に生まれた人々がこうした社会で自由に生きることは難しい。偶然に左右される不遇や逆境の問題を、現代正義論では「道徳的な運」の問題として重視する（ロールズ、2010：第2章16節）。

　資産家の家に生まれついたとか、生まれつき才能に恵まれていたということも偶然である。出自、相続、遺伝によって自由や多様性の範囲が制限されるのは社会正義にとって由々しき事態である。社会正義論が試みるのは、少

数派がいつの間にか弱者となってしまう社会の再設計であり、そのひとつの理想は「みんなはひとりのために」である。

分配する対象：自由に等しく生きるための基本財

　誰もが等しく自由を享受するのが社会正義論の関心である。社会正義論は、倫理的な価値を分配の対象に含める。分配という語感は、通貨や物資など物質的・経済的な価値を有する財（goods）をまず連想させる。抽象度をいくらか高めるならば、教育、医療、治安、防衛などの社会保障や商業上のサービスも財の一部である。社会正義に適う分配とは、権利や義務、機会、才能、地位、健康、知性、自尊心など、倫理的な価値を有するものを対象として、その基礎を公正に分配することに関わる。

　「基本財（primary goods）」という語句には社会正義論に特有の財の解釈が表れている。ロールズは基本財を「合理的な人びとが、他にどんなものを望んでいようとも、必ず欲しがるだろうと推測されるもの」と定義する。誰もが自由に生きるうえで不可欠な財と言い換えることができるだろう。ちなみに社会正義論が検討する財には、社会的基本財と自然本性的財がある。前者は、人間が生まれてのち所有され、個人に帰属する性質の財であり、後者は生まれた時点ですでに個人に帰属する性質を財とみなしている。重要なのは社会正義論が、財の性格に関する既成の概念を転換させ、分配対象を拡張させるルールの提案によって、公正な社会の構想を提示したことにある。

分配するルール：正義の二原理

　それでは、どのような分配のルールが公正さの基準に適うのか。社会正義論はこの論点について活発な議論を交わしてきた。なかでも「正義の二原理」は、ロールズが『正義論』で独自に提案した分配のルールであり、その妥当性がいまも検討され続けている（ロールズ、2010：第2章11節）。

　正義の二原理はその名の通り、第一原理と第二原理から成り立つ。

　第一原理は、基本的な自由を個々人は等しく権利として保持すべきという

内容であり、平等な自由の原理とも呼ばれる。一方で第二原理は、人々の間の社会的地位と経済的利益の不平等が許容され得る合理的な条件に関わる内容となっている。

　第二原理は二つの細則から成り立つ。それらの両方を満たすことが社会的・経済的不平等を最小限に抑え、公正さを実現するための前提条件となる。

　一つめの細則は、最も不遇な人びとの利益の最大化が図られている場合にかぎり格差を認めるというものである（格差原理）。

　二つめは、全ての人たちに、経済的に恵まれた地位や職業に就くための機会が均等に開かれている条件のもと、それに付随して生じる不平等のみを認めるというものである（機会均等原理）。

　これら正義の二原理はまず優先的に、全ての人に等しく自由を認めながら、あわせて、特定の人たちが社会的に排除されないよう機会の均等を確保し、さらには社会的弱者への最大限の配慮も組み入れることで、誰しもが納得できる公正さを担保しようとする。

　では正義の二原理を体現する社会では、どのような配分がなされるのか。ロールズは個別の事例に適用することを想定して正義の二原理を提案したわけではない。その射程は理想的な社会を構想することにあり、実定法や憲法の上位概念となりうる規範を提起している。確かに公正さの基準に適った分配のルールは、いくつかの点で平等を重んじる伝統的な正義観と相いれないかもしれない。だが誰もが等しく自由を享受できる社会では、不遇な立場に置かれた者により手厚く社会的基本財を再分配する方針が是認されることは想像に難くない。

　従来、社会的な課題は、政府が主導する公共事業と社会保障によって解決されるべきだと考えられてきた。しかし社会制度の一部として企業の社会的役割を検討する場合、経営資源を誰にどれだけ分配することが公正さの基準に適うのか。こうした倫理的な観点から検討する際、正義の二原理は示唆に富む。

　最後に、社会正義論が公正と並んで重んじる手続き的正義（ロールズ、2010：第2章14節）について触れておきたい。ロールズは社会契約という古

典的な政治理論に依拠して正義の二原理の妥当性を論じた（ロールズ、2010：第2章26節）。その緻密な議論は省略するが、基本となる考えかたは、正義の二原理を社会が受容するプロセスを、人間の合理的な判断と選択に委ねることにある。

　人間は、自らがこの世に生まれ落ちたときの境遇や立場を予めおおよそ知ったうえでなにがよいのかを判断し、選択する。では資産、才能、容姿など自然資本的な基本財とその所持について本人がわからない状況に置かれるなら、人間はどのような社会に生きることを理想とするのか。ロールズは「無知のヴェール」と呼ばれる思考実験を試みる（ロールズ、2010：第3章24節）。その結論は、人間の合理性はハイリスク・ハイリターンな分配ルールを避け、誰もが身分や出自を問わず、等しく自由と多様性を受容する公正な社会とそれを実現する正義の二原理に広く支持を寄せるというものだった。

3　社会正義とビジネス

　これまでの伝統的正義の関心が優れた人物像にあることを、第1節で説明した。人柄とその行為に着目する観点を「ミクロ（微視）」的と表現するならば、社会正義論の観点は「マクロ（巨視）」的な関心に向けられる。ここでのマクロとは、公正な社会の構想とその実現に向けた前提条件の是非を論じるアプローチを意味する。企業倫理に即していえば、企業を社会制度の一部としてとらえ、経営の役割を社会における分配機能から考察することにつながる。

　企業の倫理課題の多くは、経営資源の分配と関係している。第1節の便乗値上げの例とは逆に、被災地の飲料メーカーの中には無償で在庫の飲料水を配る企業も見られた。被災者がさらなる弱者となることを回避する倫理的な配慮を企業がどのような理由で引き受けるのか。社会正義論の関心は、公正さに配慮した分配の機能が企業の経営に備わるための前提条件にある。こうした関心は、第1節で検討した、交換や応報の均等性を重視する伝統的正義とは明瞭に異なる。そうしたあらたな倫理観に拠ることは、時には伝統

的な見方との争点となることを示唆する。

　ロールズの『正義論』はわずか半世紀ほど前に提唱されたものであり、これから多くの議論と検討を重ね、徐々に修正されることも考えられる。しかし社会正義論は自由と多様性の尊重や、少数派を弱者に陥れることを問題視する点で、今日的な関心にも応えうるものである。ポジティブ・アクション（積極的差別是正措置）、ダイバーシティ（多様性）経営、障がい者雇用、人種・宗教・性的少数派の権利擁護の課題など、現代企業の経営における少数派や弱者への配慮を検討する際に、本章で紹介した数々の着想から多くの示唆を得ることができるだろう。

討論のための問い

1. 交通機関やホテル等の施設において、障がい者の利用に配慮する制度設計やサービスについて具体的な事例をあげて紹介しなさい。
2. あなたが CASE3.1 に登場する施設運営会社の経営者だったとしたら、スタッフにどのような指示を出すだろうか。またそのように指示を出すのはなぜか。伝統的正義、あるいは社会正義論の観点から考察しなさい。
3. 日本企業の管理職階層において女性が少数派となりやすいのはなぜか。またどのように経営者は対処すべきか、CASE3.2 を参考に考えなさい。
4. 性別・ジェンダー、年齢、宗教、健康状態、採用枠、出自、学歴などの観点から、日本企業ではどのような立場が少数派になりやすいか、その背景や要因も含め考察しなさい。

◇◇

CASE3.1 レゴランド東京の障がい者対応[11]

　屋内型テーマパーク「レゴランド・ディスカバリー・センター東京」（東

京都港区）は、世界的に有名なブロック玩具をモチーフとした、子ども向けの体験型アトラクション施設である。2018年4月、新潟に住む子どもたちとその家族ら4人は観光で同施設を訪れた。

　全員、聴覚障がいがあったが、入り口でスタッフに呼び止められ入館を断られた。スタッフからは「耳の聞こえる方が付き添わないと入館はできません」と告げられた。家族らがそうした条件が付される理由を尋ねると「付き添いの方がいないと災害時に、避難の呼びかけに応じられないおそれがあるため」との回答であった。

　子どもたちは自分たちが他の子と同じように遊べないことに少なからずショックを受けた様子だった。ただし施設のホームページには、入館時のお願いとして、障がい者だけの入館はできず、健常者の同伴を求めるという内容が記されていた。

　一方で、2016年施行の障害者差別解消法は、障がいを理由にサービスや機会の提供を拒否することや、障がいのない人であれば付さない条件を障がい者だけに課すことを禁じている。経済産業省のガイドラインでは「事業の遂行上、特に必要ではないにもかかわらず、障害があることを理由に、来訪の際に付き添い者の同行を求める等の条件を付ける」ことも不当な差別の一例として指摘している。また障がい者から障壁を取り除くよう要請があった場合、企業には負担が重すぎない範囲で対応する「合理的配慮」を行うことが義務づけられている。

　当事者から相談を受けた経済産業省は、施設を運営するマーリン・エンターテイメンツ・ジャパンに対して事業の改善を求め、同社は関係者に「不快な思いをさせた」と陳謝した。

◇◇

CASE3.2 イオンの「ダイ満足」志向経営[12]

　イオンが大卒女性の定期採用を始めたのは1970年で，小売業ではとても早い決断だった。この時期から性別だけでなく国籍，学歴などによる区別をしないことを明記した人事理念が示されている。その結果，1990年代には

新卒の男性よりも女性の採用数の方が多くなったが，結婚や出産を経て退職する女性や，昇進を望まない女性が多いという課題を抱えるようになった。

　そこで導入されたのが，ダイバーシティ・マネジメントである。同社の特徴は，グループ各社が一体となり，顧客や従業員，そしてその家族が幸せになる（満足する）プロセスの先に会社の利益が最大化されるという考え方のもとに実践が行われている点である。この考え方というのは，イオンが掲げる戦略としての「ダイ満足」の活動に表される。これはイオンに関わる従業員とその家族，顧客などのそれぞれの満足を達成することを約束する取り組みなのである。

　この理念を実現するための柱の一つが「ダイ満足カレッジ」である。これは勤続年数や管理職等の立場に応じたダイバーシティに関する研修の場で，特に課題としてとらえられている女性の離職率の高さやキャリアに対する意欲面での課題解決を目指すものである。これにより女性が社内でキャリアを築くことに関する意欲に変化があるなど，女性の継続就労やキャリア形成，昇進不安といったイオンが抱える課題の解決に寄与している。また，多様な部下をもつ上司たちが多様な人材への理解を深めるきっかけとなっている。

　そのほかにも従業員の声をもとに企業内保育園の設置を進めたり，店舗管理職にも一部テレワークを導入したりするなど，会社が従業員の多様な働き方をサポートしている。また，女性の活躍を支援するだけではなく，日本国内外のイオンで働く国際人材の育成や障がい者の積極雇用，管理職を対象にしたLGBT等の性的マイノリティの理解に関わるマナー研修の実施など，全従業員の働きやすさを実現しようとしている。イオンは「人種・国籍・民族・性別・年齢・出身地・宗教・学歴・心身の障がい・性的指向と性自認など理由とした差別を一切行いません」との人権基本方針にしたがって，多様な人材の活用を推し進め，顧客により良い価値を提供し，そしてその先に組織の利益を創出しようとしているのである。

注

1 『ニコマコス倫理学』の該当箇所を『ベッカー版アリストテレス全集』に依拠して以下、数字と記号で示す。

2 1129b10-1130b10

3 筆者が大学院生だったころ、ある懇親会の席で「オレには何が正義かわからない」いうつぶやきを聞いたことがある。そういい放ったのは中南米で現地調査を重ねる人類学者だった。その研究者が訪れた地域では麻薬取引、誘拐、殺人が横行していたという。酒を飲みつつその次に語ったのは「だが、オレは不正義なら知っている」という一言だった。あのつぶやきは何だったのか。何を不正義だといい、正義がわからないとはどういう含意があったのか。正義について考えるとき、筆者はこのつぶやきを思い出す。

4 全体的正義を現代的に解釈した語句として、インテグリティ（integrity）がある。的確な訳語を当てることが難しく、カタカナのまま用いられることが多い。アリストテレスの議論を踏まえるならば、無欠や完全の意味が近く、とくに秀でた人物や組織の性質を表す。組織のインテグリティについては第 16 章を参照のこと。

5 1129b20-1130b30。アリストテレスはいずれの部分的正義も、人間に備わる優れた性質である徳（virtue）だと考えた点では共通する。徳に関する説明は第 4 章を参照のこと。

6 伝統的な正義観は、天秤をもつ女神の肖像に象徴されてきた。この女神の名前をラテン語でテミス、ギリシャ語ではユースティティアという。英語のジャスティスはユースティティアから派生し、場面に応じて「ほどよい状態」（中庸：ジャスト）を表す。女神は目隠し、天秤、そして剣（書籍の場合もある）を身に着けている。それぞれは、視覚による偏見や憶測を避ける態度、釣り合いを計る手段、そして計った平等を実現する実力行使を表す。「剣なき秤は無力」「秤なき剣は暴力」は、正義を机上の空論に終わらせることなく、現実世界に体現する強い意志を表す、伝統的正義を継承する格言である。

7 数量として数える関係は算術的比例（1131a30-1132b20）、比較や対比によって比べる関係は幾何的比例（1131a10-1131b20）をさす。

8 是正的正義は corrective justice の訳語である。是正には矯正、匡正、修復の語句があてられることもある。たとえば歯ならびを美しく整序する歯列矯正のように、曲がったものを真っ直ぐになおす意味がある。理想的な状態へと現状を移行させること、欠けている状態を補って修復することも是正に含まれる。

9 アリストテレスは交換的正義を論じるにあたり、貨幣交換に先立って、物々交換に言及している（1133b）。物々交換での釣り合いは、貨幣による数量的な表現を為しえない。提供する物資とその個数の間に比例的な等しさが認められる。彼は交換的正義を数量と比例の両方から論じているのであるが、本章では簡潔な分類を提示するために、物々交換における幾何的比例には言及しない。

10 ハムラビ法典に象徴される刑事罰の原理を応報刑論と呼ぶ。近代以降の市民社会では、更生や社会秩序の維持、模倣犯防止など、被害者の復讐心を晴らすとは別の目的によって刑事罰の

根拠と量刑を定める、目的刑論が採用されている。

11　本ケースは次の資料を参考に高浦康有が作成した。貞国聖子・前多健吾・横川結香「聴覚障害のある4人の入館拒否　東京のレゴランド」朝日新聞デジタル、2018年6月22日、https://www.asahi.com/articles/ASL6Q2RFYL6QUBQU001.html

12　本ケースは中村暁子が次の資料等を参考に作成した。イオン株式会社HP「イオンの"ダイ満足"」https://www.aeon.info/diversity/satisfaction/（2021年3月17日アクセス）。ダイバーシティ・マネジメントの詳細については第15章を参照のこと。

参考文献

アリストテレス著、朴一功訳（2002）『ニコマコス倫理学』京都大学学術出版会

宇佐美誠・児玉聡・井上彰・松元雅和（2019）『正義論：ベーシックスからフロンティアまで』法律文化社

神島裕子（2018）『正義とは何か：現代政治哲学の6つの視点』中央公論新社

川本隆史（1997）『ロールズ：正義の原理』講談社

ジョンストン, D.著、押村高・谷澤正嗣・近藤和貴訳（2015）『正義はどう論じられてきたか：相互性の歴史的展開』みすず書房

フライシャッカー, S.著、中井大介訳（2017）『分配的正義の歴史』晃洋書房

ロールズ, J.著、川本隆史・福間聡・神島裕子訳（2010）『正義論　改訂版』紀伊國屋書店

本章は日本学術振興会科学研究助成事業（若手研究（B）JP17K18222）の研究助成を受けた成果の一部である。

（髙田一樹）

第4章 徳倫理

　これまで見てきたように、功利主義や義務論をはじめとする倫理学のさまざまなアプローチは、「いかなる行為が道徳的に正しいのか」や「道徳的な正しさを規定する普遍的な原理・原則はどのようなものであるのか」を私たちに教えてくれる。他方で、本章で扱う徳倫理は「人間にとっての善とは何か」「人間にとって善い生き方とは何か」、さらには「人間にとっての幸福とは何か」という問いから出発し、これに対する答えとして善き性格（徳）を備えることの重要性を説く。

　一見すると、上記のような問いは倫理とは無関係のように思われるかもしれない。だが、古代ギリシャでは人間にとっての幸福や善き生き方を探求する試みこそが倫理学のなすべき仕事であると考えられており、近年「徳倫理」の名のもとに再び注目を集めている。その意味で、徳倫理を功利主義や義務論が扱う問いへの代替的なアプローチとしてとらえるのではなく、全く異なる問いに対する答えを提示するものであると見なす方がよいかもしれない（Zwolinski & Schmidtz, 2013）。

1　徳倫理における「倫理」とは

　万学の祖であり、また徳倫理の祖でもあるアリストテレスは、『ニコマコス倫理学』の冒頭で「いかなる知識も選択も、ことごとく何らかの善を欲し求めている」と述べ、人間が達成しうる善のうち最上のものは何であるかとの問いに対し、独自の倫理学を展開していった。

究極的な善としての幸福（エウダイモニア）

　この問いに対し、ある人は巨万の富を築くことが人間にとっての最高の善であると答えるかもしれない。また別の人は名誉を与えられることが最高位の善であると答えるかもしれない。確かに、富や名誉は人間が達成しうる一つの善である。だが、アリストテレスによれば、それらは究極的な善と呼べるものではない。アリストテレスの考える究極的な善とは「何か別のことのために善いのではなく、常にそれ自身として望ましく、決して他のもののゆえに望ましくあることのないようなもの」だからである。では、人間にとっての究極的な善とは何であろうか。

　アリストテレスの答えは、「エウダイモニア（eudaimonia）」である。これは、通常「幸福（happiness）」や「善き生（good life）」「開花繁栄（flourishing）」などと訳される。このエウダイモニアは、単に気分的な快適さや快感という意味での幸福とは異なる性質をもち、善き人間となること（善き性格を身につけること）によって達成される生を意味する。ここにいう善き性格が「徳」と呼ばれるものである。

徳倫理学における「善さ」とは

　アリストテレスは人間にとっての善、すなわち幸福を理解するにあたり、その手がかりを人間の機能に求める。動物や植物には無い人間に固有の機能を明らかにし、その機能が首尾よく実現されている状態を幸福（善く生きている状態）として説明しようとしたのである。

　ここで「時計の善さ」あるいは「善い時計とは何か」について考えてみよう。アリストテレスに従えば、それは、時計に固有の機能（目的）を考えればよい。すなわち、善き時計とは時間を正確に刻むという時計の機能（目的）が卓越した形で発揮されている時計となる。同様に、善きナイフとは、モノを切るというナイフの機能（目的）について卓越しているナイフ、すなわちよく切れるナイフということになる。では、人間に固有の機能とは一体何であろうか。そのキーワードになるのが「徳」である。

善き生を導く徳

　徳倫理における「徳」とは、ギリシャ語のアレテー（ἀρετή）を原語にもつ言葉である。現在では、親切さや思いやり、素直さなど個々の人間の性格的な善さを指す場合が多いが、古代ギリシャにおける最も一般的な徳の理解は、有用で望ましい術や技、あるいは能力であり、それぞれのもつ機能（目的）が見事に実現されている状態（卓越している状態）を指す。このように考えると、人間にとっての最高位の善である幸福とは何であるかを理解するには、人間に固有の機能とは何であるかを問えばよいことになる。

　アリストテレスによれば、それは理性である。人間にとっての幸福・善き生・開花繁栄とは、人間に固有の機能を働かせること、すなわち、充実した理性的な生き方を涵養することだということである。また、そのような生は独立したバラバラな個人としての生ではなく、人と人との関係性の中で生きる社会的存在（つまり人間）としての生を意味する（Hartman, 2013）。

　このような理性的かつ社会的な生を充実したものにするには、他者への思いやりや協調的な態度、寛容さ、感謝の念、正直さ、公正さ、誠実さ、気前のよさ、社交性などが重要になるだろうし、ときにはユーモアや機知に富むことなども、その人の生を有意味なものにするだろう（Taylor, 2002）。これらは、いずれも徳に該当するものである。

中庸としての徳

　卓越した性格としての徳の正体を知るうえで、重要な役割を果たすのが「中庸」である。中庸とは、欠乏と超過という二つの悪徳の中間にある状態を指す。例えば勇敢さという徳は、臆病（勇敢さの欠乏）と無謀（勇敢さの超過）の中庸である。もし全く泳ぐことができない人が、川で溺れている人を見つけ、助けることのできる見込みがゼロである中で、勢いよく水中に飛び込んだとしよう。多くの人は、この人の勇敢さを称えるかもしれないが、アリストテレスの目には「無謀な人」と映るだろう。

　アリストテレスによれば、有徳な人間とは「然るべき時に、然るべき事柄

について、然るべき人に対して、然るべき目的のために、然るべき仕方」において正しい感情を持ち、行動するような人間を指す。すなわち、有徳な人とは、置かれた状況に応じて発揮すべき徳を理解し、実際に行動するような人だということである。先程の例でいえば、溺れた人を見つけた全く泳げない人が発揮すべき徳は、なり振り構わず水に飛び込むことを可能ならしめる「勇敢さ」ではなく、状況を理解し最善の救出方法を導き出す「冷静さ」だったといえるかもしれない。ちなみに、冷静さは、気早さ（冷静さの欠乏）と冷淡さ（冷静さの超過）の中庸に位置する徳である（Solomon, 1999）。

2 習慣と実践（行為）の重要性

このように徳倫理は「どのような行為が道徳的に正しいのか」ではなく、「人間として善く生きるために、どのような性格を身につけるべきか」という問いに関心をもつ。そのため徳倫理はしばしば、行為者基底の倫理学、性格に関する倫理学、人間本性に関する倫理学などともいわれる（Arjoon, 2000）。

徳倫理における実践の重要性

ここで注意を要するのは、徳倫理が行為者に焦点を当てるからといって、行為そのものを軽視しているわけではないということである。アリストテレスは、徳を所有していることと、それを使用することを明確に区別し、卓越した能力としての徳を正しい仕方で発揮する人こそが善き生を達成する人であるとみなす。

例えば、親切であることは一つの徳である。だが、親切であるとはどのような振る舞いを指すのかについて、その知識を多分に有していたとしても、その人が「親切である」とは必ずしもいえない。親切な人であるような仕方で、実際に親切な行いを成すことで、初めて親切な人となるということである。同様に、私たちは、諸々の正しい行為をなすことによって正しい人とな

り、諸々の節制的な行為をなすことによって節制的な人となり、諸々の勇敢な行為をなすことによって勇敢な人となるのである。

長い時間軸における習慣と実践

アリストテレスによれば、徳の獲得には任意の期間ではなく長きにわたる実践が求められる。一度の親切な行為や勇敢な行為をもって、その人に親切さや勇敢さが備わっているとはいえない。

別の見方をすれば、徳倫理は、私たちの日々の振る舞いや判断が将来における私たちの性格を決定づける、との考えに立つ（Koehn, 1995）。平易に言い換えれば「今日の自分が明日（将来）の自分を作っていく」となる（大塚, 2017）。この言葉には少なくとも二つの含意がある。

第一に、徳の陶冶を通じて導かれる善き生（幸福）とは、長い時間軸の中で生成されていくものである。人間にとって幸福の探求とは、生涯にわたってなされるものなのである。

第二に、徳とは本質的に自己改善にかかわり、有徳な人間であろうとする人を善き生へと導くものだといえる（Walsh, 2009）。人間は誰しも聖人君子のような完全性をもち合わせてはいない。例えば、謙虚さを備えた人であっても、成功によって慢心や奢りの気持ちをもってしまうかもしれない。しかし、もしこの人が自らの傲慢さを反省し、かつての自分を取り戻したいと考え、謙虚な人であるような仕方で実際に謙虚さが求められるようなときに謙虚な振る舞いをしたとすればどうだろうか。既に述べたように、一度の行為で謙虚さを備えた人にはなれないが、その行いの積み重ね（自己改善）が将来におけるこの人を形づくっていくのである。

3　ビジネスにおける徳倫理的アプローチ

アリストテレスの生きた古代ギリシャには、現代のような企業やビジネスは存在しない。しかし多くの社会的課題が浮き彫りになっている現代のグ

ローバル社会において、また、働くことの意味や経営者の倫理的資質が強く求められているビジネス社会において、徳倫理のアプローチはビジネスに対する根本的な問いを私たちに投げかけ、有益な示唆を与えてくれる。

徳倫理のレンズを通じて見る善い企業

　前述のように徳倫理の特徴の一つは、あらゆる対象（人やモノ）のあるべき機能からそれらの善さを論じる所にある。善い医者とは医者のはたらきである医療行為を首尾よく行う医者であり、善い時計とは時計のはたらきである時間を正確に刻むことに卓越した時計となる。それでは、善い企業とはどのような企業であろうか。この問いに答えるには、企業のはたらき（機能・目的）を考えればよい。

　アリストテレスを支持する企業倫理学者の多くは、基本的な善である経済的利益を追求することに加えて、そこで働く人々の徳の陶冶（人間的な成長）を支えることが企業の目的だと主張する（Solomon, 1992）。彼らは「人間のあらゆる営為は、何らかの善を目指してなされる。そして、人間が達成し得る最高位の善は善き生である」というアリストテレスの言葉に立ち返り、ビジネス活動という人間の営みもまた、究極的には善き生を目指してなされるべきであると考え、そのうえで個々の従業員の徳の陶冶に応じるような企業を善い企業とみなす。

　ところが実際にビジネス社会を見渡してみると、目先の利益を得るために顧客を偽り、法令違反に手を染める企業が後を絶たない。そのため、ビジネスは徳などとは無縁であり、むしろ悪徳に満ちていると思う人もいるだろう。しかし全ての企業やビジネス活動がそうだというわけではない。ビジネスとは、私たちの人生を実り豊かにするような徳を育む実践となる一方で、悪徳を生むような環境を作り出すこともできるもの、と考えるのが正しい。

　ビジネス活動や日々の仕事は、多くの人（同僚、顧客、取引先、地域社会の人々など）との関係のうえに成り立つものであるが、そのような人たちとの良好な関係を築く中で、私たちの生を善きものにするような徳を育むことができる。思いやりや配慮、謙虚さ、誠実さ、責任感、忠誠心、寛容、慈悲、

協調性などがその一例である。その意味で、徳倫理の視点から見る善い企業とは、ビジネスの諸活動を徳とは無縁のものととらえるのではなく、徳を育む可能性をもつ実践としてとらえ、そのような機会と環境を提供する企業だといえる。

善き生の統合的な理解

もし、ビジネスを徳とは無縁のものとしてとらえるならば、アリストテレスの枠内において、ビジネスパーソン——すなわち人間のほとんど——は善き生とは無縁であることを認めることになる。なぜならば、アリストテレス的な善き生とは、その人の人生の特定の部分を取り出して論じられるものではなく、その人の生の全体にわたって理解されるものだからである（MacIntyre, 1981）。したがって、「私のビジネスライフは悪徳に満ちていて善き生とは程遠いが、プライベートは充実しているため私は幸せな人生を送っている」という人がいるとすれば、それはアリストテレス的な善き生について正しく語られたものであるとはいえないのである。

このことから導き出されることは、善き生には善い仕事（善いビジネス）が含まれているということである。幸福と同様に、何をもって善い仕事と定義するかは人によってさまざまだろう。しかし、徳倫理の視点から考えるならば、富が究極的な善にならないのと同じように、少なくとも給料の高さが仕事の善さを決定づける唯一の基準にはならない。他方で、社会を豊かにするような仕事、誇りをもてるような仕事、充実や喜びを感じられるような仕事、他者との良好な関係の中で自らの成長を実感できるような仕事などを善い仕事と置き換えることができるかもしれない。

先述の通り、徳倫理は「一つひとつの判断の積み重ねが自分自身（の性格）をつくっていく」と説くが、同様に、ビジネス（仕事）における日々の選択や判断、姿勢などが私たちの性格をつくっていく（Solomon, 2008）。そして、その選択や判断は、自分自身に加えて、自分の仕事を善きものにも悪しきものにも変えるのである。

討論のための問い

1. CASE4. 1 や 4. 2 を参照し、善い仕事や善いビジネス、あるいは善い企業について、徳倫理の知見を用いて説明しなさい。

2. 個々の従業員が卓越した性格（徳）を備えることと企業の成功には、どのような関係があるのか。何をもって「企業の成功」といえるのかを踏まえて考えなさい。

3. アリストテレスの教説を応用して、企業倫理学者は「ビジネスの諸活動は徳を陶冶する実践になりうる」と主張する。一般にいわれる「ビジネスは戦争である」という見解や「ビジネス社会は弱肉強食である」という意見についてあなたの考えを述べなさい。

CASE 4. 1 渋沢栄一の道徳経済合一説[1]

　2021 年の大河ドラマでも描かれ一躍脚光を浴びた実業家、渋沢栄一（1840-1931）。現在の埼玉県深谷市の農家に生まれ、明治から大正期にかけて実業界で活躍し「日本資本主義の父」ともいわれる。彼は銀行、保険、鉄道、ガスなどのインフラ分野を中心に生涯で約 500 もの会社の設立・育成にかかわり、近代日本の経済の礎を築いた。

　渋沢は、幼いときから親しんだ中国の古典『論語』の教えを基に「道徳と経済は両立させることができる」という「道徳経済合一説」を唱えた。具体的に渋沢が重視したのが「不誠実に振る舞ってはならない」「自己の利益を第一に図ってはならない」という徳目であり、ビジネスは道義に則ってこそ永続しうると考えた。そのうえで、「人々の生活を経済的に心配のないものにし、さらに豊かにする」という積極的な意義がビジネスにはあるとした。事業家は単に私利の追求のみならず、世の中の人たちを幸せにするという公益の追求を目的にするのでなければならない。

　こうした渋沢の信念は「合本主義」という独自の経済システムの構想にも表れている。彼が目指したのは「各人がヒト、モノ、カネ、知恵を持ち寄っ

て事業を行い、その成果をみなで分かち合い、みなで豊かになる」という経済のカタチである。これは株式会社組織をベースとすることで、仕組みのうえでは資本主義と似ているが、その目的は公益の増進であり、もっぱら資本家（投資家）にとっての利潤の増殖を原理とする資本主義とは異なる。

　渋沢の理想は、欲望の無制限の拡大を許してきたグローバル資本主義が環境面でも、社会面でも行き詰まりを見せる中、オルタナティブな「ステークホルダー資本主義」（投資家のみならず従業員や地域社会など多様なステークホルダーの利益を重視した調和型の経済システム）の考え方の先駆けをなすものとして、歴史的に重要な意義をもつであろう。

CASE 4.2　稲盛和夫氏の人生・仕事の成功方程式[2]

　京セラの創業者であり、2010年に経営破綻した日本航空（JAL）の再建を手掛けた稲盛和夫氏は、経営哲学を重視する経営者として知られている。その思想体系は広範囲に及ぶが、ここでは彼によって提唱されたユニークな方程式を紹介する。それは私たちが善き生を送るための条件を表現したものであり、次のように示される。

　「人生・仕事の結果＝考え方×熱意×能力」

　同氏によれば、人生や仕事の成果はこれら三つの要素の掛け算で決まるという。能力とは、才能や知能といい換えることができ、先天的な資質を意味する。また熱意とは、事をなそうとする情熱や努力する姿勢を指し、これは自分の意思でコントロールできる後天的な要素となる。

　三つの要素のうち、同氏が最も重視するのが「考え方」である。やや抽象的な表現ではあるが、心のあり方や生きる姿勢、倫理観などと置き換えることができる。例えば、善き考え方には、前向きで建設的であること、感謝の心をもち仲間と共に歩もうという協調性、明るく肯定的であること、思いやりや優しい心、利己的ではなく強欲ではないことなどがあげられる。

　この方程式の特徴は、右辺を構成する三つの要素のうち、考え方だけが＋と－の両方をもち合わせているということ、そして三つの要素が足し算では

なく掛け算となっていることである。例えば、能力と熱意が高くても考え方がマイナスであれば、人生や仕事の結果は全体としてマイナスとなる。方程式が足し算であれば、考え方のマイナスを熱意と能力で補えることになるが、方程式は掛け算であるため、考え方がマイナスであれば結果もマイナスになるというわけである。ここにいうマイナスの考え方とは、自分だけが得をすればよいといった利己的な考えや強欲さ、傲慢さ、後ろ向きで否定的な心、非協調的な姿勢、他者への無配慮などが含まれる。

　同氏は、生きることは日々の判断の連続であるととらえ、そのような判断の積み重ねがいまの人生であり、これからどのような選択をしていくかが今後の人生を決めていくと述べる。そして、その判断を正しいものにし、個々の人生を実り豊かなものへと導くものが徳（方程式では「考え方」）なのだという。また、企業の成功も正しい考え方によって導かれるとし、京セラやJAL をはじめ、これまでに数多くの企業関係者に対して企業人としてのあり方や心構え、倫理観を示してきた。

◇◇◇◇◇◇◇◇◇◇◇◇◇◇◇◇◇◇◇◇◇◇◇◇◇◇◇◇◇◇◇◇◇◇◇◇◇◇

注

1　本ケースは以下の資料をもとに高浦康有が作成した。
　・日本放送協会編（2021）『NHK 100 分 de 名著 渋沢栄一「論語と算盤」』NHK 出版。
　・田中一弘「今、見直される渋沢栄一」nippon. com、2016 年 12 月 9 日、https://www.nippon.com/ja/currents/d00274/
2　本ケース作成にあたっては、次の文献を参考にした。稲盛和夫（2014）『生き方』サンマーク出版。

参考文献

Aritotlès. *Ethica Nicomachea*（高田三郎訳『ニコマコス倫理学（上）』岩波書店、2011 年）

Arjoon, S.（2000）Virtue Theory as a Dynamic Theory of Business. *Journal of Business Ethics, 28*, pp. 159-178

Hartman, E.（2013）The Virtue Approach to Business Ethics. *The Cambridge Companion to Virtue Ethics*, pp. 240-264（立花幸司監訳、相澤康隆・稲村一隆・佐良土茂樹訳「ビジ

ネス倫理に対する徳倫理学的アプローチ」『徳倫理学』春秋社、2015 年)

Koehn, D.（1995）A Role for Virtue Ethics in the Analysis of Business Practice. *Business Ethics Quarterly, 5*(3), pp. 533-539

MacIntyre, A.（1981）*After Virtue: A Study in Moral Theory.*（篠崎榮訳『美徳なき時代』みすず書房、2003 年）

Solomon, R.C.（1992）*Ethics and Excellence: Cooperation and Integrity in Business.* Oxford University Press

Solomon, R.C.（1999）*A Better Way to Think about Business: How Personal Integrity Lead to Corporate Success.* Oxford University Press

Solomon, R. C.（2008）We are Victims of Circumstances ? Hegel and Jean-Paul Sartre on Corporate Responsibility and Bad Faith. In M. Painter- Morland & P. Werhane（ed.）, *Cutting-edge Issues in Business Ethics: Continental Challenges to Tradition and Practice*（pp. 1-20）Springer

Taylor, R.（2002）*Virtue Ethics: An Introduction.* Prometheus Books （古牧徳生・次田憲和訳『卓越の倫理：よみがえる徳の思想』晃洋書房、2013 年）

Walsh, S. D.（2009）Teleology, Aristotelian Virtue, and Right. In James P. Sterba（ed.）, *Ethics: Big Questions*, 2nd ed.,（pp.409-416）. Wiley-Blackwell （加藤尚武・児玉聡監訳「目的論、アリストテレス的徳、正しさ」『徳倫理学基本論文集』勁草書房、2015 年）

Zwolinski, M.& Schmidtz, D.（2013）Environmental Virtue Ethics: What It Is and What It Needs to Be. *The Cambridge Companion to Virtue Ethics*（pp.221-239）（立花幸司監訳「環境倫理学：それは何であり、また何であらねばならないのか」『徳倫理学』春秋社、2015 年）

大塚祐一（2017）「ロバート・ソロモンの『共同体としての企業』論：その意義と課題をめぐって」『日本経営倫理学会誌』第 24 号、213-225 頁

（大塚祐一）

行動倫理

　ビジネスの倫理への関心が高まるにつれ、基本的な考え方を解説した企業倫理やビジネス法務の専門書が相次いで出版されるようになり、また、従業員に倫理教育やコンプライアンス研修などを定期的に受けさせる企業も増えている。

　これらの本や諸活動では、「倫理の大切さを学べば、人は倫理的で正しい行いができるようになる」ことが暗黙の前提となっている。

　そして大学や企業は膨大な時間とコストをかけて人々の倫理性を高めようとしている。しかし非倫理的行動を減らす効果が上がっているとはいい難い。実際、企業不祥事は減るどころか増えている（渡辺、2020）。そして、企業不祥事が起きれば、また倫理教育や研修などが強化される。はたして、この繰り返しに終わりはあるのだろうか。企業不祥事を減らすためには別のアプローチが必要なのではないだろうか。このような疑問に答えるべく、従来の倫理学研究とは大きく異なるアプローチを取る研究分野が、本章で取り上げる行動倫理学（behavioral ethics）である。

1　行動科学のブーム

　アメリカ、シカゴ大学のリチャード・セイラー（Richard H. Thaler）が2017年にノーベル経済学賞[1]を受賞したことをきっかけに、行動経済学（behavioral economics）に対する社会の関心が急速に高まっている。書店に足を運べば、行動経済学の関連書籍が山積みされており、ブームと呼べるほどの盛り上が

りを見せている[2]。

　行動経済学は広い枠組みとしての「行動科学[3]」の研究領域に属し、関連する研究分野として、行動意思決定論、行動ファイナンス、行動マーケティング、行動倫理学などさまざまなジャンルが存在する。これらの行動科学研究では、人間の実際の行動法則を明らかにして、行動を予測したりコントロールしたりすることが目的とされている。ここでいう「行動」とは、身体的な動きを伴う行動だけではなく、心の動きも含めた全ての人間活動を指す。

　行動経済学をはじめとする行動科学では、特に認知バイアスや人間心理などが人間の行動に及ぼす影響に着目する。その背景には、ハーバート・サイモン（Harbert A. Simon）が1940年代に提唱した限定合理性（bounded rationality）、すなわち「人間の判断の合理性には限界がある」との考えがある。

　図表5.1は、従来の学問と行動科学研究を比較したものである。従来の経済学は、合理的な人間（コンピュータのように完璧かつ冷静に判断する人間）を前提としてきた。例えば、何か商品を購入する際には、人は必要な全ての情報を入手したうえで、もっとも理にかなった商品を購入すると考える。しかし、実際の人間の経済活動はそのような理想状態から程遠い。ある商品をよいと思って購入したものの、後で後悔するという苦い経験をしたことがある読者も少なくないであろう。私たちがそのような失敗をしてしまう要因はさ

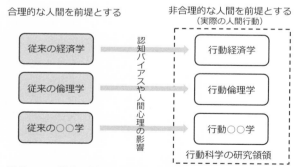

図表5.1　従来の学問と行動科学研究

まざまなものが考えられるが、行動経済学では特に認知バイアスや人間心理に着目して、人間の経済活動が非合理的になるメカニズムを明らかにしようとする。

2　従来の倫理学と行動倫理学の違い

　従来の経済学と同様に、従来の倫理学（規範倫理学）も合理的な人間（コンピュータのような人間）を想定しており、「倫理教育等によって倫理の大切さを念押しすれば、人は倫理的に正しい行動をとる」という前提がある。コンピュータの場合は、「倫理的に正しい行動をとるべし」とプログラミングすれば、命令（プログラム）に従って倫理的な行動をとるであろう。しかし、人間はコンピュータのようにいつも完璧かつ冷静に判断して行動するわけではない。倫理の大切さを学べば倫理的行動がとれるようになるとは限らない[4]。逆に、非倫理的行動（不正や悪事）をとった人が必ずしも倫理観の欠けている人物とは限らず、むしろ、ごく普通の人が状況的な要因（認知バイアスや人間心理）の影響を受けて意図せずに非倫理的行動をとってしまうケースも少なくないのである。そのような非倫理的行動を防止するためには、「倫理的に正しい行動をとるべし」という規範的な教育を行うよりも、認知バイアスや人間心理によって人が非倫理的行動をとってしまうメカニズムを理解することが重要となる。

　図表 5. 2 は、従来の倫理学と行動倫理学の違いを整理したものである。従来の倫理学では「倫理観の欠けた人が非倫理的行動をとる」という前提があるのに対して、行動倫理学では「誰でも非倫理的行動をとってしまう場合がある」という前提を置く。従来の倫理学は「人の当為（どうあるべきか）」に着目するのに対して、行動倫理学は「非倫理的行動の背後要因（認知バイアスや人間心理）」に着目する。不正や悪事の防止策としては、従来の倫理学は倫理教育や企業倫理の制度設計を重視するのに対して、行動倫理学は行動科学の視点から予防策を講じ、人の行動を倫理的方向へナッジ[5]しようとする。

	従来の倫理学	行動倫理学
前提	倫理観の欠けた人が非倫理的行動をとる	誰でも非倫理的行動をとってしまう場合がある
視点	人の当為に着目する	非倫理的行動の背後要因に着目する
対策	倫理教育や企業倫理の制度設計を重視する	行動科学の視点から予防措置を講じる（倫理的方向へナッジする）

図表 5.2　従来の倫理学と行動倫理学の違い
［出所］水村（2013），鈴木（2015）などを参考に作成.

3　行動倫理学の代表的メカニズム

　行動倫理学では、人々が本来もっている倫理性を発揮できずに非倫理的行動（不正や悪事）をとってしまうことがあると考える。これを「限定された倫理性（bounded ethicality）」と呼ぶ。このように人々の倫理性が限定されてしまうのは、さまざまな認知バイアスや人間心理などが大きく影響するためである。

　図表 5.3 は、これまでの行動倫理学研究で明らかにされてきた非倫理的行動のメカニズムを整理したものである[6]。以下では、これらのうち行動倫理学研究を特徴づける②と⑧について紹介する。

　まず②の「倫理の後退」とは、基準や罰則が導入されると「倫理上の問題」ではなく「ビジネス上の問題」と見なすようになることをいう。ノートルダム大学のアン・テンブランセル（Ann E. Tenbrunsel）らは大学生を被験者として、ビジネスシナリオを読ませて意思決定させるという実験を行った。シナリオは、工場から発生する有害物質の除去装置を稼動させるかどうか判断させるものであり、装置を稼動すれば有害物質は除去されるが、コストがかかるという状況である（除去装置の稼動は義務づけられている）。被験者は「弱い罰則条件」と「罰則なし条件」に分けられた。弱い罰則条件では、除去装置を稼動しているかどうかを規制当局からランダムにチェックされ、稼動していないことが発覚すると軽微な罰金を取られるという設定である。一方、罰則なし条件では、除去装置の稼動の有無をチェックされないため、除去装

メカニズム	定義
①自己中心主義バイアス	自己中心的な考えによって、自分の非倫理的行動を正当化する
②倫理の後退	基準や罰則が導入されると「倫理上の問題」ではなく「ビジネス上の問題」と見なす
③婉曲的表現	婉曲的表現を使って、社会的に許容されない行為でも許容されると思い込む
④無意識の偏見	先入観によって、無意識の内に決め込む
⑤間接性による見落とし	第三者を介した間接的な非倫理的行動は見落とされる
⑥内集団びいき	自分と共通点がある人に便宜を図る
⑦損失フレームの影響	状況を利得ではなく損失と認識すると非倫理的行動が助長される
⑧善行の免罪符効果	社会にとって良い行為をする代わりに、少しくらいは非倫理的行動をとっても許されると思い込む
⑨動機付けされた見落とし	自分が損する可能性のある場合は、他者の非倫理的行動を黙認する
⑩結果偏重バイアス	結果が好ましければ、その過程で倫理に反することが行われても見過ごす
⑪将来の過剰な割引	将来生じ得る問題に対して過小評価し、非倫理的行動をとる
⑫滑りやすい坂	最初に小さな倫理違反を許すと、歯止めがきかなくなり段々とエスカレートする

図表 5.3　非倫理的行動が生じる代表的メカニズム

[出所] 松井（2019）.

置を稼動しなくても発覚する恐れはない。従来の倫理学の視点で考えると、罰則あり条件の方が除去装置を稼動させる人は多くなると予想される。しかし、実験結果は予想に反するものであり、罰則あり条件よりも罰則なし条件の方が除去装置を稼動させる被験者が多かった。

　同様の現象は、イスラエル工科大学のウリ・ニーズィー（Uri Gneezy）らがイスラエルの保育園で行った有名な研究でも確認されている。その保育園は毎日午後4時まで運営されていたが、子供の迎え時間に遅れる親が多く、職員の残業が問題となっていた。そこで、迎え時間に遅れた親には少額の罰金を科すことを決めた。これは、親が罰金を嫌がって時間内に迎えに来るようになると予想されたためである。ところが罰金導入後は、予想に反して遅刻する親が増えたのであった。さらにその後、再び罰金制度を無くしてみたものの、遅刻件数が減ることはなかった。

　これらの事例では、非倫理的行動（除去装置の不使用や遅刻）を防止するために罰則を導入したにもかかわらず、逆に非倫理的行動が増えてしまうとい

う意外な結果がもたらされた。この理由は、「倫理の後退」と呼ばれる現象が起きたためである。罰則がなければ、人は「除去装置を稼動させるかどうか」「遅刻せずに迎えに行くかどうか」という問題を「倫理上の問題」として認識し、倫理的な良し悪しの観点から判断して行動する。しかし、罰則が導入されると「経済的な損得の問題」として認識するようになり、「除去装置を稼動させなくても罰金を払えばよい」「保育園に遅刻しても罰金を払えばよい」という認識に変わったと考えられる。つまり、問題を倫理的な視点で考えるのではなく、ビジネス的な損得勘定の視点で考えるようになったということである。

次に⑧の「善行の免罪符効果」とは、社会にとってよい行為（善行）をする代わりに、少しくらいは非倫理的行動をとっても許されると思い込むことをいう。ハーバード大学のフランチェスカ・ジーノ（Franchesca Gino）らは、大学生を被験者として、問題の解答数に応じて報酬を支払うという実験を行った。まず、被験者は制限時間内にできるだけ多くの解答を解答用紙に記

条件	説明
A：自分・高報酬条件	1問の解答毎に被験者本人が2ドル獲得する
B：自分・低報酬条件	1問の解答毎に被験者本人が1ドル獲得する
C：自分および他者・低報酬条件	1問の解答毎に被験者本人と第三者*が1ドル獲得する

*他の実験の参加者からランダムに選ばれた人

図表5.4　三つの実験条件
［出所］Gino et al. (2013：Experiment 2)

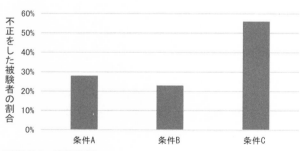

図表5.5　実験結果
［出所］Gino et al. (2013: Experiment 2).

入する。その後、解答用紙は回収され、被験者は自分の解答数を別の申告用紙に記入して、申告に基づいて報酬が支払われる。問題の解答用紙と申告用紙は無記名であるが、被験者にはわからないように識別番号が付けられており、不正の有無を調べることができる（ただし、不正した個人を特定することはできない）。実験は「A：自分・高報酬条件」「B：自分・低報酬条件」「C：自分および他者・低報酬条件」の三つのグループに分けられた（**図表 5.4**）。

　一般には、報酬が多いほど不正を働くインセンティブが強まるため、条件Aの被験者がもっとも不正をしやすいと考えるであろう。しかし、実験の結果、不正が一番多かったのは条件Cであり、条件Aと条件Bの間には有意な差がなかった（**図表 5.5**）。さらに、条件Cで不正した被験者は条件Aおよび条件Bで不正した被験者よりも罪悪感をあまり抱いていないことも明らかとなった。この実験結果は、他者の便益になる行為（善行）のためであれば、人は不正をしやすくなり、また不正の罪悪感を抱きにくくなることを示すものである。また、高報酬条件（条件A）と低報酬条件（条件B）の差は有意ではなかったことから、金銭的なインセンティブは不正を働かせる中心的要因ではないことも示唆される。

4　行動倫理学の意義と課題

　従来の倫理学では「罰則を科すことで不正が防げる」「自己の利益のために不正をする」ということが前提となっているが、近年の行動倫理学研究によって、これらの前提が必ずしも正しくないことが明らかにされている。ただし、それは従来の倫理学を否定するものではなく、従来の倫理学で見落とされてきた問題を明らかにしようとするところに行動倫理学の意義がある。

　行動倫理学の研究は、今のところ本章で紹介したように大学生等を対象とした仮想的状況での実証実験（ラボ実験）が中心である。実証実験は、実験条件を統制（コントロール）できるという大きなメリットがあり、因果関係の解明に適したアプローチである。一方で、このようなラボ実験は、できる限りシンプルな状況で実験を行うため、実際の企業人の置かれた複雑な状況と

は乖離があり、ラボ実験で得られた知見をそのまま現実のビジネス倫理問題に適用できるとは限らない。しかしながら、人間性への深い洞察をもとにした行動倫理学は、「こうあるべき」という理想がうまく実現されない現実的状況の中で、何が問題でボトルネックとなっているのかという問いに対し、実践的な示唆を与えるものであることは間違いないだろう。

討論のための問い

1. 非倫理的行動が生じる代表的メカニズム（図表5.3）のうち、あなたの知っている事例で該当するものはどれか、示しなさい。

2. 「②倫理の後退」に関連して紹介した2事例（有害物質の除去装置、保育園の遅刻）に示されるような課題を解決するにはどういう施策が望ましいか、高額な罰金を科せばそれでよいのか、検討してみよう。

3. 東京電力のケース（CASE5.1）やJR西日本のケース（CASE5.2）を行動倫理学の視点から分析するとすれば、図表5.3の代表的メカニズムのうち、どのメカニズムが該当するか、またどのような再発防止策が有効か、考えなさい。

◇◇

CASE5.1 東京電力原子力部門のトラブル隠し事件[7]

　東京電力では2000年代に入り相次いで、原子力部門において1970年代以降繰り返された合計36件に及ぶトラブル隠し・データ改ざん等の不正が発覚した。これらのトラブル隠しには「臨界事故の隠ぺい」など悪質な行為も含まれており、当時の東京電力は社会から非常に厳しく非難された。それらの不正行為の代表的な事案として「原子炉格納容器の漏えい率検査における不正」があげられる。

　原子炉格納容器は、ウラン等の核分裂反応を制御する原子炉を収めた構造物で、厚さ20〜30mmの鋼鉄でできている。原子力発電所の重大事故時に放射性物質を閉じこめる重要設備である。格納容器の漏えい率検査では、この閉じ込め機能（気密性）を確認するために、格納容器内に窒素を所定の圧

力になるまで送り込み、窒素の漏えい率を測定する。漏えい率検査は、原子力発電所の運転停止中に国の検査官立ち会いの下に行われ、これに合格しなければ運転を再開することはできないという、原子力発電の安全性の根幹に関わる極めて重要な検査とされている。

1991 年 6 月 12 日、東京電力福島第一原子力発電所では 1 号機（当時、停止中）で漏えい率検査を実施するにあたって、窒素を注入し格納容器を試験圧力まで加圧した。ところが、なぜか圧力が安定せずに降下し続けた。そのため、東京電力の担当者らは総点検作業を実施したが漏えい箇所を特定できず、漏えい率が判定基準（一日換算で 0.348% 以内）に収まる見込みはなかった。

東京電力の幹部と担当者らは、このままでは 6 月 14 日に迫っていた立会検査に合格するのは不可能と判断した。そこで苦肉の策として、格納容器内に圧縮空気を継続的に注入し、格納容器内の圧力を安定させることを決定した。

そして 6 月 14 日の国の立会検査中、協力企業の担当者に指示して圧縮空気を格納容器内に注入し続け、検査官は空気注入の事実を知らないまま検査合格と判定した。

6 月 15 日以降、東京電力の担当者らは漏えい原因を調査したが、原因を解明することができないまま、7 月 8 日に同発電所 1 号機の運転が再開された。さらに、翌年の検査（1992 年 6 月 16 日）でも同様の不正が行われた。

2002 年 9 月に一部の報道機関の指摘などがきっかけとなり、過去の検査作業の見直し調査が規制当局によって進められる中、これら漏えい率検査の不正が発覚した。東京電力に対しては、意図的な偽装により保安規定に違反し、国の適切な定期検査を妨害したとして、同発電所 1 号機の 1 年間に及ぶ原子炉運転停止という極めて重い行政処分が下された。

こうした不正行為が生まれた要因について、社外弁護士らの調査団が提出した同社の調査報告書では以下の 4 点があげられた。

第一に、格納容器は重大事故が発生した際に初めてその機能を発揮するものであるが、これまでに重大事故の発生例がなかったことから、同社の担当者らは発生の確率も低いと考えていた。第二に、1992 年の漏えい率検査で

・原子炉は停止中 ・国の立会検査を受けるため,格納容器を試験圧力まで昇圧	・圧力低下の漏えい箇所を特定できない ・現状では立会検査に不合格	・立会検査中に空気を継続的に注入して,検査に合格	・検査後に漏えい箇所を調査したが,原因不明のまま運転再開
1991年6月12日	同年6月13日	同年6月14日	同年7月8日

図表 5.6　原子炉格納容器漏えい率検査における不正のプロセス
［出所］松井（2019）

は、漏えい箇所が判明し修理できる見通しがついたものの、再稼働予定日までに修理する時間がなかった。第三に、夏季の電力需要期が迫っており、再稼働遅延による電力安定供給への支障を回避したいという思いがあった。第四に、漏えい率が悪かったとしても現実には安全に影響を及ぼすことはないと考えていた。

　以上のような漏えい率検査不正を含め一連のトラブル隠しが明るみになった後、東京電力は不正の再発防止と信頼回復のため、企業倫理や法令の遵守、安全確保の徹底、情報公開などを約束した。

◇◇◇

CASE5.2　JR 西日本の新幹線台車亀裂問題[8]

　2017 年 12 月 11 日、JR 西日本が運行する東海道・山陽新幹線「のぞみ 34 号」は、博多駅を予定通り出発した。しかし同駅出発直後から、車掌やパーサーら乗務員たちは「甲高い」異音や「鉄が焦げたような」異臭を感じ、車掌長に報告した。

　小倉駅を過ぎたあたりで、車掌長は、運行管理にあたる新幹線指令所の指令員に異臭が確認されることを伝えた。13 号車では乗客からも、におい、モヤがあるとの複数の申告が乗務員に寄せられた。同社の乗務員マニュアルでは、異音等を感知した際、車掌が「危険と認めた」場合は緊急ブレーキスイッチを引くことなどを定めていたが、今回のケースでは乗務員らは危険な状況と認識していなかったため、こうした作業フローの対象外となった。

　岡山駅から指令員の指示で乗り込んだ保守担当者は、においはあまり感じ

とれなかったものの、音が激しかったことから、床下を点検したいと指令員に伝えた。指令員からの「走行に支障があるのか」の問いかけに対して、保守担当者は「そこまではいかないと思う。見ていないので現象がわからない」と答えた。指令長は運転に支障があれば駅間でも停車させようと考えていたが、運転には支障がなく、緊急停車の必要はないものと判断し、運転が続行された。

次の新神戸駅では、保守担当者たちは車外で13号車の車体とホームの間を懐中電灯で照らして目視で確認したが、異常は把握できなかった。ここでも指令員は「走行に支障があるのか」と保守担当者に尋ねたが、「判断できかねるので、走行に異常がないとは言い切れないかな」「音が変わらず通常とは違う状態であることは間違いないと思う」との返答であった。

指令員は、車両の専門技術者である保守担当者は本当に危険があれば「危険だ」と伝えてくる、点検する必要があるならば明確にそのことを伝えてくるはずと思った。結局、指令員は走行に支障がないという判断を変えないまま、のぞみ34号は新大阪駅まで運行された。

同駅にてJR東海に引き継がれた後、名古屋駅で車両下からの油漏れが見つかり即座に運転が中止された。調査の結果、13号車の台車（車輪等を収める走行装置）の枠に亀裂が生じていたことが判明した。亀裂の長さは14cmにも達し、あと3cmで台車枠が破断しうる極めて深刻な状態であった。もし破断に至れば、車軸が飛び出して車両が脱線転覆する可能性もあった。

国土交通省・運輸安全委員会は重大な事故につながるおそれがあったとして、新幹線では初めて重大インシデントに認定した。台車枠に亀裂が発生した原因としては、メーカー側の溶接工程における部材の削り過ぎであることが後に明らかとなった。

ではなぜJR西日本は比較的早期に異常の兆候に気づきながら運行を続けたのか。事故後の運輸安全委員会の調査報告書や同社の有識者会議報告書においては、正常性バイアス（異常事態に直面しても正常の範囲内と判断しがちな傾向）や、確証バイアス（自分の願望や信念を裏付ける情報の方を重視、選択するという傾向）が働いた可能性があることが指摘されている。

仮に異変を察知できたとしても「列車の走行には支障がない」「支障がな

い方が運行停止にならず有り難い」といった自己に都合よい心理が働き、関係者としても積極的に緊急停止や床下点検の必要を言い出しにくい雰囲気があったと考えられる。

　同社はこの問題を受け、異常を検知する装置の整備を進めるとともに、社員個々の安全に対する感度のレベルを向上させることで、新幹線を緊急停車させてよいかどうか判断に迷うような領域を狭めていく方針を打ち出した。

注

1　リチャード・セイラーは 2017 年、「行動経済学への貢献」を理由にノーベル経済学賞（正式名称は「ノーベル記念経済学スウェーデン国立銀行賞」）を受賞した。行動経済学に関連するノーベル経済学賞は他にも、ダニエル・カーネマン（Daniel Kahneman, 2002 年）とロバート・シラー（Robert J.Shiller, 2013 年）が受賞している。

2　筆者が国会図書館のデータベース（NDL ONLINE）を使って調査したところ、「行動経済学」という用語がタイトルに使われている書籍は 94 冊あり、このうち 76 冊は 2010 年以降に刊行されている（2020 年 8 月現在）。

3　行動科学（behavioral science）という用語は、1940 年代にシカゴ大学の研究グループによって初めて用いられたとされる。

4　例えば、カリフォルニア大学のエリック・シュヴィッツゲーベル（Eric Schwitzgebel）が大学図書館の本の紛失率を調査したところ、倫理学関連の本の紛失率が高く、（倫理について深く学んでいるはずの）倫理学者が本を多く盗んでいる可能性が見出された。

5　ナッジ（nudge：ひじで軽く突く）とは、行動科学の知見に基づく工夫や仕組みによって、人々がより望ましい行動を自発的に選択するよう誘導することをいう。

6　Bazerman & Gino (2012), Bazerman & Tenbrunsel (2011a), Sezer et al. (2015), Tenbrunsel et al. (2010), Tenbrunsel & Messick (2004) をもとに作成。

7　本ケース作成にあたっては松井（2019: 117-133）（日本経営倫理学会から転載許可を取得済み）のほか、下記の資料などを参照した。

　・環境イノベーション情報機構「福島第 1 原子力発電所第 1 号機の格納容器検査で不正が判明　1 年間の原子炉運転停止処分へ」『EIC ネット』2002 年 10 月 28 日。https://www.eic.or.jp/news/?act＝view&serial＝4038&oversea＝

　・日立製作所「東京電力福島第一原子力発電所 1 号機の原子炉格納容器全体漏えい率試験に関する調査報告と再発防止策について」同社 HP、2002 年 10 月 25 日。https://www.hitachi.co.jp/New/cnews/2002/1025a/index.html

・小林英男「福島第一原子力発電所 1 号機 原子炉格納容器気密試験に係る不正」失敗学会『失敗知識データベース』http://www.shippai.org/fkd/cf/CB0011016.html（2021 年 9 月 1 日アクセス）

なお当該ケースの分析は松井（2019）に詳しい。

8　本ケースは下記の資料をもとに高浦康有が作成した。

・大坂直樹「のぞみ台車亀裂、2 つの原因は"人災"だった　製造、運行管理、得意の『現場力』でミス続発」『東洋経済』2018 年 3 月 5 日。https://toyokeizai.net/articles/-/211007

・国土交通省運輸安全委員会「鉄道重大インシデント調査報告書（RI2019-1）」2019 年 3 月28 日。https://www.mlit.go.jp/jtsb/railway/rep-inci/RI2019-1-1.pdf

・新幹線重大インシデントに係る有識者会議（西日本旅客鉄道株式会社）「報告書　新幹線異常感知時の運転継続事象への再発防止対策に関する検討結果について」2018 年 3 月 27 日。http://www.westjr.co.jp/press/article/items/180327_00_yuushikishakaigi_2.pdf

・産経新聞「新幹線台車亀裂から 1 年　進む再発防止策　意識改革も」2018 年 12 月 11 日。https://www.sankei.com/article/20181211-3LR376EMINOELLV53M43IN5IYA/

なお当該ケースの詳細と分析は下記を参照のこと。

・高浦康有（2019）「ビジネスの倫理 − JR 西日本の新幹線台車亀裂トラブル」東北大学経営学グループ編『ケースに学ぶ経営学 第 3 版』有斐閣、290-306 頁。

参考文献

Bazerman, M. H., & Gino, F.（2012）Behavioral Ethics: Toward a Deeper Understanding of Moral Judgment and Dishonesty. *Annual Review of Law and Social Science, 8*, pp. 85-104

Bazerman, M. H., & Tenbrunsel, A. E.（2011a）*Blind Spots: Why We Fail to Do What's Right and What to Do about It*. Princeton University Press（池村千秋訳『倫理の死角：なぜ人と企業は判断を誤るのか』NTT 出版、2013 年）

Bazerman, M. H., & Tenbrunsel, A. E.（2011b）Ethical Breakdowns. *Harvard Business Review, 89*（4）, 2011 Apr, pp. 58-65（編集部訳「『意図せぬ悪事』の科学：なぜ、ビジネスの論理と倫理を切り離してしまうのか」『DIAMOND ハーバード・ビジネス・レビュー』2011 年 7 月号、ダイヤモンド社）

Gino, F., Ayal, S., & Ariely, D.（2013）Self-Serving Altruism? The Lure of Unethical Actions that Benefit Others. *Journal of Economic Behavior & Organization, 93*, pp. 285-292

Gneezy, U., & Rustichini, A.（2000）A Fine is a Price. *The Journal of Legal Studies, 29*(1), pp. 1-17

Kwon, H. R., & Silva, E. A.（2020）Mapping the Landscape of Behavioral Theories: Systematic Literature Review. *Journal of Planning Literature, 35*(2), pp. 161-179

Schwitzgebel, E.（2009）Do Ethicists Steal More Books? *Philosophical Psychology, 22*(6), pp. 711-725

Sezer, O., Gino, F., & Bazerman, M. H.（2015）Ethical Blind Spots: Explaining Unintentional Unethical Behavior. *Current Opinion in Psychology, 6*, pp. 77-81

Simon, H. A.（1957）*Models of Man*. Wiley.

Tenbrunsel, A. E., Diekmann, K. A., WadeBenzoni, K. A., & Bazerman, M. H.（2010）The Ethical Mirage: A Temporal Explanation as to Why We Aren't as Ethical as We Think We Are. *Research in Organizational Behavior, 30*, pp. 153-173

Tenbrunsel, A. E., & Messick, D. M.（1999）Sanctioning Systems, Decision Frames, and Cooperation. *Administrative Science Quarterly, 44*(4), pp. 684-707

Tenbrunsel, A. E., & Messick, D. M.（2004）Ethical Fading: The Role of Self-deception in Unethical Behavior. *Social Justice Research, 17*(2), pp.223-236.

赤松利恵（2002）「行動科学に基づいた栄養教育」『栄養学雑誌』第 60 巻第 6 号、295-298 頁

加藤貴彦（2019）「社会医学における行動科学の現状と展望」『日本衛生学雑誌』第 74 号、19018 頁

鈴木由紀子（2015）「行動倫理学の予備的考察：飲食サービス業におけるメニューの不正表示問題を中心に」『商学集志』第 84 巻第 3・4 号、39-54 頁

土井由利子（2009）「日本における行動科学研究：理論から実践へ」『保健医療科学』第 58 巻第 1 号、2-10 頁

東京電力社外調査団（2002）「原子炉格納容器漏洩率検査に係る問題についての調査結果」

松井亮太（2019）「東京電力のトラブル隠し事件と 2006 年以降の津波想定の比較分析：行動倫理学の観点から」『日本経営倫理学会誌』第 26 号、117-133 頁

水村典弘（2013）「企業行動倫理と企業倫理イニシアティブ：なぜ人は意図せずして非倫理的行動に出るのか」『日本経営倫理学会誌』第 20 号、3-15 頁

渡辺樹一（2020）「企業不祥事から学ぶ企業変革・組織開発への施策：第 1 回　企業不祥事の分類と件数の推移」『BUSINESS LAWYERS』（2020 年 7 月 17 日）

（松井亮太）

よい企業システムの構築

第Ⅱ部では「よい企業とは何か」という、難しくも興味深い問いにチャレンジする。企業は社会の発展のためになくてはならない存在（システム）だが、規模が拡大し影響力を増すにつれ、社会的なメリットだけでなく、デメリットにも目が向けられるようになった。こうした展開について、時代の変遷に沿って多角的な視点で整理し、議論していく。この議論は、第Ⅰ部で学んだ倫理学の体系が、現代企業の経営実践にいかに結びつくかを考えるにあたり、その橋渡しの役割を果たしてくれるだろう。

　第6章「企業倫理の制度化」では、第Ⅱ部の議論の土台をつくるため、まず企業倫理の観点が、経営の現場でどのように組み込まれ内在化されてきたかを具体的に検証する。企業に対する社会の要請は、一方では法令の制定・執行という形で実現し、またそれを補う形で企業の主体的な取り組みとしても具現化されてきた。本章では、企業経営が法規範にいかに対応し、またそれを超えるためにいかなる取り組みを実践してきたかを明らかにする。

　第7章「コーポレート・ガバナンス」では、そうした規範的課題に応えるための、企業トップによる組織統治の体制に焦点を当てる。ここでは、企業と社会を結び付ける際に重要な役割を果たす経営者の行動に注目し、経営者の自己中心的な行動を監視するための組織体制を中心に検討する。さらに株主主権の考え方を超えてステークホルダーのためのガバナンスが問われるようになった背景を指摘する。

　第8章「ステークホルダー志向の経営」では、前章を受けて「企業が社会から期待されていること」に基づくマネジメントの新しいかたちを明確にする。ここでも、企業と社会の関係は、主に「株主か、ステークホルダーか」という二項対立で議論されてきたことに留意したい。この議論は、企業の存在意義にもかかわる根源的な問題に触れるものであり、現実の企業経営にも影響を与える重要な議論である。株主価値論からステークホルダー論への転換を中心に整理する。

　第9章「よい企業を評価する投資のしくみ」では、経営者自らの倫理的行動を促すための投資家の役割にも目を向ける。株主やその背後にある投資家に焦点を当てながら、広くステークホルダーに貢献する企業を、投資家がいかに支援すべきかという点から議論を展開する。ここでは、機関投資家が社会から期待される役割としての受託者責任に注目し、それを現実の投資活動で遂行する際に、どのような手続を踏むべきかについて、時代の変遷とともに追っていく。

企業倫理の制度化

　第1部では、企業に倫理的観点をもち込むことの意義と有用性を議論してきた。ではそうした倫理実践を経営に組み込み、具体的に制度化するにはどうすればよいのだろうか。本章では、日米におけるコンプライアンス（法令遵守）から価値共有（value sharing）の重視へ至る「企業倫理の制度化（institutionalizing business ethics）」の変遷について概観しながら、望ましい取り組みアプローチについて考えてみたい。

　企業はいかに利益を上げても、法令を逸脱してステークホルダーに不利益をもたらせば、罰則を受けるだけでなく、社会からの批判に晒されることとなる。その意味で、法令を遵守する「コンプライアンス」は、すべての主体にとって取り組むべき重要な課題である。

　とはいえ、法令の制定・施行には多大な時間を要するため、すでに運用されている法令を遵守するのみによってステークホルダーの利益を守るには限界がある。そこで、グローバル化や技術革新の急速な進展によって目まぐるしく変化する外部環境に企業が対応していくためには、法令に基づく他律的な行動のみならず、企業倫理を経営に浸透させるための自主的な取り組みが求められる。

1　法令の限界と「企業倫理の制度化」

　まず、企業が「責任ある行動」をとる際、法令のみを指針とすればよいという自由主義の考え方について検討をしておこう。この考え方に基づけば、倫理的問題は全て法令を守っているか否かのみに還元されることになる。し

かしこの思考には限界がある。その理由として、第一に、法令が「後ろ向き（retrospective）」な特徴を有していることがあげられる。法令は、過去の状況や既存の技術に対処するために制定されるものである。このため、将来に対し最善の方策を求めている企業は、法令の中から指針を見出すことはできない。第二に、法令は「普遍的（universal）」な特徴を有していることがあげられる。法令は、対象となる全ての組織・個人に適用されなければならないため、企業に対しても、あくまで平均的存在であることを要求している。したがって、それ以上のことを望む、あるいは社会から期待される企業は、法令とは別の基準を見出す必要がある（Paine, 1996）。

アメリカにおける「企業倫理の制度化」の展開

とりわけ1970年代のアメリカでは、企業による国内外での不祥事が相次いだため、社会からの信頼を勝ち取り、それを維持することが要求された。このため、政府機関による強力な指導のもと、法令の枠組みを超えて、企業が倫理的課題に対して主体的に取り組むことが求められるようになった。こうした要請を実現する形で、1970年代半ばのアメリカで大きく進展したのが「企業倫理の制度化」[1]である。

その実践のためには、まず課題の特徴を正確に把握して原因の所在を明らかにするとともに、その原因に対して組織的に対処するための仕組みが必要となる[2]。そのために求められたのが、次のような施策である。①倫理上の方針を明示し、従業員がさまざまな状況のもとでいかに行動すべきかを明らかにすること、②企業が内部の人間に企業の方針、あるいは行動の倫理次元を認識することを求め、期待していることを明らかにすること、③従業員の行動に方向を提示するだけではなく、経営者の専制的な権力を統制すること、④企業の社会的責任を明確に示すこと、そして⑤倫理制度の制定が明らかに企業自身の利益に繋がるようにすること（宮坂、2003）。こうした取り組みを主たる内容とする企業倫理の制度化は、アメリカで1990年代半ばまでに、大企業を中心に広範な浸透を見せることとなった。

日本における「企業倫理の制度化」の展開

　アメリカでの企業倫理に対する関心の高まりを受け、日本においても、1990年代以降、企業倫理の制度化を巡るさまざまな変化が起きた。それまでは、学会など学問の場で、企業倫理に関する発表が行われることは少なかった。また、報道機関や企業社会で「企業倫理」という言葉が交わされることも稀であり、日本における企業倫理への理解は不足していたと理解される。もちろん、伝統的な社是・社訓などの意義を論じた書物や成功をおさめた経営者の経営哲学に関する書物なども散見されたが、これらはある種の回顧録的な文章にとどまっていたというのが実情であった。

　しかしながら、バブルの崩壊を受けて、戦後最大の経済不況に陥ったことに伴い、企業は、それまでの日本経済を支えてきた「終身雇用」や「年功序列型賃金」といった、いわゆる「日本的経営」を維持することが困難な状況となった。同時に、グローバル化の進展も加速し、雇用形態の多様化、年俸制や成果主義といった欧米的な制度を導入する企業が登場した。この時期より、企業倫理は、こうした日本企業の欧米化を促進するための精神的制度として理解されるようになった（梅津、2007）。

　また、1990年代は、ゼネコン汚職、銀行や証券会社などによる総会屋利益供与などの企業不祥事が頻発し、企業の「誠実さ」が問われるようになった時代でもある。金融庁が主導して、企業に対してコンプライアンス体制の構築を要請し、金融業界を中心に「コンプライアンス担当部署」が設置されるようになった。さらに、2000年以降になると、食品メーカーによる食中毒事件や産地偽装、あるいは自動車メーカーによるリコール隠しなど、消費者により身近な企業不祥事が相次いで発生したことから、コンプライアンスの必要性がさらに活発に議論されるようになった。

　その後、グローバル化の進展に後押しされ、日本企業の海外進出が進むと、国境を越えたビジネスの展開がときにコンフリクトを発生させた。自国では「よし」とされてきたルールが、必ずしも進出国の文化・環境に適しているとは限らないためである（臼井、2018）。また、世界各国の法律体系は、その国によりさまざまである。人的資源の不足から、法律の制定・施行がま

まならない途上国も多く存在している。このような状況において、国境を越えたビジネスを展開していくためには、企業自身が、法令の枠組みを越えた基準を設計・運用する必要がある。これこそ、今日のグローバル社会において、企業倫理の制度化が一層に求められる所以といえる。

2 「企業倫理の制度化」の分類

　では、日本企業においてどのように倫理の制度化を図ればよいのだろうか。ここでは、日本よりも取り組みが先行したアメリカにおける制度化の進展プロセスを参照したい。アメリカにおける企業倫理の制度化は、「コンプライアンス型」から始まり、「防衛産業イニシアティブ（Defense Industry Initiative: DII）」と「連邦量刑ガイドライン（Federal Sentencing Commission Guideline）」の展開過程を経て、ビジネスの実践へと展開された。さらに、1990 年代を通じて「価値共有型」による制度化の試みが現れることとなった。コンプライアンス型と価値共有型は、好対照をなしながら（**表6.1**）、今日においてもアメリカの企業倫理制度の基礎をなしている。

　コンプライアンス型は、弁護士が主導者となり、詳細で具体的な禁止条項を設けることで、非合法行為の防止を目的としている。そのため、善悪の基準が明確になるという利点がある一方で、硬直的でマニュアル化した経営を招くことに繋がり、新しく誕生してくる倫理的課題に対して後手となってしまう可能性がある。これに対し、価値共有型は、経営者が主導して、抽象度の高い原則を設けることで、責任ある行為の実行を促している。これにより、個々の従業員の高い倫理意識を醸成・定着させることが期待できる点で大きな意義をもつ。しかしながら、善悪の基準が不明確であり、組織としてのまとまりが脆弱になってしまう危険性も否定はできない。この意味において、組織内で、「価値を共有」することが重要となってくる。

　本節では、これら二つの企業倫理制度がどのような背景のもとで構築されてきたのか、その歴史的展開を整理する。

	コンプライアンス型	価値共有型
精神的基盤	外部から強制された基準に適合	自ら選定した基準に従った自己規制
規則の特徴	詳細で具体的な禁止条項・価値観	抽象度の高い原則
目的	非合法行為の防止	責任ある行為の実行
リーダーシップ	弁護士が主導	経営者が主導
管理手法	監査と内部統制	責任を伴った権限委譲
相談窓口	内部通報制度（ホットライン）	社内相談窓口（ヘルプライン）
教育方法	座学による受動的研修	ケース・メソッドを含む能動的研修
裁量範囲	個人裁量範囲の縮小	個人裁量範囲内の自由
人間観	物質的な自己利益に導かれる自立的存在	物質的な自己利益だけでなく価値観、理想にも導かれる社会的存在

図表 6.1 「コンプライアンス型」と「価値共有型」の比較
出所：ペイン（1999：82）、ならびに、梅津（2002：134）をもとに筆者作成.

「コンプライアンス型」の企業倫理制度

　黎明期における企業倫理の制度化は、いわゆる「コンプライアンス型」を中心としていた。その基本的な骨格となったのは、前述したアメリカの防衛産業の不祥事に端を発する「防衛産業イニシアティブ」や、1991年発効の組織不正行為の刑事罰に関する「連邦量刑ガイドライン」の制定であった（岡本・梅津、2006）。

　防衛産業イニシアティブとは、防衛産業各社が自発的に組織した団体であり、この組織は以下にあげる三つの目的をもつ。それは①防衛産業で働く全ての従業員に対する倫理基準を制定すること、②こうした倫理基準遵守の経営姿勢が徹底しているかどうかの自己点検を促進し、法の要求を超える高い倫理基準であってもこれが守られていない場合には適切な処置をとるように勧告すること、③倫理や企業行動に関する課題事項に対応する最善の実践例を互いに分かち合うことである。これは防衛産業に関わる企業に限定した制度であった。

　この制度を拡大する形で、1987年にアメリカ下院の司法制度改革の一環として、連邦量刑ガイドラインが導入された。それ以前のアメリカにおいて、刑事罰における量刑の判断は、裁判官の権威と裁量のもとで行われてい

た。しかし、法が規定する刑罰の範囲内とはいえ、実際に判決で決定する刑期などについては相当のばらつきがあり、またその後の仮釈放に関する扱いも相当程度の差が認められていた。このため、より客観性のある基準に基づく判決にしようとする連邦議会の意向を受けて、導入されたものである（岡本・梅津、2006）。この制度は、後に「組織に対する量刑ガイドライン」が導入されたことで、企業を含む形で適用対象が拡大されたため、企業倫理の制度化に大きな影響を与える要因となった。

　こうした「防衛産業イニシアティブ」や「連邦量刑ガイドライン」の制定などを受けて企業倫理の制度化が進んだのは事実であるが、外部からの強制的制度であったがゆえに、実際の倫理意識の定着には依然として課題が残されていた。さらに、形式性と煩雑さが特徴でもある法体系の厳守だけを繰り返し述べるだけでは限界があり、何らかの自発的な取り組みが求められてきたのである（梅津、2007）。そこで、「コンプライアンス型」の企業倫理制度が一応の定着をみせた 1990 年代後半から、その反省を踏まえた新展開として「価値共有型」の企業倫理制度がアメリカ社会で発展してきたのである。

「価値共有型」の企業倫理制度

　価値共有型の企業倫理制度は、コンプライアンス型が陥りがちな表面的、形式的な制度を整えただけで「よし」とする弊害を理解したうえで、それを克服する方法として現れた。これは「誠実さ（integrity）をめざす戦略」ともよばれ、現場で働く従業員に倫理的価値を深く理解してもらうことで、責任ある行動を促していく。そのために、企業には、直面する倫理的課題の重要性とその本質的な問題を把握し、組織に倫理を浸透させるための自発的、能動的な取り組みが求められる（梅津、2007）。

　また、価値共有型は、経営の本質において重要な意味をもつ価値創造を契機に、倫理を経営の中に組み込むための制度である。すなわち、「価値」という共通概念で倫理と経営とを内在的に繋ぎ合わせる試みであり、経営を外部から束縛するものとしての倫理という意味合いは見られない。言い換えれば、価値共有型は、企業不祥事の対策としての企業倫理制度ではなく、組織

活性化や人材育成、企業を取り巻くさまざまなステークホルダーへの責任の履行、ブランドの構築、そして経営革新との結びつきを意味しているのである（岡本・梅津、2006）。

　このように、コンプライアンス型から出発した企業倫理の制度化は、価値共有型へと一層の深化と発展を見せた。これら二つの型はどちらがよいということではない。コンプライアンス型と価値共有型とが互いに不足している点を補完し合うことで、企業倫理の実践のために企業を律する役割を果たしているのである。つまり、企業倫理の制度化にあたっては、社会からの要請に対応していくこと（コンプライアンス型）と同時に、社会の変化に迅速に適応していくこと（価値共有型）が求められるのである。

3　企業倫理を浸透させることの重要性

企業倫理の「認知」から「実践」へ

　今日では企業のみならずさまざまな組織が独自の組織特性を踏まえた倫理制度を構築している。さらにいえば、単独の組織のみならず政府が主導となり、特定の業界を対象とした倫理制度もつくられている。このことからも企業倫理の概念が示す適用範囲は広範になっているといえよう。

　しかし、依然として、こうした企業倫理制度を構築することのみに注力し、その規則が現実のビジネス上の意思決定や行動の過程に反映されていない企業も存在している。たとえ、企業倫理制度を細かく制定したとしても、その遵守を組織のメンバーに強引に求めてしまえば、本来の「倫理」が意味するところから離れてしまう。それにもかかわらず、他の企業と同じように聞こえのよい言葉を並べた経営理念を掲げている企業、または「他の企業が行っているから，自らの企業でも行う」といった他律的な義務感によって、企業倫理制度を形だけ整えている企業も存在しているかもしれない。その結果が、重大な企業不祥事を引き起こすひとつの要因となっている。

　仮に、企業倫理制度により規定されている規則の遵守が、組織の活動に反

映されていれば、過去のいくつかの不祥事は未然に防止することができたかもしれない。ここに、「企業倫理の浸透」が抱える根源的な困難と、企業が真正面から取り組むべき重要な課題を見出すことができる（松田、2010）。

　グローバル化をはじめとする外部環境の変化によって、日本企業はこれまで以上に多様な人々によって構成されていくだろう。企業内において倫理的な問題が生じる可能性もますます高くなると考えられる。経営者や企業倫理制度の策定者は、これまで「どのように組織のメンバーを統制（control）するのか」を考慮して企業倫理制度を設計してきた。しかし、ビジネスの場で倫理を実践するための基本に今一度立ち戻り、「どのような企業倫理制度であれば、組織のメンバーは適合・調和することができるのか」を考える必要がある（Morland, 2008）。すなわち、経営者や企業倫理制度の策定者もまた、これに準拠する一人のメンバーであるとの意識をもち、他のステークホルダーとの対話を通じて企業倫理制度を策定することが、企業倫理を実践レベルにまで浸透させるために不可欠であろう。

討論のための問い

1. ビジネスの遂行にあたって、法令の制定・施行が有する意義と課題をそれぞれあげなさい。
2. 「コンプライアンス型」と「価値共有型」の企業倫理制度のよい点と悪い点をそれぞれあげなさい。
3. 望ましい企業倫理制度を構築する観点から、CASE6.1 及び CASE6.2 から得られる教訓を述べなさい。
4. 企業倫理制度を実践していくために、経営者はどのような施策を用いて、組織のメンバー（従業員）にコンプライアンスの意識や価値の共有を促していくことが求められるか。上述のケースに即して考えてみよう。

CASE6.1 インドネシアの火力発電事業における丸紅の不正取引[3]

　大手商社の丸紅は、2004年にアメリカ企業と協力する形で、インドネシアの電力供給施設建設に係わる「タラハンプロジェクト」の入札に参加した。その結果、1億1800万ドルの大規模契約を獲得し2007年に完工した[4]。しかし2014年になり、同社はアメリカの「海外腐敗行為防止法」に違反した罪で、アメリカ司法省より刑事告発されることとなった。タラハンプロジェクトの入札を有利に進めるべく、インドネシア公務員に対し、コンサルタントを通じて賄賂を提供したためである。丸紅は自社の違法行為に加え、アメリカ企業の違法行為に係る共謀罪にも問われることとなった。

　海外腐敗行為防止法は、外国公務員に対する贈賄を規制するとともに、そうした行為に経営者や従業員、ビジネスパートナーが関与することのないよう、社内外の防止体制強化を国内外の企業に強く求めている。結局、丸紅は不正な利益獲得や組織的な犯罪行為への加担を理由に、司法省に罰金約90億円を支払う約束をし、司法取引に合意した[5]。

　このように、先進国企業が新興国・途上国でビジネスを行うに際して、非倫理的な振る舞いをすることがあるが、その一因には、先進国に比べて法の整備・執行といった統治メカニズムが十分に行き届いていないという問題がある。一部の途上国では、警察官や検察官、さらには裁判官までもが賄賂を要求するというように、職務上の権限を濫用することで公的機関の意思決定を歪め、不正に私的利益を得ようとする者もいる。先進国企業が、進出先の国で腐敗行為に加担することは、こうした行為を助長するだけでなく、現地の民主主義的な統治メカニズムを破壊することにもつながりかねない。

　事件が発覚した後、丸紅は国内外の贈賄を防止するため、司法省との合意に基づきグループ全体で強固なコンプライアンス体制の構築を進めた。自社のみならず、エージェントやコンサルタント、下請け業者やジョイントベンチャーパートナーなど、あらゆるビジネスパートナーを含めた関係者に対し、広く倫理的な行動を呼びかけるとともに、契約内容に贈賄防止条項など

を盛り込むことで違法行為の抑止に努めている。

◇◇

(CASE6.2) カネボウの美白化粧品事件[6]

　2013 年 5 月 13 日、岡山県内の大学病院の医師からカネボウ化粧品（以下、カネボウ）に対し、カネボウの製品を使用したことにより白斑が生じたと思われるという内容の電子メールが届いた。カネボウは本メール受信後、化粧品により白斑が発生する可能性について調査を行った。また、カネボウのコールセンターには類似の指摘や問い合わせが 17 件あった。調査の結果、カネボウの化粧品と白斑の発生との間に因果関係がある可能性が高いとされたため、カネボウは同年 6 月 28 日に製品の自主回収を決定し、7 月 4 日にこれを発表した。

　大学病院の医師からの問題指摘メール（5 月 13 日）から、カネボウが自主回収を発表する（7 月 4 日）まで、約 2 カ月も要した対応の遅さも十分に問題であるが、この事件の本質はその他の点にあった。

　実は、2013 年 5 月以前から、カネボウには当該製品を使用したことによる白斑被害の情報が顧客や同社の販売指導員から度々報告されていた。カネボウでは、製品に関して顧客から寄せられた指摘や問い合わせなどの情報を集約し、社内で共有化して活用する仕組み（通称：エコーシステム）が存在していた。エコーシステムは、コンシューマーセンターにおいて入力されるのが原則であるが、顧客から販売会社の支社や販売指導員に寄せられた情報については、その担当者によって入力され、コンシューマーセンターは情報の入力に関与しない。したがって、支社において顧客からアクションを受けても、その場で解決した場合は、入力を省略することもあった。カネボウでは当初、白斑を化粧品由来ではなく、個人の病気であると判断しており、皮膚科の医師にかかるなどして終われば、化粧品に関するものではないとして入力の対象にすらしていなかった。

　これは業種を問わず顧客と接する現場の心情としてよく起こることである。すなわち、なるべく苦情やトラブルはなかったことにしたいという心理

がはたらくため、ややもすると苦情の原因が自社ではなく、顧客にあるとしたがるのである。そうすると、それら苦情は顧客の勝手な言い分であるから苦情ではないという処理や単なる勘違いの申出という処理になってしまう。カネボウにおいては、白斑は終始病気であると認識されていたため、白斑に関する訴えは「身体トラブル（スキントラブル）」ではなく、「問い合わせ（照会）」に分類されて登録されていた。

　エコーシステムは、顧客からのクレームを含むさまざまな指摘や問い合わせなどのアクションをもれなく登録し、これを担当者が随時参照することによって、製品について何らかの問題があれば、直ちに対応できるようにするシステムでもあることから、全件を登録することが何よりも必要なものである。もれなく、そして正しく登録されなければ、基礎データに信頼がおけなくなり、顧客情報システムとして機能しない。その結果、いくらシステムをのぞいても、何の問題も浮かびあがらないことになる。実際に、本件では、エコーシステムによって問題性が認識されたことはなく、エコーシステムが期待された機能を発揮することはなかった。このシステムが本来の機能を果たしていなかったことが、本件の本質的な問題とも理解されよう。

　製品の自主回収を公表（7月4日）してから、カネボウは被害者の把握に努めていたが、白斑症状のみられる被害者数は、7月28日：4061人、8月25日：8678人、約半年後の2014年1月5日：1万3897人、約1年後の6月30日：1万8984人とみるみる増加していった。

　この白斑被害問題で、カネボウの2013年12月期の売上は前期より約100億円減少した。また、製品回収や被害者への支払いなどで親会社である花王は121億円の特別損失を計上している。加えて、数十億円とされる被害者への慰謝料の支払いと経済的損失は計り知れない。そして何よりもカネボウのブランドと信頼は大きく損なわれることとなった。

◇◇

注

1　「企業倫理の制度化」とは、「実在の具体的事例の分析を通じての倫理的課題事項の特定ならび

に、それらの性格把握を基礎として個別企業の内部において展開される具体的実践の組織的体系」と定義される（中村、2003）。

2 「企業倫理の制度化」が進展してきた具体的な契機は、以下の通りであった。すなわち、①CEA（council of economic advisers: 大統領経済諮問委員会）の強力な指導、②社会からの信頼を勝ち取り、それを維持することが要求されたこと、③経営のプロとしての自覚が必要になってきたこと、④従業員の誤った行動を防ぐ必要があったこと、⑤法令に従って行動することが求められたこと、そして⑥企業構造の変化への対応が必要であるとの認識である（宮坂、2003）。

3 本ケースは日本経済新聞「丸紅、インドネシアで贈賄　米司法省に罰金90億円　火力発電事業の受注巡り」（2014年3月20日付朝刊）などをもとに藤野真也がまとめたものである。

4 United States District Court District of Conneticut., 2014, Case 3: 14-cr-00052-JBA Document 1, United Stated of America V. Marubeni Corporation, Information, Department of Justice.

5 United States District Court District of Conneticut., 2014, Case 3: 14-cr-00052-JBA Document 5, United Stated of America V. Marubeni Corporation, Plea Agreement, Department of Justice.

6 本ケース作成にあたっては以下の資料を参照した。
・井上泉（2015）『企業不祥事の研究：経営者の視点から不祥事を見る』文眞堂、178-201頁。
・中込秀樹、松永暁太「調査報告書」（株式会社カネボウ化粧品："ロドデノール"配合美白製品による白斑様症状被害に関する外部専門家による第三者調査結果）、2013年9月9日。https: //www. kanebo-cosmetics. jp/content/dam/sites/kanebo/www-kanebo-cosmetics-jp / information/pdf/20130911/investigation-report.pdf
・株式会社カネボウ化粧品「白斑様症状確認数および和解状況」同社 HP、https://www. kanebo-cosmetics. jp/information/correspondence/#recovery_data（2021年9月10日アクセス）。
・日本経済新聞「カネボウ、信頼回復道険し、白斑問題、商品回収1年、問われる花王の『指導力』（ビジネス TODAY）」2014年7月14日付朝刊13頁。

参考文献

Paine, L. S.（1996）*Case in Leadership, Ethics, and Organizational Integrity: A Strategic Perspective.* Irwin McGraw-Hill（梅津光弘・柴柳英二訳『ハーバードのケースで学ぶ企業倫理：組織の誠実さを求めて』慶應義塾大学出版会、1999年）

Morland, M. P.（2008）*Business Ethics as Practice.* Cambridge University Press

臼井哲也（2018）「企業は海外でどのように経営しているのか：国際経営」風間信隆・松田健編『実践に学ぶ経営学』（235-248頁）文眞堂

梅津光弘（2002）『ビジネスの倫理学』丸善出版

梅津光弘（2007）「企業経営をめぐる価値転換」企業倫理研究グループ『日本の企業倫理：企業倫理の研究と実践』（1-20 頁）白桃書房

岡本大輔・梅津光弘（2006）『企業評価＋企業倫理 CSR へのアプローチ』慶應義塾大学出版会

松田健（2010）「ドイツの企業倫理」佐久間信夫・水尾順一編『コーポレート・ガバナンスと企業倫理の国際比較』（137-164 頁）ミネルヴァ書房

宮坂純一（2003）『企業は倫理的になれるのか』晃洋書房

中村瑞穂（2003）「企業倫理と企業統治：概念的基礎の確認」中村瑞穂編『企業倫理と企業統治：国際比較』（1-12 頁）文眞堂

（鈴木貴大）

コーポレート・ガバナンス

　第6章では企業倫理の制度化について取り上げたが、とりわけ経営トップが規律をもって経営に当たることができるかどうかが、その企業の倫理レベルを決定づけるといえるだろう。

　企業経営の専門家である経営者は、企業にかかわる他の誰よりも豊富な知識と高い専門性をもち、社内で強い権力が与えられている。このため、ひとたび経営者が私利私欲に駆られて暴走すれば、株主やその他のステークホルダーに大きな被害を与えてしまう。そうした事態を未然に防ぐための仕組みが「コーポレート・ガバナンス（企業統治）」である。

　本章では、第一に、主要なコーポレート・ガバナンスの理論を参照し、経営者とステークホルダーとのつながりにおいて、いかなる前提が置かれ、どのような仕組みが導き出されてきたかを確認する。第二に、日本企業の現実のビジネスにおいて、いかなる利害関係者を念頭にコーポレート・ガバナンスが構築され、それが時代の変遷とともにどのように変化してきたかを理解する。第三に、そうした流れを踏まえ、昨今の企業倫理の動向に照らしながら、今後の望ましいコーポレート・ガバナンスの在り方を検討する。

1　コーポレート・ガバナンス論の歴史

　コーポレート・ガバナンス[1]が要請されるようになったのは20世紀初頭にまで遡る。当時のアメリカでは、一部の大企業に経済力が集中するにつれ、

企業経営が高度に専門化し、それに合わせて経営者の権力が増大した。他方、企業の大規模化を資金面で支える株式市場では、取引量の拡大に合わせて流動化が進んでいた。このため、株主が多数化・多様化し、企業に対する支配力を失っていた（Berle & Means, 1932）。これを「所有と経営の分離」という。

　所有と経営が分離する企業を念頭に置くと、株主と経営者の関係は、依頼人（プリンシパル）と代理人（エージェント）の関係に置き換えられる。代理人が依頼人に対して負う責務（信認義務）を考えれば、経営者は株主の利益を最優先して行動すべきだという規範が導かれる（Ross, 1973）。このような考えを「エージェンシー理論」という。

　しかし、とりわけ大企業においては、株主と経営者の間に大きな情報の格差（情報の非対称性）があるため、株主は経営者に対して不利な立場に立たされている。このため、経営者は必ずしも株主の利益を最優先するとは限らず、むしろ株主を裏切る可能性もある（Jensen & Meckling, 1976）。これを「エージェンシー問題」という。コーポレート・ガバナンスの論者は、特に経営者と株主の間で生じるエージェンシー問題を前提に「経営者の行動をいかにして規律づけるか」を巡って、議論を展開してきたといえる（古村、2018：125）。

　経営者を規律づけるための具体的な仕組みの構築を「機関設計」という。つまり、代表取締役、取締役、監査役、会計監査人、各種委員会などが相互にチェック機能を果たすことで、それぞれの暴走を防ぐための組織がデザインされるわけである。機関設計は各国の法律のもとで異なる形が描かれ、その実態もビジネスの実情を反映する形で多様化している。

2　コーポレート・ガバナンス論の新展開

　近年では、企業活動のグローバル化にともない、コーポレート・ガバナンス論は、海外ビジネスを巡る問題も視野に入れるようになっている。企業が海外進出する際には、本国と全く異なる商慣習に直面することがある。この

とき、本社と現地法人は、それぞれ異なる価値観をもったステークホルダーとの間で関係構築が求められるため、企業グループとしては二重の規範（ダブルスタンダード）にさらされる（Spencer & Gomez, 2011）。この点において、コーポレート・ガバナンスは、海外子会社管理やグループ企業全体の管理問題としても現れる。

さらに、ステークホルダーを重視する昨今の動向を反映する形で、エージェンシー問題を根本から覆す新たな方向性も模索されている。そもそも、エージェンシー問題は、経営者と株主の利害が必ずしも一致しないことに端を発する[2]。しかし、経営者が、財産の委託者（プリンシパル）である株主のことを親身に考え、あたかも忠実な執事（スチュワード）のように彼らの利益を最優先して行動することを自らの信条としていれば、情報の非対称性のもとでもエージェンシー問題は起こりえない（Davis, 1997）。このような考えを「スチュワードシップ理論」という。

ここまでに紹介した主要なコーポレート・ガバナンス論は、主にアメリカの企業社会を念頭に展開されてきた。しかし、そのエッセンスは、概ね日本にも当てはまり、また日本のコーポレート・ガバナンスも、上記の理論を背景としながら整備が進んできたという経緯がある。こうした理論の発展を土台として、以下では、日本の企業社会の特殊性も踏まえつつ、企業経営における実務上の課題と今後の展望を考えていきたい。

3　日本のコーポレート・ガバナンス

メインバンクからのガバナンス

従来、大企業・上場企業を中心に、日本のコーポレート・ガバナンスは、商法の規定に従い「監査役会設置会社」を基本としてきた。監査役会設置会社では、株主が「取締役」を直接選任し、その中から「代表取締役」が選定されることで、両者が企業の業務執行機能を担うことになっている[3]。また同時に、株主に直接選出される「監査役」が、取締役に対する監督機能を担

うことで、チェック・アンド・バランスが図られている。

　企業の実態面に焦点を当てれば、とりわけ 1990 年前後のバブル期までは、主要な取引銀行（メインバンク）によってガバナンスが支えられていた。メインバンクは、融資先企業の筆頭株主になることで取締役を派遣し、経営の意思決定に強い影響を及ぼした。また、取引先との「株式持ち合い」という特殊な関係を形成することで、外国人投資家を含むその他の株主から受ける影響を極力抑えていた。こうした背景から、この時期の日本企業は、欧米企業と比較して安定した環境で経営を行うことができたわけである（植竹・仲田、1999：63；吉森、2001：254-260）。

証券市場を通じたガバナンス改革

　しかし、メインバンクを中心としたガバナンスでは、他の株主の意見が経営者に届きにくくなるため、必然的にエージェンシー問題が深刻化する。日本企業においては「なれあい」の空気が生まれ、これがコーポレート・ガバナンスの機能不全を引き起こした（吉田、1998：370-371）。事実、バブル経済崩壊後には、それまでの放漫な投資が多額の損失を生むようになり、金融機関を中心に多くの企業が倒産へと追い込まれた。

　こうした事態を受け、1990 年代から 2000 年代にかけて、コーポレート・ガバナンスを巡る一連の法改正が行われた。監査役の監督機能が強化されるとともに、新たな機関設計として「委員会設置会社」制度が導入され、ガバナンスの強化が図られた（関、2006：237）[4]。また、自己株式の取得解禁や企業再編の自由化などが進められた結果（上村・金児、2007：68）、事業会社による株式保有比率が減少するとともに、外国人投資家の比率が増加することで、持ち合いの解消が進んだ（関、2006：236）。こうして、日本のコーポレート・ガバナンスは、メインバンクから距離を置き、市場主導型へと移行していった。

　市場主導型のガバナンスにおいては、株主と経営者との間で起きる情報の非対称性をいかに克服するかが課題となる。そこで導入されたのが「内部統制報告書」制度である。まず 2005 年の会社法で、内部統制の確立に向けた

取り組みの大枠が示され、さらに 2006 年の金融商品取引法において、内部統制の構築を実質的に義務づけるとともに、その機能状況について説明する内部統制報告書の提出が経営者に求められた（鳥羽、2007：393；佐久間、2007）。内部統制を通じて、投資家に対する経営者の説明責任強化が図られたわけである。

ステークホルダー中心のガバナンス

　ガバナンス強化に向けた一連の法制度改革が行われたものの、日本経済が長期不況にあえぐ中、企業不祥事は後を絶たなかった。2006 年にはライブドアの粉飾決算、2009 年には三菱自動車のリコール隠し、2011 年にはオリンパスの粉飾決算や大王製紙の不正資金流用など、象徴的な事件が立て続けに発生した。また 2014 年には日本交通技術による海外での贈賄行為も明るみに出た。いずれの事件にも経営陣が深く関与していたことから、日本企業のガバナンスの在り方に再び批判の目が向けられた。

　こうした事態を受け、2014 年に「スチュワードシップ・コード」、2015年に「コーポレートガバナンス・コード」が公表され、また会社法の大幅改正も行われた。これら三つの改革を通じ、日本のコーポレート・ガバナンスを抜本的に見直すきっかけとなったことから、2015 年は日本の「企業統治元年」とも呼ばれる（江頭、2016）。以下でそれぞれの詳細を確認しておきたい。

　第一の改革は、コーポレートガバナンス・コードである。これは、東京証券取引所が上場企業に要求する「攻めのガバナンス」を主旨としたコードで[5]、経営者を監視することに主眼が置かれた従来の「守りのガバナンス」と異なり、企業の持続的成長と中長期的な企業価値の向上を促すことを目指している。また、株主だけでなく顧客・従業員・地域社会等の利益を念頭においた取り組みを求めており、多様なステークホルダーに視野を広げている点にも特徴がある[6]（東京証券取引所、2018）。

　第二の改革は、スチュワードシップ・コードである。これは、あくまで企業ではなく、機関投資家を対象にしたコードである。とはいえ、投資家は企

業にとって実質的に最も重要なステークホルダーの一つである。このため、企業がガバナンスを強化するにあたり、投資家の協力は欠かせない。そこで、短期利益を追求するのではなく、中長期的な投資リターンの拡大を図るための「受託者責任（スチュワードシップ）」の遂行と、投資先企業との「対話（ダイアログ）」を通じたモニタリング強化が機関投資家に求められた[7]。

第三の改革は、改正会社法である。まず監査役会設置会社と委員会設置会社という従来の機関設計に加え「監査等委員会設置会社」が導入された。これは社外取締役の機能を活用しやすい設計で、3名以上の取締役で構成される監査等委員会の半数以上を社外取締役とすることが求められた。また、社外取締役の要件として、会社関係者ではないという「社外性要件」が厳格化された[8]。更に、グローバル化に伴う海外子会社の管理を念頭に、親会社の取締役会に対して、内部統制を企業グループ全体に設定することが要請された。

4　コーポレート・ガバナンスに求められる役割

近年の制度改革により、長期的かつ幅広い視野をもったコーポレート・ガバナンスが、企業に求められるようになった。コーポレートガバナンス・コードとスチュワードシップ・コードは、経営者と株主の間で長期的な利害関係を築くとともに、経営者には株主に限らず広くステークホルダーの利益を守ることを要求している。またこの点については、改正会社法も、社外取締役の役割を強化することで、社会的利益への配慮を求めている。さらに、企業活動のグローバル化に伴う内部統制規制の強化から、海外のステークホルダーとも適切な関係構築を目指さなければならない。

とはいえ、いくら企業が優れた仕組みを導入しようとも、それを経営者が正しく運用しなければ、決してエージェンシー問題は解決しない。経営者が形式的なシステムを導入し「当社のコーポレート・ガバナンスは万全です」と誇示したところで、実効性のある運用をしなければ、システムは形骸化してしまう。

コーポレート・ガバナンスは制度で形づくられた、一見無味乾燥な存在かもしれないが、これを守るか否かは経営者の倫理観に委ねられている。しかし、倫理観は一朝一夕に養われるものではない。したがって、スチュワードシップ理論の観点から、経営者が、投資家をはじめとしたステークホルダーとの間で対話を繰り返し、両者の理解を深めるとともに、自らの倫理意識を高めていくことが肝要となる。

　そもそも、日本の伝統的なコーポレート・ガバナンスは、株主との関係を重視する欧米諸国とは異なり、従業員、金融機関、顧客、取引先などさまざまな関係者との長期的な信頼関係をベースに構築されてきた。日本を代表する企業の一つであるパナソニック創業者の松下幸之助は、企業を「社会の公器」であるととらえ直した。つまり、企業にとっての人材、資金、物資など、あらゆる経営資源は、全て社会から分け与えられたものと考えるわけである。こうした資源をもとに事業活動を行っている以上、企業活動は透明かつ公明正大なものでなければならない。このように考えれば、現代の経営者には、日本の伝統的なコーポレート・ガバナンス論に立ち返り、そこから新たな企業観を描いていくことが求められているといえよう。

討論のための問い

1. あなたの会社では、コーポレートガバナンス・コードに基づき、社外取締役を設置することになった。法務部門の責任者であるあなたは、経営層から「適任者を選定せよ」という指示を受けた。社外取締役の適任者とは、どのような人が該当するのだろうか。

2. 日本におけるコーポレートガバナンス・コードは、2015 年に導入された。それにもかかわらず、日本企業では数々の組織不祥事が発生している。なぜ、組織不祥事を無くすことができないのだろうか。また、再発防止に向けて何をすべきか。CASE7. 1 や 7. 2 を参考に考えなさい。

3. あなたは、とある上場会社の従業員として働いている。ある時、社内で長年隠されてきた不正に気づいた。一従業員として、経営陣に対してその事実を申告したい場合、コーポレート・ガバナンスの観点から、どのような手段を取りうるだろうか。

4. あなたの会社では、国内外を含め、多くの子会社をグループ傘下に有している。それらの子会社で法令上の問題が発生した場合、自社にどのような影響を及ぼすだろうか。また、問題の発生を未然に防止するためには、どのような方法があるだろうか。

CASE7. 1 スルガ銀行のシェアハウス融資問題

2017 年 10 月、女性専用シェアハウス「かぼちゃの馬車」を運営していたスマートデイズは、物件の所有者に対し、自社の資金繰りの悪化から保証していた賃料の引き下げを通告した。その後、スマートデイズは、2018 年 1 月に所有者に対する賃料の支払いを停止し、同年 4 月に経営破たんした。賃料の支払いを停止された物件所有者は、家賃収入が無い状態で多額の負債が残ることになった。物件所有者に対し、シェアハウス購入資金を融資していたのがスルガ銀行であり、ここにシェアハウス融資問題が顕在化した。

ここだけの問題であれば、投資家として取りうるリスクの範囲内であったかもしれない。しかしながら、本件が問題化したのは、スルガ銀行が本来融資を受けることが難しい顧客に対しても、審査書類などに多くの改ざんや偽装を行うことで、融資を実行していたことによる。本件には相当数の社員が関与し、また積極的に関与しないまでも偽装の事実を認識、あるいは疑いながら融資手続きを行っていた。さらに、上記関連融資・ローン実行時において、顧客の意向に沿わないフリーローン契約などのセット販売が行われていた。

　スルガ銀行は第三者委員会の調査において、その原因として過大な業績目標設定とその達成のための過度のプレッシャー、審査独立性の欠如、コンプライアンス意識の欠如、さらにガバナンスの不全の指摘を受け、究極的には企業風土そのものの問題であると評された[9]。

◇◇◇

CASE7.2 関西電力の役員報酬補てんと金品受領問題[10]

　2012 年 2 月、関西電力は、東京電力・福島第一原子力発電所の事故を受け、管内全ての原発を停止した。それに伴い経営難に陥った関西電力は、二度にわたり電気料金の値上げを実施、顧客に対しても負担を求めた。電気料金の値上げに加え、役員報酬の減額や一般社員の賞与見送り、賃金カットも実施、顧客の値上げを強いる代わりに自腹も切るという、公共事業を営む企業の姿勢を示したかのように見えた。

　しかしながら、「何らかの形で在任中の労苦に報いる必要がある」という、当時の会長の提案により、取締役たちの一部をその退任後に嘱託職員などに就かせた。元取締役の嘱託報酬の中に減額分を潜み込ませるスキームをつくり上げることで、役員報酬を補てんした。本来、取締役らの報酬総額上限は、取締役会や株主総会での決議で設定するものである。そこで当時の役員は、他の取締役や株主の目に触れないような形で報酬を補う意図的な不正を行った。

　この他にも、関西電力は、1987 年から 2010 年代後半にかけて、元取締

役らが福井県高浜町の元助役から総額 3 億 6 千万円の金品を受領していたことが明らかになっている。この金品受領問題について、元助役は関西電力の役職員に対し、自身が関係する企業に原発関連の工事を発注することや、工事に関する情報提供を要求していた。元助役は、その見返りとしてこれらの企業から、報酬、手数料、謝礼などとして経済的利益を得ていたことがうかがえる。関西電力側としても、高浜町への原発設置に貢献した元助役の影響力が強くなり、同氏との関係を継続していたのである。

　経営陣が直接関与したこれらの問題は、関西電力、特に経営陣のコーポレート・ガバナンスに対する理解や意識の欠如を表したものと批判された。

◇◇

注

1　コーポレート・ガバナンスは「合意された目的に沿って経営を規律づけ動機づける仕組みであり、固有のガバナンス・システムは、企業の目的を効率的に実現するための組織デザインである」と説明される（首藤・竹原、2007）。

2　コーポレート・ガバナンスを巡る近年の代表的な事例として、2001 年に発生したアメリカのエネルギー企業「エンロン」の事件がある。エンロンでは経営陣の指示により巨額の粉飾決算が行われていた。この事件の発覚を契機に、世界中でコーポレート・ガバナンスの議論が再燃することとなった。

3　本章では「経営者」という言葉を、代表取締役と取締役の両者を含む、会社の業務執行を担う存在として用いている。

4　2003 年の法改正で委員会等設置会社として導入されたものが、2006 年に名称変更された。現在では指名委員会設置会社と呼ばれる。

5　コードは、ルールと異なり、遵守を強制するものではないが、遵守しない場合には「理由の説明」を求めるものである。このような考えを「Comply or Explain」という。

6　コーポレートガバナンス・コードが企業に求める取り組みは、①株主の権利・平等性の確保、②株主以外のステークホルダーとの適切な協働、③適切な情報開示と透明性の確保、④取締役会等の責務、⑤取締役会等の責務という五つの基本原則を主軸としている。

7　機関投資家のスチュワードシップ（ここではファンドの出資者等に対する受託者責任を意味する）は、E（環境）、S（社会）、G（統治）の 3 要素を投資意思決定過程に組み込む「ESG 投資」において、現実的な展開を見ることができる。ESG 投資の詳細については、第 9 章を参照のこと。

8 2021年3月より、上場会社等は、社外取締役の設置が義務づけられた。

9 スルガ銀行株式会社第三者委員会「調査報告書」2018年9月7日。

10 本ケースは読売新聞「関電役員報酬秘密で補てん」（2020年6月17日）、関西電力株式会社第三者委員会「調査報告書（2020年3月14日）」、ならびに同社コンプライアンス委員会「調査報告書（2020年8月17日）」などをもとにまとめたものである。

参考文献

Berle, A., & Means, G.（1932）*The Modern Corporation and Private Property*. Commerce Clearing House（北島忠男訳『近代株式会社と私有財産』文雅堂銀行研究社、1958年）

Davis, J.（1997）Toward a Stewardship Theory of Management. *Academy of Management Review, 22*（1）, pp. 20-47

Jensen, M., & Meckling, W.（1976）Theory of the Firm: Managerial Behavior, Agency Costs and Ownership Structure. *Journal of Financial Economics, 3*（4）, pp. 305-360

Lynn, S. P.（2014）Sustainability in the Boardroom. *Harvard Business Review 40*（1）（有賀裕子訳「ナイキのCSR活動：取締役会が果たす5つの役割」『DIAMONDハーバード・ビジネス・レビュー』2015年1月号、64-75頁、2015年）

Ross, S. A.（1973）The Economic Theory of Agency: The Principal's Problem. *American Economic Journal, 63*（2）, pp. 134-139

Spencer, J., & Gomez, C.（2011）MNEs and Corruption: The Impact of National Institutions and Subsidiary Strategy. *Strategic Management Journal, 32*, pp. 280-300

植竹晃久・仲田正機（1999）『現代企業の所有・支配・管理：コーポレート・ガバナンスと企業管理システム』ミネルヴァ書房

上村達男・金児昭（2007）『株式会社はどこへ行くのか』日本経済新聞出版社

江頭憲治郎（2016）「コーポレート・ガバナンスの目的と手法」『早稲田法学』第92巻第1号、95-117頁

古村公久（2018）「コーポレートガバナンス」『京都マネジメント・レビュー』第32号、124-128頁

佐久間義浩（2007）「内部統制の生成と発展：日本における制度化の観点から」『経済論叢』第179巻第5・6号、401-419頁

首藤惠・竹原均（2007）「企業の社会的責任とコーポレート・ガバナンス：非財務情報開示とステークホルダー・コミュニケーション」早稲田大学ファイナンス総合研究所 Waseda University Institute of Finance Working Paper Series（WIF-07-006）

関孝哉（2006）『コーポレート・ガバナンスとアカウンタビリティ論』商事法務

㈱東京証券取引所（2018）「コーポレートガバナンス・コード～会社の持続的な成長と中

長期的な企業価値の向上のために〜」https://www.jpx.co.jp/news/1020/nlsgeu000000
xbfx-att/nlsgeu0000034qt1.pdf（2020 年 8 月 1 日アクセス）

㈱東京証券取引所（2019）「コーポレート・ガバナンス白書 2019」https://www.jpx.co.
jp/news/1020/nlsgeu000003zc0h-att/nlsgeu000003zc32.pdf（2020 年 8 月 1 日アクセス）

鳥羽至英（2007）『内部統制の理論と制度：執行・監督・監査の視点から』国元書房

水口剛（2017）『ESG 投資 新しい資本主義のかたち』日本経済新聞出版社

吉田準三（1998）『日本の会社制度発達史の研究』流通経済大学出版会

吉森賢（2001）『日米欧の企業経営：企業統治と経営者』放送大学教育振興会

（川名喜之）

ステークホルダー志向
の経営

第7章で見てきたように、近年のコーポレート・ガバナンスにおいては、単に株主の利益確保のみならず、多様な利害関係者（ステークホルダー）の利益を顧みることが経営者に求められるようになった。

あらためて企業とステークホルダーの関係について整理してみよう。企業が目的を達成するために活動を行う際、自社のみならず多数のプレイヤーが参加している。製品の製造やサービスの提供のためには従業員が必要であるし、それらを購入する顧客も必要である。また、原材料の調達には取引先（サプライヤー）が必要となるし、活動資金を調達するためには投資家・金融機関が必要となる。企業が活動拠点を構える地域社会や行政機関なども関係してくるであろう。つまり、企業が活動を行う際には、その目的や行動によって影響を受ける個人やグループ、つまりステークホルダーが多数存在することになる。

こうした利害関係者への配慮志向を経営実践に落とし込んだものが、ステークホルダー・マネジメントである。本章では、このステークホルダー・マネジメントが求められてきた背景について、企業の社会的責任（CSR）を手がかりに検討する。

1　企業の社会的責任の源流

現在の企業経営において一般的に語られる「企業の社会的責任」という概念は 1950 年代に登場した。ハワード・ボーウェン（Howard R. Bowen）が、

1953 年にその著書である *Social Responsibilities of the Businessman* にて議論したのが始まりであるといわれる（Carrol, 2008）。当時アメリカでは、一部の巨大企業に社会的権力が集中しており、彼らの行動が市民生活に大きな影響を与える状況にあった。そのため、社会に強い影響力をもつ企業は、「社会全体がもつ目的や価値といった観点から望ましい施策、意思決定、活動を行う義務がある」とボーウェンは主張したのである。

　これ以降、1960 年代にかけて CSR に関する議論が学界や実務において議論されるようになるが、当時の CSR に関する実際の活動としては、文化・芸術活動や地域社会に対する慈善事業に代表される企業フィランソロピーなどが中心だった。しかし、1970 年代に入ると、金融工学の発展と機関投資家の拡大にともない、企業の社会的責任に関する議論は一層の広がりを見せるようになった。そのような流れの中で生まれたのが、「株主価値論」と「ステークホルダー論」の対立である。

2　株主価値論

　株主価値論（shareholder value theory）の代表的な論者は、1976 年にノーベル経済学賞を受賞したミルトン・フリードマン（Milton Friedman）である。彼は 1970 年にニューヨーク・タイムズ・マガジン誌で「社会に対する企業のたった一つの責任は、国における法律や倫理の枠組みの中において、株主に対する利益を最大化することである」と述べている。すなわち、企業にとっての社会的責任とは、本業を通じて利益を上げ、株主価値の最大化に貢献することであり、その他の社会的活動は、法律などによって求められる場合にのみ行うべきであるとする考え方である。この考え方の背景には、第7章で若干触れたように、新古典派経済学の市場に対する前提と、株主との関係を巡るエージェンシー理論の存在がある。

　新古典派経済学では、企業と政府の役割は完全に別だととらえられる。このとき、企業は私的で自律的な存在として、政府の規制に従う範囲においては、利益を創出する以外の責任をもたないと考えられる。したがって、例え

ば、工場による汚染などの問題も政府による規制や要請がない限り、企業が対応する必要はないとの立場をとる。そして、公共の福祉については、企業ではなく政府や政治家の責任によって達成されなければならないと考える。すなわち、フリードマンらの立場にたてば、もし企業が、社会的な目的を達成するために企業の資源を使うのであれば、それは企業の所有者である株主に対する「課税」の意味をもつことになるのである。

　次に、エージェンシー理論では、依頼人と代理人の関係モデルの観点から、依頼人が代理人に職務を委託するときに起きる利害関係の問題をとらえる。企業の文脈においては、株主が依頼人で経営者が代理人である。経営者は株主の委託を受けて企業を経営しているため、株主に対してのみ直接の責任をもつと考えられる。したがって、株主の利益を最大化する受託責任があるため、株主の利益にならない、または、利益に反するような活動、すなわち本業とは関係のない社会的活動を企業は行うべきではないとするのである。

株主価値論の意義と課題

　では株主価値論の立場から企業はどのように社会に貢献できるのかを考えてみよう。株主価値論では、企業の社会的責任は本業を通じて株主利益に貢献することであると考える。彼らは、各企業が自己利益（すなわち株主利益）を追求し、市場において自由に競争を行うことによって効率的な富の生産が行われ、その結果として社会全体における経済的価値が増加すると主張する。なぜなら、企業が本業に集中し市場で競争することによって、イノベーションが生まれたり、コストや価格を下げるインセンティブが生まれたりするからであり、それらへの投資を行うために資本を蓄積するよう行動するからである。他方で、企業活動がもたらすネガティブな影響などの社会的な問題については、国家が適切な法制度や税制を整備することで避けることができると考えるわけである。

　では、この主張には問題はないのだろうか。株主価値論に対する批判から、欠点を探ってみたい。第一に、株主価値論は企業が自由に競争すること

で経済的価値が増加すると主張するが、必ずしも経済的価値の増加が社会全体の利益に合致するとは限らない点があげられる。企業は利益を増加させるために、従業員の給与引き下げやリストラを行ったり、天然資源を濫用することによって自然破壊を起こしたりする場合もある。また、利益のみに目を向けるがために短期主義に陥り、企業の「持続的」な成長が置き去りにされる可能性もある。第二に、公共の福祉は政府によって達成されるべきであるとするが、法律や規制が常に完全とは限らない。むしろ問題の後追いで規制が導入されることもあるし、法律の抜け穴によって公正な競争が達成できない場合も存在する。ときには、法律や規制が企業のビジネス機会や創造性を阻害することもあるだろう。

このような株主価値論の考え方に疑問を呈し、1980 年代に登場してきた考え方がステークホルダー論である。

3　ステークホルダー論

株主価値論では、企業の責任は株主利益の最大化であるされたが、ステークホルダー論（stakeholder theory）では、株主のみならず、企業に利害関係をもつ個人や組織を考慮に入れた議論が行われている。本章の冒頭にも述べたように、企業は、社会というより大きな環境の中でさまざまな利害関係者とともに活動を行っているため、企業はそれらの利害関係を調整しながら市場に製品やサービスを提供することによって彼らに対する価値を生み出さなければならない。すなわち、企業の社会的責任とは、株主のみならず、顧客や取引先、従業員、地域社会など、直接また間接的に利害を共有する全てのステークホルダーに対して価値を生み出すことである。

図表 8.1 は、1980 年代にステークホルダー論を本格的に展開したエドワード・フリーマン（R. Edward Freeman, 1984）が示したステークホルダーの例である。

フリーマンが「ステークホルダー（stakeholder）」という言葉を使用したのは、「株主（shareholder）」という言葉と対比させることで、株主を企業が責

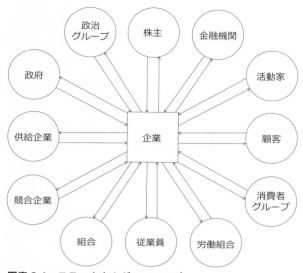

図表 8.1　ステークホルダー・マップ
［出所］Freeman (1984：55)

任を負うべき多数の個人やグループの中のあくまで一つとして位置づけ、それを強調する狙いがあったからとされる（Mele, 2008）。そして、ステークホルダー論の根拠として、カントの義務論から導き出した次の二つの倫理規範を示している（Evan & Freeman, 1988）。すなわち、第一に、「企業や経営者は、その将来を決定するにあたって、他者の権利を阻害してはならない」、第二に、「企業や経営者は自分たちの行為が他者に及ぼす影響に責任をもたなければならない」である。そして、これらの規範のもとに、ステークホルダー・マネジメントの原則として、以下の二つの命題を導出している。

　命題１：企業はステークホルダーの便益のために経営されなければならない。ステークホルダーの権利は守られなければならず、彼らの便益に関係するような意思決定においては、彼らの参加が必要とされる。

　命題２：経営者はステークホルダーおよび企業の双方と受託関係にある

ため、依頼人であるステークホルダーおよび企業双方の利益のために行動しなければならない。

ステークホルダー論の意義と課題

　では、ステークホルダー論の強みはどこにあるのだろうか。まず、法律や規制に基づくステークホルダーへの責任を超えて、ステークホルダーの権利や利益に注目しつつ、株主利益の最大化も考慮した点があげられる。そして、倫理規範に論拠がありながらも、経営という文脈から離れた単なる規範理論ではなく、よりビジネスの現実に根ざした経営理論となっており、企業を長期的成功に導くためのガイドラインとして機能する点があげられるだろう。

　例えば、企業が利益を上げ株主に貢献するためには、結局のところ、従業員や取引先から協力を受けることで顧客にとってより魅力的な製品やサービスを投入する必要があり、そのためには、従業員や取引先といったステークホルダーの利益にもかなう対応が必要となる。例えば、従業員を酷使した結果、優秀な従業員が退職したり、取引先から原材料を買い叩いた結果、有力な取引先との取引が停止してしまったりした場合、長期的には企業の存続にとってネガティブな影響をもたらすことになり、結果として株主の利益を損なうことになる。このような問題に対し、ステークホルダー論は、株主価値論の弱みを補強しつつ、実務に対して現実的な処方箋を提供しているのである。

　しかし、ステークホルダー論には次のような批判もあることは述べておかなければならない。第一に、ステークホルダー論の立場に立った場合、企業は複数のステークホルダーの利害を調整しながら行動する必要があることから、複数の評価視点が生まれてしまい、その行動の客観的評価が難しくなる点があげられる。従来の（多くは現在まで続く）企業評価は、利益や株価といった経済的価値によって行われてきたため、株主にどの程度貢献したかはわかるとしても、何をもってどのステークホルダーに貢献したとするのかは

見えにくい。第二に、ステークホルダー論は経営者の機会的行動の言い訳としても成り立つという批判もある。すなわち、経営者は一部のステークホルダーの便益を強調することで、自分にとって都合のよいように行動することもできるというものである。しかしながら、このような問題は、株主価値論においても成り立つものであり、一部のステークホルダーの便益を理由に経営者が自らの行動を正当化したとしても、それが説得的かどうかは別の話であるといえる。

4　ステークホルダー・エンゲージメントの展開

ここまで見てきた通り、企業の社会的責任は1950年代から議論され始め、株主価値論とステークホルダー論という大きく二つの議論を経て現在に至る。今日では、前節であげた課題が残りつつも、株主の絶対的優位については退けられ、ステークホルダー全体に対する配慮が求められるという考えが、実務でも学界でも合意されつつある。さらにこれを、経営戦略の中核に組み込むという議論も行われるようになっている[1]。その理由としては、グローバルなサプライチェーンの広がりによるステークホルダーの拡大と国際連合やEUといった国際機関、各国政府によるガイドラインの発行があげられる。例えば、ナイキは1990年代のスウェットショップ問題によりNGOの批判を受け、その結果、サプライチェーンの見直しを余儀なくされた。ステークホルダーに配慮しないことはもはや企業にとってリスクの一つとなっているのである。

また、マイケル・ポーターとマーク・クラマー（Mark R. Kramer）はステークホルダーの声を聞き、社会的課題を事業に取り込むことで共通価値の創造（CSV）が可能であるとも議論している（Porter & Kramer, 2011）。すなわち、企業の社会的責任は、企業にとって従来の受け身の姿勢として行うものではなく、事業に取り込むことによって積極的に展開するものとなってきている。このような中で企業とステークホルダーとの関係の指針とされているのがステークホルダー・エンゲージメントである。これは、企業の意思決定プ

ロセスにステークホルダーが参画することで、そのリスクやニーズを把握し、経営方針や活動に活かそうとするものである。そして、その手法としては、コミュニケーション、コンサルテーション、ステークホルダー・ダイアログ、パートナーシップがあるとされる[2]。近年では国連による持続可能な開発目標（sustainable development goals：SDGs）の策定に伴い、ステークホルダーとの協働による社会課題の解決の促進は世界的な潮流となりつつある。

討論のための問い

1. 株主価値論の立場をとれば、ミルトン・フリードマンがいうように、企業の責任は市場のルールに従った上での利潤の増大のみに限定されることになる。では企業がそのように振舞った結果として、どのような問題が起きるか考えてみよう。

2. 企業には多くのステークホルダーが存在する。ときにはステークホルダー間の利害が一致しない場合もある。そのようなときに企業や経営者はどのように行動すべきか考えてみよう。

3. CASE8.2を参考に、ステークホルダー・エンゲージメントによって企業価値を高めた事例にはどのようなものがあるか調べてみよう。

◇◇

CASE8.1 ビジネスラウンドテーブルによる株主第一主義との決別[3]

　ビジネスラウンドテーブル（BR）は、1972年に設立されたアメリカの経営者団体であり、アップルやGEなどといったアメリカの主要企業の経営者が多く参加している。BRは1978年以来、定期的に「企業統治の原則」を発表しているが、その内容は「企業は株主のために存在する」というものであった。このBRが2019年8月19日に発表した声明が、ビジネス界に大きなインパクトを与えた[4]。

　「企業の目的に関する声明」として発表された同年の声明では、「従来の企

業目的に関する宣言では、すべてのステークホルダーに対して価値を創造するために、企業が日々努力している方法を正確に記述していないことが明らかになった」とし、株主第一主義との決別を宣言したのである。すなわち、企業の社会的責任は株主利益の最大化であるとする、従来のフリードマン的な価値観からの脱却である[5]。声明では、企業は、顧客、従業員、サプライヤー、地域社会、株主の五つのステークホルダーに対して責任を負うとし、それぞれ以下の取り組みを行うと宣言した。

　まず、顧客については、アメリカ企業の伝統を継続し、顧客の期待に応え価値を提供していくとし、従業員については、公正な報酬と重要な福利厚生の提供、変化する世界に対応するためのスキル開発やトレーニングを行い、そのための投資を行うとしている。サプライヤーについては、規模の大小を問わず、事業のよきパートナーとして公正かつ倫理的な取引を行い、地域社会に対しては、そこで働く人々を支援し・尊重し、環境保全に務めるとした。そして、株主とは透明で効果的な関わりをもつことで、長期的な価値を生み出すとしている。

　特に注目すべきポイントは、従来 BR が、企業が責任を負うべき対象としてきた株主が、五つのステークホルダーの中の最後に登場する点と、株主に対して「長期的」な価値を生み出すとした点であろう。

　声明は、「ステークホルダーは、それぞれが不可欠な存在です。私たちは、企業、地域社会、そして国の将来の成功のために、そのすべてのステークホルダーに価値を提供することを約束します」という一文で締めくくられている。

◇◇

CASE8.2 ネスレのステークホルダー・エンゲージメントと CSV[6]

　ネスレはスイスに拠点を置く世界最大の食品飲料企業であり、経営理念として長期的な共通価値の創造を掲げている。ビジネスを通じた社会的課題の

解決と自社の価値の向上を実現するため、積極的にステークホルダー・エンゲージメントに取り組む企業として知られている。

　ネスレは、定期的にステークホルダーとの懇談会やワークショップなどを開催することによってステークホルダーとの対話を重ねている。これによって、自社が取り組むべき社会的課題の把握と従業員の能力向上、ステークホルダーとの信頼関係の構築を図っている。また、グローバルなオピニオンリーダーに対して、年一回のネスレ・ステークホルダー・コミュニティ調査を行うことによってネスレが抱える課題について理解を深めている。2019年にロンドンで開催した「ネスレ・ステークホルダー・コンベニング」では約70名のステークホルダーが参加し、CEOのマーク・シュナイダーと2名の役員、従業員15名との意見交換が行われている。

　ネスレの共通価値創造の取り組みには、例えば、コーヒーを生産する農村の開発を支援することを目的とした、コーヒーのサステナビリティプログラムがある。このプログラムでは、農業従事者の高齢化や低収入、気候変動や効率的な農法まで、農業に関するさまざまな課題の解決に取り組んでいる。2018年には、NGOのHispanic Federationおよびプエルトリコのコーヒー農家と協力して、ハリケーンによって大きな打撃を受けたコーヒー農家の復興を支援してきた。他にも、チョコーレート菓子であるキットカットの原料となるカカオのサプライチェーンにおける児童労働問題の解決やカカオ農業従事者の生活改善のために「カカオプラン」を実施している。これらの取り組みは、地域社会の生活向上を実現するとともに、コーヒーやカカオの長期的供給の確保に貢献している[7]。

　ネスレは、他にも地球環境や資源の保護のために環境負荷を低減させる取り組みである「ネスレウォーターズ」や、気候変動に対応するために2050年までに炭素排出量実質ゼロを達成するというコミットメントを行っている。

注

1 詳細は第 10 章「戦略と倫理」を参照のこと。

2 この四つの手法の大まかな違いは次のとおりである。コミュニケーションは、主に自社の取り組みやそれに対する第三者評価などをメディアやインターネット、会見等を通じて情報発信することであり、コンサルテーションは、サーベイやフォーカス・グループ・インタビュー、パブリック・ミーティング等を行うことで、自社の取り組みに対してステークホルダーからの意見聴取等を行うことである。また、ステークホルダー・ダイアログは、上記を継続して行うことで、積極的にステークホルダーの意見を意思決定プロセスに取り込み、自社の活動に反映させるものであり、パートナーシップは、マルチ・ステークホルダー・イニシアティブやジョイント・プロジェクト等を立ち上げ、ステークホルダーと共同して活動に取り組むことである。ただし、企業や組織によって表現が異なる場合があるため、実際にどのような取り組みが行われているかは個別に確認する必要がある。

3 Business Roundtable. *Commitment*. https://opportunity. businessroundtable. org/ourcommitment/（2020 年 8 月 28 日アクセス）。

4 日本経済新聞「米経済界『株主第一』を見直し」2019 年 8 月 20 日付夕刊。

5 ガーデンバーグ, C. セラフェイム, G.（2019）「米国トップ企業の経営者 181 人が株主資本主義との決別を宣言」『DIAMOND ハーバード・ビジネス・レビュー』https://www. dhbr. net/articles/-/6147（2020 年 8 月 28 日アクセス）。

6 Nestlé（2020）Annual Review 2019. https://www.nestle.co.jp/csv/performance（2020 年 8 月 28 日アクセス）。

7 ネスレ「共通価値の創造」https://www.nestle.co.jp/csv（2020 年 8 月 28 日アクセス）。

参考文献

Bowen, H.R.（1953）*Social Responsibilites of the Businessman*. Harper & Row

Carroll, A.B.（2008）A History of Corporate Social Responsibility: Concepts and Practices. In A. Crane, A. McWilliams, D. Matten, J. Moon, & D. Siegel（eds.）, *The Oxford Handbook of Corporate Social Responsibility*.（pp. 19-46）Oxford University Press

Evan, W.M., & Freeman, R.E.（1988）. A Stakeholder Theory of the Modern Corporation: Kantian Capitalism. In T. Beauchamp, & N. Bowie（eds.）, *Ethical Theory and Business*.（pp. 75-93）Prentice Hall

Freeman, R.E.（1984）*Strategic Management: A Stakeholder Approach*. Pitman

Friedman, M.（1970）The Social Responsibility of Business is to Increase Its Profits. *New York Times Magazine*, September, 13

Melé, D.（2008）Corporate Social Responsibility Theories. In A. Crane, A. McWilliams, D.

Matten, J. Moon, & D. Siegel （eds.）, *The Oxford Handbook of Corporate Social Responsibility.* （pp. 47-82） Oxford University Press

Porter, M. E., & Kramer, M. R. （2011） Creating Shared Value. *Harvard Business Review, 89* （1/2）, pp. 62-77

野口豊嗣（2017）「ステークホルダーと CSR」國部克彦（編著）『CSR の基礎　企業と社会の新しいあり方』（143-159 頁）中央経済社

（横田理宇）

第9章 よい企業を評価する投資のしくみ

ここまで第Ⅱ部では、企業が倫理的な制度を導入し、ガバナンスを整え株主やその他のステークホルダーへの配慮を経営に組み込む方法について見てきた。本章では、投資家が、保有する株式や債券などの証券市場を通じて企業を評価することで、企業のこうした自主的な取り組みに外部から影響を与える仕組みについて考えていく。

昨今の機関投資家は、証券市場を通じて企業を評価し、さまざまな手段（エンゲージメント）を講じることで、倫理的な活動を促している。企業がポジティブな評価を受ければ、株式、債権の発行、プロジェクトへの資金募集等を通じて、資金調達が容易になる。ネガティブな評価に対しては、投資対象からの除外や投資資金の引きあげ（ダイベストメント）などが行われる。このような市場評価に基づく投資家の行動が、企業の事業活動に強い影響を与えることは想像に難くない。

1 社会的責任投資（SRI）

SRI の定義と歴史

企業の倫理的活動を市場から評価する仕組みは、社会的責任投資（Socially Responsible Investment：SRI）から始まった。SRI は、企業を社会的視点から評価し、投資行動を通じてこれを支援する運動である（高、2004：370）。SRI を実践する金融機関やファンドなどの機関投資家は、社会的な課題の解決に

かかわっている企業に優先的に出資する。したがって、経済的パフォーマンスがよいことに加え、社会的責任を果たしている企業に、効率的に資金が集まることになる（谷本、2003：1）。つまり、企業の財務面だけでなく、環境面、社会面を評価し、投資決定をすることで、市場のメカニズムを通じて、企業の倫理的な行動を促していくわけである。

　一口に SRI といっても、その具体的な種類はさまざまである（谷本、2003）。例えば、近年注目の集まる活動に「ソーシャル・ファイナンス」がある。これは、地域開発投資、社会開発投資、社会的責任公共投資に加え、社会的事業とされる再生可能エネルギー開発やフェアトレード等に対する融資・投資、マイクロ・ファイナンスなど、公共的側面の強い投資活動を指すものである。

　これに対し、私企業の活動を念頭に置けば、昨今の企業経営に強い影響を及ぼすのは機関投資家である。投資家が、投資意思決定に際して、企業を評価する最初の手段に「ポジティブ・スクリーニング」と「ネガティブ・スクリーニング」がある。まずは、最も基本となるこの2つを取り上げ、SRIの発展の歴史を追いながら、その投資判断基準を確認しておきたい。

SRI における企業評価

　そもそも SRI は、キリスト教会の運動を発祥とし、1920 年代に投資手法として確立された（高、2004）。当時の SRI では、投資対象を決める際に「ネガティブ・スクリーニング」という消去法が用いられた。ネガティブ・スクリーニングでは、当初、タバコ、アルコール、ギャンブルといった、キリスト教会の教えに反する事業が対象となり、投資対象から外された。その後、軍事産業、ポルノ、原子力関連事業へと対象が拡大した。1990 年代には、環境問題や人権問題への関心の高まりを受けて、SRI の市場が急成長した。

　その後、イギリスで年金法が改正された際に、年金基金が運用に際してSRI 基準を採用している場合には、投資方針を開示することが義務づけられた。これが 2000 年代に入ると、ヨーロッパ各国で同様の法改正が実施さ

れ、フランス、オーストリア、ドイツ、ベルギー、イタリア、スウェーデンへと投資方針の開示規制が広がった。こうした動向を受け、年金受託機関のSRI関連の運用機運はさらに高まりを見せた。

　ネガティブ・スクリーニングから始まったSRIの投資基準であるが、その後、社会問題や環境問題に対する配慮を評価し、社会的責任を果たしていると認められる企業に対して積極的に投資をする方法へと進化した。これを「ポジティブ・スクリーニング」という。ポジティブ・スクリーニングは、CSR活動に積極的な企業を後押しする投資としてとらえることができる。日本においては、エコファンドを中心とした環境問題への投資に対して積極的であったが、2000年代に入り企業のCSRへの取り組みが本格化するとそれを後押しするポジティブ・スクリーニングも徐々に増えていった。現在では、ネガティブ・スクリーニングもポジティブ・スクリーニングも運用者が独自の評価基準をもっており、多様化が進んでいる。

2　ESG投資

責任投資原則（PRI）とESG投資

　SRIによって基礎がつくられた「市場から企業を評価する仕組み」は、徐々に市場規模を拡大させるとともに、投資行動そのものも変化させてきた。昨今では、顧客・受益者の中長期的な利益を図る「スチュワードシップ」の考えが機関投資家に浸透してきたことで、投資家は株式の長期保有を通じて「株主行動」を講じる傾向を強めている。このように投資家が株式保有を通じて企業経営に積極的に関与することを「エンゲージメント」という。

　エンゲージメントの機運は、国連の責任投資原則（Principles for Responsible Investment：PRI）が「ESG投資」の概念を提唱したことで、一層の高まりを見せるようになった。PRIは、2006年に当時の国連事務総長であったコフィ・アナンによって提唱されたもので、六つの原則から成る（**図表9. 1**）。とりわけ、投資対象の選定においてESG課題——企業の環境（environment：

1. 私たちは、投資分析と意思決定のプロセスに ESG の課題を組み込みます
2. 私たちは、活動的な所有者となり、所有方針と所有習慣に ESG の課題を組み入れます
3. 私たちは、投資対象の企業に対して ESG 課題についての適切な開示を求めます
4. 私たちは、資産運用業界において本原則が受け入れられ、実行に移されるよう働きかけを行います
5. 私たちは、本原則を実行する際の効果を高めるために、協働します
6. 私たちは、本原則の実行に関する活動状況や進捗状況に関して報告します

図表 9.1　PRI の六原則
［出所］UNEP-FI（2006：5）より

E）、社会（social：S）、統治（governance：G）——への取り組みを、総合的に評価する点に特徴がある。

　PRI は、この六原則の実施を通じて持続可能なグローバル金融システムの達成を目指し、金融機関等を含む投資家の協力を仰いでいる。したがって、機関投資家が意思決定をする際には、これらの原則に従って投資先企業の ESG への取り組みを評価し、それを投資意思決定に反映させることが期待される。すなわち ESG 投資とは、投資家が投資行動を通じて企業に ESG の課題を認識させ、その解決に向けた取り組みを促すものである。現在では、特に年金基金などの長期投資家を中心に、PRI の影響のもと、ESG 投資が一層拡大している[1]。

　また、2017 年には、G20 の要請を受けて主要国の金融当局からなる金融安定理事会（FSB）が、気候関連財務情報開示タスクフォース（TCFD: Task Force on Climate-related Financial Disclosures）を設置した。TCFD は、報告書「気候関連財務情報開示 タスクフォースの勧告」を公表し、企業に対して、気候変動がもたらすリスクと機会の財務的影響を把握し、その情報を開示することを推奨した。このように、企業や投資家、金融機関等に財務にインパクトを与える気候関連情報の自発的開示を推奨したことを契機に、投資家の視点がシフトした。世界中の機関投資家が ESG をより強く意識するようになったのである。

ESG 課題を巡る受託者責任

　PRI の六原則からもわかる通り、ESG 投資は、財務情報だけでなく、非

財務情報を評価対象としている。ちなみに、環境（E）に分類されるのは「地球温暖化（気候変動）」「水資源」「生物多様性」などへの取り組みである。また、社会（S）に分類されるのは「地域社会への貢献活動」「女性活躍推進への取り組み」「労働環境改善」などである。さらに、統治（G）に分類されるのは「コーポレート・ガバナンス」「コンプライアンス」「情報開示」「株主の権利確保」などである。これらの点を投資家が評価対象に取り入れることで、企業によるESG課題の解決に向けた取り組みが促されると期待されるわけである。

　しかし、このような取り組みは、あくまでPRIが「受託者責任に反しない範囲」に限定されることを強調しておかねばならない。なぜなら、機関投資家は、資金を預かる運用者として受託者責任を果たさなければならないが、ここでいう責任には、持続的な利益の創出による、運用の継続性の確保が含まれるからである。仮に、投資家がESG課題のみに焦点を当てるあまり、運用者として本来行うべき本業のビジネスから視点を逸らしてしまえば、それは受託者責任に反する行為になりかねない。このように考えれば、ESGは、企業の社会に対する悪影響を防ぐだけでなく、企業の持続可能性（サステナビリティ）を後押しすることを目的とする点に、最大の特徴があるといえる。

受託者責任遂行のための手続き

　ESG投資を巡って、機関投資家が受託者責任を遂行する場合、具体的には次の三つの手続きを踏むことになる。まずは「投資先の選別」を行うことである。その際には、先に紹介したネガティブ・スクリーニングやポジティブ・スクリーニングに加え「ベスト・イン・クラス」や「インテグレーション」が用いられる。次に、投資対象となった企業には「株主エンゲージメント」を行い、ESG課題への取り組みを促すことになる。しかし、エンゲージメントを通じた企業行動の変革には、失敗することもある。その場合には、最後の手段として「除外とダイベストメント」を行うことになる（水口、2017）。以下で、これらの手順につき、順を追って説明しておきたい。

第一に、投資先の選別である。SRI投資と同様に、ESG投資においても、ネガティブ・スクリーニングやポジティブ・スクリーニングが行われるが、ESG投資においては、あくまでもESGへの取り組みを基準として、評価の高い企業を投資対象として選ぶことになる[2]。このようなスクリーニングを、業種単位で行うのが、ベスト・イン・クラスである。特定の業界の中で、企業のESG課題への取り組みを比較し、評価が高い企業を投資対象として選択するわけである。ここに、さらにサステナビリティの観点を取り込むのがインテグレーションである。つまり、ESG関連リスクと機会を、投資先を選別する際の財務分析に組み込むことで、ESG課題の財務への影響を直接的に把握し、投資のリターンやリスクを予測するわけである。このインテグレーションこそが、投資家が受託者責任を遂行する際の主たる手続きであり、この点がSRIとの大きな違いだといえる。

　第二に、株主エンゲージメントである。先述した通り、ESG投資において投資先を選別する際に投資家は、受託者責任を遂行できるか否かを判断することが鍵となる。したがって、責任を遂行するための具体的な取り組みが投資家に求められてくるのである。そこで、株主であることの権利を使って企業経営に影響を及ぼすことを、株主エンゲージメントという。具体的には、意見書の提出、経営陣との会合、株主提案等を通じて、株主の立場から積極的に経営意思決定にかかわることである。エンゲージメントを通じて、投資家は企業の社会的責任の遂行を後押しし、ひいてはそれが、自らの受託者責任の遂行につながるわけである。エンゲージメントを日本版スチュワードシップ・コードでは、建設的な目的をもった対話を含む幅広い活動を指すものとしている。

　第三に、除外（exclusion）とダイベストメント（divestment）である。SRIのネガティブ・スクリーニングが信条に基づいて行われているのに対し、ESG投資においては、気候変動リスク等が財務に影響すると考え、投資から除外したり、売却したりすることが特徴である。投資対象から除外するだけでなく、既に実施している企業への投資を引き上げるダイベストメントも実施されている。ダイベストメントされた資金が、例えば多額の投資が必要とされる再生可能エネルギー事業へ向かうことで、持続可能な社会に向けた

事業の実現可能性やその発展可能性が高まるのである。

　もっとも、ダイベストメントに対しては、投資を引き上げるだけで、状況を改善しないという否定的な意見もある。したがって、受託者責任を遂行するためには、やはり株主エンゲージメントを強化することが重要となるわけである。ただし現状では、投資家もダイベストメントが最善の手段であると認識しているわけでもなく、ダイベストメントを多用しているわけでもない。

よい企業を市場から支える

　本章では、よい企業を支える仕組みについて、投資家による評価という視点から見てきた。特に、運用金額の大きさから企業の意思決定に多大な影響を及ぼす機関投資家を取り上げ、投資手法の変化を見てきた。さらには、PRI の六原則や TCFD の報告書の影響によって、よい企業を支える環境が形成され、これが投資家の ESG 投資を一層後押ししていることを確認した。

　ESG 投資では、よい企業を市場から支える動きだけでなく、取り組みが不十分である企業に対する投資の引きあげ（ダイベストメント）も並行して行われる。したがって、ESG 課題に積極的に取り組むよい企業にとっては、ESG 投資によって資金調達が有利になり、取り組みが不十分な企業は、投資してもらえないどころか、資金引き上げの対象となってしまうわけである。

　このように考えれば「よい社会」すなわち「持続可能な社会」を目指すにあたっては、市場が極めて重要な役割を果たすことがわかる。投資家は、その中心的なプレーヤーであり、資金調達の面から、企業と市場を繋ぐ重要な役割を果たしている。企業経営という視点からも、こうした投資家の投資行動の変化を注視していく必要がある。

討論のための問い

1. SRI、ESG 投資のように経済的指標以外を投資判断の基準にすることについて、あなたの考えを述べなさい。
2. 投資手法として、ネガティブ・スクリーニングを導入することについて、産業の発展や社会の便益にどのような影響・リスクをもたらすか考えなさい。
3. 機関投資家がダイベストメントを実施することで生じる社会的なリスクや不利益にはどのようなものがあるだろうか。CASE9.2 を参考に考えなさい。
4. 株主エンゲージメントは、投資先の企業経営にどのような影響・リスクをもたらすことになるか、考えなさい。
5. 今日の社会課題をふまえて、あなたなりに望ましいと思われる投資スクリーニングの基準を提案してください。

CASE9.1 積水ハウスの気候変動リスクに対する取り組みと情報開示

　積水ハウスは、2008 年に「2050 年ビジョン」を掲げ、住宅からの CO_2 排出をゼロにすることを目指すことを宣言した。このビジョンをもとに積水ハウスは、COP 等へ積極的に参加し、気候変動の潮流について情報を得るだけでなく、自社の取り組みについて積極的に発信してきた。その背景には、「ESG インデックスに組み入れられることは、企業価値向上に有意義である」[3]という考えがある。

　例えば、2017 年には、ドイツのボンで開催された気候変動枠組条約第 23 回締約国会議（COP23）に出席し、同社がゼロ・エネルギー・ハウス（ZEH）を大量に導入した事例について報告した。さらに、2018 年にもポーランドのカトヴィツェで開催された COP24 でも ZEH の取り組みについて報告をしている。

　こうした取り組みの成果として同社は、FTSE4Good Global Index、

FTSE4Good Japan Index に組み入れられている（2019 年 1 月末時点）。また ESG 投資の指標として世界的に用いられている Dow Jones Sustainability World Index の構成銘柄に 2016 年から 4 年連続で選ばれている。

　2019 年には、TCFD レポートを作成し、積水ハウスの気候変動に関する考え方、取り組み、気候変動による経営リスクについて開示している。リスクの開示だけでなく、気候変動に関するガバナンスや対応戦略についても記されている。こうした取り組みが上記のような世界的な高評価という結果となって現れている。

◇◇◇

CASE9.2 化石燃料業界に対するダイベストメント

　ESG を重視する機関投資家の中でも特に欧州の年金基金を中心に、化石燃料業界からのダイベストメント（投資引きあげ）が増加している。ノルウェー政府年金基金（GPFG）は、2015 年に石炭火力関連株への投資約 8000 億円分を売却した。2015 年に保険会社であるアクサ（仏）、アリアンツ（独）が、2017 年にはチューリッヒ保険（スイス）やロイズ（英）が、石炭関連企業のダイベストメントをそれぞれ決定した。2016 年には、ノルウェーの生命保険会社である KLP がネガティブ・スクリーンによって、石炭事業の株式として 31 社の株式を売却した。年金基金、保険会社、銀行の中には、ダイベストメントの方針を明確に打ち出しているところもある。

　こうしたダイベストメントの影響は日本にもおよび、対象は主要電力・エネルギー企業だけでなく、石炭火力発電所を建設する総合商社にも波及している。日本では、JXTG、出光興産、中国電力、北陸電力、四国電力、北海道電力、沖縄電力、J パワー、三井物産、東京電力、中部電力、関西電力等が投資から除外されたとされている（2020 年 4 月現在[4]）。

　ダイベストメントだけでなく、銀行では、新規融資の停止や融資の撤退、保険会社では、保険の引き受け停止といった動きも出てきている。他方、こうしたダイベストメントを避けるために、石油メジャーである英 BP は、環

境負荷の小さい液化天然ガス（LNG）事業等への事業投資を積極的に実施している。

◇◇

注

1 日本では、2018/19 年のレポートで 72 機関が同原則に賛同することを表明していると報告されている（PRI 2019 Annual Report より）

2 SRI のネガティブ・スクリーンは、倫理に反する事業へ投資しないという方針がある。それに対して ESG 投資は、業種や事業によって投資を決定するのではなく、ESG 課題への取り組みによって判断している。よい企業が ESG 課題へ積極的に取り組む後押しとなるのである。ただし ESG 投資においても、特定の事業に関わる企業を投資先から除外するネガティブ・スクリーニングが実施されている。ESG 投資における除外が SRI のネガティブ・スクリーニングと異なる点は、気候変動に対してネガティブなインパクトを与える企業を除外する点にある。例えば、化石燃料の使用は、地球温暖化の観点から、投資のリスクとなると考えられるようになってきた。

3 積水ハウス「社外からの評価 ESG インデックスへの組み入れ」同社 HP、https://www.sekisuihouse.co.jp/company/sustainable2020/evaluation/esg/（2020 年 8 月 26 日アクセス）

4 日本経済新聞「たばこに化石燃料、投資撤退の波が襲う」2020 年 4 月 7 日、https://www.nikkei.com/article/DGXMZO57715610W0A400C2000000/

参考文献

Task Force on Climate-related Financial Disclosures（2017）Final Report: Recommendations of the Task Force on Climate-related Financial Disclosures（サステナビリティ日本フォーラム訳「最終報告書 気候関連財務情報開示タスクフォースの勧告」）

UNEP FI（2006）Principle for Responsible Investment（責任投資原則）

UNPRI（2019）Annual Report 2019

環境省（2018）「環境金融を巡る動き（ESG 投資）」

高巖（2004）『ビジネス・エシックス：企業の社会的責任と倫理法令遵守マネジメント・システム』文眞堂

谷本寛治（2003）『SRI 社会的責任投資入門：市場が企業に迫る新たな規律』日本経済新聞社

水口剛（2017）『ESG 投資：新しい資本主義のかたち』日本経済新聞出版社

（田中敬幸）

第III部

よい事業活動の展開

事業活動を通じて利益を上げることは、企業にとって重要な使命の一つである。とりわけ、現代資本主義の私有財産制度において、企業（特に株式会社）は、その所有者である株主の価値を最大化させる責任を負っている。しかし、行き過ぎた利益追求がステークホルダーに不利益をもたらし、批判に晒されるケースもめずらしくはない。第Ⅲ部では、マーケティングや戦略といった企業の「経済性」にかかわる分野を、企業倫理の観点から検討したうえで、環境とAIという重要なトピックを個別にとりあげ、第Ⅲ部の問いである「よい事業とは何か」にせまる。

　最初に、戦略と倫理（第10章）を取り上げる。これまで、CSRをはじめとする企業の倫理的活動は、企業戦略とは両立しないと考えられてきた。同章ではポーターとクラマーによって提唱されたCSV（共通価値の創造）の概念を手掛かりに、企業戦略において経済性と倫理性を両立させる具体的な手段を検討する。CSVの実現は、企業の競争優位の確立にも繋がるものである。

　次に、マーケティングと倫理（第11章）をとりあげる。マーケティングの基本は、どこで、何を、いくらで、どのようにして、販売・提供するかの検討を通じて、日々変化する顧客ニーズに適応していくことにある。しかし、近年では、商品やサービスの倫理面にも目を向ける消費者が増えている。事業活動における倫理の重要性を消費者が意識することは、企業が「よい事業活動」を実現する一助となるであろう。

　さらに、環境経営（第12章）について検討する。日本は、高度経済成長期を経て、一旦は世界第2位の経済大国へと発展したが、時を同じくして、経済性を過度に追求した企業経営の歪みとして四大公害病をはじめとする環境問題が生じ、その克服が課題とされた。グローバル化の加速する現代、国内外を問わず企業には進出先における環境問題や地球規模の気候変動問題への対応が要請されている。持続可能な社会を実現するため、事業活動における環境への配慮、さらには適切な情報開示が不可欠となっている。

　最後に、AIと倫理（第13章）についてとりあげる。近年、情報通信技術の発展は著しく、とりわけ、AIの普及は、企業をとりまく環境を大きく変革することも予想される。AIの普及により、「どのような倫理的課題が生じるのか」という問題に言及することは、将来を見据えた「よい事業活動」について考えるうえで、避けては通れない。

第
10
章

戦略と倫理

　戦略は、「企業が考えた競争に成功するためのセオリー」（Barney, 1996）と定義されているように、ライバル企業との競争を優位に運ぶ手段としてとらえられることが多い。その意味で、企業戦略と倫理は両立しない、とする考え方が一般的なものとして浸透している。しかし、戦略は、企業が自身の存在理由を明らかにする為に必要だという考え方もある。そのような観点に立てば、戦略は、必ず倫理の見解のうえに構築されなくてはならない（Freeman & Gilbert, 1998）。社会的課題が複雑化かつグローバル化している現代社会を生き抜くうえで、正しい倫理観に基づいて戦略を構築していくことが、企業に求められるわけである。

　では、戦略と倫理を両立することで、企業はどのような競争優位を獲得することができるのであろうか。本章では、企業戦略と倫理の両立を考えるうえでキーポイントとなる、「共通価値の創造（creating shared value: CSV）」に焦点を当て、その理解を深めていく。

1　CSV の概念

　本節では、まず CSV の概念について確認した後、従来論じられてきた、企業の社会的責任（CSR）との関係性について考察する。

CSV とは

2011 年、ポーターとクラマーは「企業は、社会のニーズや問題に取り組むことで、社会的価値を創造し、その結果、経済的価値が創造される」(Porter & Kramer, 2011: 64) と指摘し、これに基づく CSV——企業と社会が共有できる価値の創造——の概念を提唱した。

彼らによれば、CSV の実現には三つの方法がある。すなわち①製品と市場を見直す、②バリューチェーン（事業プロセス上の価値連鎖）の生産性を再定義する、③企業が拠点を置く地域を支援する産業クラスター（集積）をつくる[1]、である。企業は、これらの方法を通じてビジネスモデルを立案し、実行することで、社会的課題解決に向けた活動をビジネスとリンクさせ、他社には無い競争優位を確立することができるとされる。

とりわけ、パートナー企業やインフラストラクチャーの存在は、企業のイノベーションに影響をもたらすとされている。事実、シリコンバレーやルート 128 など、先端技術産業のクラスターは、イノベーションを生み出すための重要な土壌となっている。このため、特定の社会的課題を共有する企業がクラスターを形成することは、企業の経済的価値にも大きく貢献することが期待される。ここに CSV の戦略的重要性を見出すことができる。

CSV と CSR の関係性

理論的には CSV の概念は、ポーターとクラマーが 2006 年に示した「戦略的 CSR」の考え方を発展させる中で生まれた。実践的に、CSR から CSV への移行を推し進めるきっかけとなったのは、同時期のネスレの BOP (base/ bottom of the pyramid) ビジネスであるとされる（三菱 UFJ リサーチ＆コンサルティング株式会社、2015）。

そもそも BOP ビジネスは、年間所得 3000 ドル以下世帯の BOP（低所得者）層と呼ばれる人々にとって有益な製品・サービスを提供するビジネスのことを指す。ネスレは、人口の約 45% が BOP 層にあたるラテンアメリカ各国において、農園で働く者達への教育やインフラ支援を行ったり、栄養不

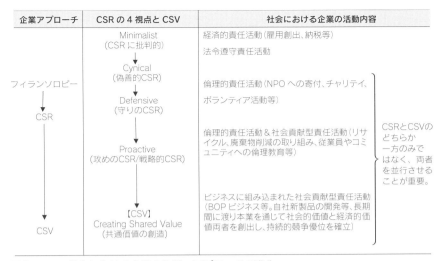

企業アプローチ	CSRの4視点とCSV	社会における企業の活動内容	
フィランソロピー ↓ CSR ↓ CSV	Minimalist (CSRに批判的) ↓ Cynical (偽善的CSR) ↓ Defensive (守りのCSR) ↓ Proactive (攻めのCSR/戦略的CSR) ↓ 【CSV】 Creating Shared Value (共通価値の創造)	経済的責任活動（雇用創出、納税等） 法令遵守責任活動 倫理的責任活動（NPOへの寄付、チャリテイ、ボランティア活動等） 倫理的責任活動＆社会貢献型責任活動（リサイクル、廃棄物削減の取り組み、従業員やコミュニティへの倫理教育等） ビジネスに組み込まれた社会貢献型責任活動（BOPビジネス等。自社新製品の開発等、長期間に渡り本業を通じて社会的価値と経済的価値両者を創出し、持続的競争優位を確立）	CSRとCSVのどちらか一方のみではなく、両者を並行させることが重要。

図表 10.1 社会における企業の役割：アプローチの進化
［出所］石田（2020）.

足の老人向け製品や腸内細菌を増やす乳製品を開発したりすることで、社会的課題の解決に取り組んできた。ネスレは、このような CSR 活動を戦略的発想でもってとらえ直し、調達から製造、販売に至るバリューチェーン変革を通じて調達地域のマーケットを成長させ、それがひいてはビジネスチャンスを生み出すと考えた[2]。ここに、CSV の発想の原点を見ることができる。

とりわけ、グローバル化が進み、社会問題が複雑に絡み合う現代社会においては、社会的価値と同時に経済的価値の創造を試みることが、企業にとって重要な戦略的要素となっている。こうした変化に合わせて、社会的課題に対する企業のアプローチも、寄付やフィランソロピーのような守りの CSR から、本業との繋がりを重視した攻めの CSR/戦略的 CSR へと発展し、その後、CSV というビジネススタイルへと、進化を遂げてきたわけである（Porter & Kramer, 2011）（**図表 10.1**）。

これまでの CSR と CSV に関する指摘を、ここで整理しておきたい。まず CSR は、法令遵守や NPO への寄付、従業員のボランティア活動支援など、企業の社会的責任を負ううえでの守りの姿勢を重視するところに特徴が

ある。その典型例はフェアトレードである。フェアトレードとは、狭義には BOP における所得水準の向上を図るべく、生産者からの買取価格を市場価格よりも高く設定することで、生産者への利益配分比率を意識的に増やすという社会貢献の手段である[3]。

これに対し、CSV では「社会的課題の解決を行う上での長期間にわたる活動が経済的価値をも生み出す」という戦略的かつ攻めの姿勢が重視される。そのためには、社会的コストにも目を向け、企業のみならず、サプライヤーや地域コミュニティにとっても価値を創出し、その利益を享受していく必要がある（**図表 10. 2**）。こうした観点に立てば、利益配分比率のみを問題とし、生産総量の増加を念頭に置かない素朴なフェアトレードは、CSV として位置づけられない。むしろ、CSV では生産者の能力や作物の品質、収穫量等を向上させることで全体量自体を増やし、結果として生産者の取り分を大幅に増やそうという発想になる。

したがって、CSR と CSV はいずれかを選択しなければならないというものではなく、状況に応じてどちらにも取り組む必要のあるものだといえ

	CSR	CSV
価値	善行	コストと比較した経済的・社会的便益
位置付け	シチズンシップ、フィランソロピー、持続可能性	企業と地域社会が共同で価値を創出
行動	任意、あるいは外圧によって	競争に不可欠
戦略性	主目的としては無	有
利益	利益の最大化とは別物	利益の最大化に不可欠
テーマ	外部の報告書や個人の嗜好により決定	企業ごとに異なり、内発的
企業予算との関係性	企業業績や CSR 予算の制限を受ける	企業の予算全体を再編成する
ステークホルダー・エンゲージメント	重要	倫理的な判断と戦略的な判断を直接結びつけるためにも、ステークホルダーの視点を持ち合わせることが CSR 以上に重要
CSR と CSV の共通点と相違点	・CSV は戦略性を強く含んでいる ・CSR、CSV ともにステークホルダー・エンゲージメントをもって取り組むことが重要	

図表 10.2　CSR と CSV の対比表
出典：Porter & Kramer（2011）, 笹谷（2015）を参考に筆者（石田）作成

る。実践的観点から見れば、CSV は持続可能性に優れているが、実行に移す際の障壁も大きい。このため、まずは CSR から社会貢献活動を始めつつ、本業を通じて解決すべき社会的課題を見極めながら、徐々に CSV へと移行させる形で両者を並行させていくことが望ましい（國部他、2017）。

2　CSV の実行と評価

　それでは、企業はどのように CSV を実行し、その評価を行うことができるのだろうか。本節では、CSV の実行と評価について説明を行う。

CSV の実行

　まず CSV を推進していくにあたっては、自社のコア・ビジネスを通じた戦略と倫理の両立が必須である。このため、CSR 部門を始め、経営企画部門、営業・マーケティング部門、研究開発部門など、複数の部門の協力を得ることが望ましい。とりわけ今後の CSR 部門には、これまでのように定型的な CSR 報告書を作成するのみならず、組織の境界線上に立って社会の要請を感知し、それを組織内部の変化へ繋ぎ、さらに社会に発信するという、組織内外の接点となる機能が求められる（水口、2017）。

　また、CSV を進めていくうえで、ステークホルダー・エンゲージメントの重要性もあげられる[4]。企業はステークホルダーとの建設的な対話を通じ、ステークホルダーにもたらされる影響を理解することに努め、ビジネスプロセスの透明性を向上させるなど、経営活動に反映させていくことが求められている。

　その意味では、自社単独ではなく、他の企業・NPO・行政等の異種セクターと協力して社会的課題に取り組むことが、CSV を推進するうえで重要なポイントとなる。例えば、企業が NPO/ NGO 等の非営利団体とパートナーシップを形成すれば、ステークホルダーのニーズ特定や社会的課題解決のノウハウを獲得するうえで手助けを得ることができる。複雑化し、予想を

立てることが困難な時代において、多岐にわたる異種セクターとパートナーシップを形成することで、社会的なリスクをコントロールし、それをリターンへと結びつけるというCSVへの現実的な道筋が見えてくる[5]。

CSV の評価

では CSV とビジネス・パフォーマンスの間にはどのような関係性があるのだろうか。従来 CSR と企業業績についてプラスの関係があることが指摘されてきた[6]。とりわけ CSV は経済的価値の創出を前提にしているゆえに、長期的な業績向上が期待できる。しかしながら、企業にとっては収益との間の短期的な関連を見出すのが難しい。このため、投資家を始めとした一部のステークホルダーから、企業が CSV に取り組むことについて批判的な意見を受けることもめずらしくない。

とはいえ、第9章でふれたように近年では環境（E）、社会（S）、統治（G）に配慮している企業へ積極的に投資する「ESG 投資」が、資本市場においてもメインストリームとなりつつある。このため、従来の財務会計システムとは異なる方法で、企業のパフォーマンスに対する貢献を正しく評価・測定し、ステークホルダーへ情報開示することが、CSR や CSV に対する投資家の理解を得るうえで重要となる。こうした状況を背景に、近年、ESG に関連したさまざまな情報開示ガイドラインが発行されている。

その皮切りとなったのが、2000 年に国際 NGO の GRI（Global Reporting Initiative）[7]が制定した「GRI ガイドライン（第一版）」である。当ガイドラインは、ESG の観点から CSR や CSV の取り組みを評価・測定し、サステナビリティ報告書として公表するための枠組みを提示している[8]。さらに、2013 年に公表された IIRC の「国際統合報告フレームワーク」は、こうした ESG 情報を財務情報と結びつけることで、統合的な企業報告として公表することを提案している。現在では、これらの基準が ESG に関わる情報開示ガイドラインのグローバルスタンダードとなりつつある[9]。

GRI や IIRC（International Integrated Reporting Council）に代表される新たな情報開示ガイドラインが念頭に置くのは、自社の事業と関連性の高い社会的

課題に関して明確なゴールを見据え、社会の要請に対応する形で事業活動へ取り組む姿勢である。これは CSV そのものだといえる。企業が CSV に取り組むことで企業価値が持続的に向上すれば、結果的に投資家にとっての長期的なリターン獲得にもつながる（モニターデロイト、2018: 99）。このように、長期の時間軸で CSV に取り組み、企業価値が持続的に向上することは、ESG 投資の観点からも重要な要素となっている。

討論のための問い

1. CASE10. 1 や 10. 2 を参考に、企業が NPO や行政、大学等、異種セクターとパートナーシップを形成し、CSR や CSV 活動を行っている事例をあげなさい。
2. 上記で取り上げた事例の中から一つ選び、GRI 等のガイドラインを用いてその事例に登場する企業を評価しなさい。また、そのように評価した理由も述べなさい。
3. あなたはゼミ（クラスのグループ）で学園祭に出店する企画を任されました。CSV につながる企画を考えてみよう。

CASE10. 1 富士ゼロックス「遠野みらい創りカレッジ[10]」

　富士ゼロックス[11]は、2011 年の東日本大震災発生後、復興支援活動の一環として、被災地へコピー機の貸し出しや、IT ソリューションを使用した遠隔医療等のシステムを整備するなど、復興支援活動を通じて岩手県遠野市と交流を深めていった。その交流を通じ、市が抱える少子高齢化等の課題解決や街の活性化といった目標達成に向け、地域と企業が連携し、「地方創生」を行っていくことを目的として 2014 年 4 月に協定書を交わし、「遠野みらい創りカレッジ」が設立された。2 年間の活動を経て、2016 年 4 月にはより地域に根差した運営母体となるために「一般社団法人遠野みらい創りカレッジ」として法人化された。活動の具体的な内容としては、首都圏の大学と連携した商店街活性化プロジェクトや、海外大学生が民泊を通し地域と触

れ合う国際連携プログラム、小中学生向けプログラミング学習検証等があげられる。この活動の PR 記事を見て、地域コミュニティのリレーションシップマネジメント方法を学びたい、と富士ゼロックスにコンタクトしてくる企業も出てきている。対象地域にその企業が工場を建設する話も出ており、そのネットワーク工事については富士ゼロックスが請け負う、といったように今後のビジネス展開も期待されている。このように、「地方創生」を目的とした社会的課題の解決と同時に、地方エリアにおける自社製品・サービスの展開といった経済的価値創造の実現も進めている。

◇◇◇

`CASE10.2` 味の素「ガーナ栄養改善プロジェクト」[12]

　味の素グループは創業以来、食品やアミノ酸についての知見を積み重ねてきた。それら知見を、途上国の深刻な栄養不足の問題解決に活かせないだろうか、という想いから、2009 年味の素グループ創業 100 周年記念事業として、「ガーナ栄養改善プロジェクト」がスタートした。途上国で深刻な課題である栄養不足は、子どもの身体や脳の発育などにさまざまな悪影響を及ぼす。味の素は、生後 6 カ月から 24 カ月の離乳期における栄養不足の改善に注目し、国際 NGO やガーナ大学等とアライアンスを組み、ガーナの伝統的な離乳食で、発酵したコーンを基にしたペースト状の食べ物 KoKo（ココ）に、アミノ酸と大豆などの栄養素を混ぜた専用の粉末サプリメントとして、乳児の成長に必要な栄養素を補う、"KoKo Plus"（ココプラス）を開発した。日本円で 1 袋＝約 10 円と貧しい家庭でも購入できる単価設定にして、多くの乳児の栄養改善に貢献することを目指している。同時に現地女性達の意識改革も行い社会進出を後押ししており、現地女性達は男性スタッフとともに家庭訪問し、幼児の栄養改善の重要性を説きながら、KoKoPlus を紹介・販売している。

　味の素にとって、従来のビジネスとの大きな違いは、数多くの社会セクターと連携し、新しいソーシャル・ビジネスのモデルを提示した点である。

2017 年より、本プロジェクトは味の素本社から味の素ファンデーションに移管され、より公益性を追求する位置づけとなったが、積極的に展開している社会貢献活動は、結果として就職活動をしている学生達が味の素で働くことを希望するなど、味の素本社のブランドイメージを高めることに繋がっているのである。

◇◇

注

1　③の概念に近い考えとして、ソーシャル・イノベーション・クラスター（谷本、2006）、コレクティブ・インパクト（Kania & Kramer, 2011）などがある。

2　こうした活動をまとめた Nestlé（2006）"The Nestlé concept of corporate social responsibility – as implemented in Latin America" は、今や BOP ビジネスの教科書として位置づけられている。

3　フェアトレードの詳細は第 11 章を参照のこと。

4　ステークホルダー・エンゲージメントは CSR と CSV の共通項としても理解されている（笹谷、2015）。ステークホルダー・エンゲージメントの詳細は第 8 章を参照のこと。

5　2015 年 9 月に国連サミットで採択された SDGs（持続可能な開発目標）の企業行動指針となるガイドライン "SDG Compass" においても、3 万 8000 人の企業の役員・管理職およびオピニオンリーダーのうち 90% が、持続可能性の課題は企業単独では対処することはできないとする調査結果（GRI, 2016b）が報告されている。

6　Schmidt et al.（2003）は、CSR と業績の相関に関して過去に発表された 52 本の実証研究の結果をまとめてメタ分析し、全般的な傾向として両者の間には、プラスの関係があると述べている。また、Stead & Stead（2014）は、最先端のサステナビリティ企業の CSR や CSV 活動の実績を追跡調査しており、こうした評価基準はサステナビリティ・パフォーマンスの可視化を可能とする。

7　GRI はサステナビリィに関する国際基準の策定を使命とする NGO である。

8　2016 年には新たな基準として "GRI Standard" が発表されている。

9　2019 年現在、世界の大手企業上位 250 社のうち 92% がサステナビリティに関する報告を行っており、そのうちの 74% が、GRI Standard を利用してサステナビリティ報告書や CSR 報告書等を発行しているといわれている（GRI, 2020）。

10　本ケース作成にあたっては以下の資料を参照した。
　　・樋口邦史・保井美樹（2017）『学びあいの場が育てる地域創生』水曜社
　　・富士ゼロックス「遠野みらい創りカレッジ」http://tonocollege.org/introduction/（2017 年 6 月 19 日アクセス）

11 2021 年 4 月 1 日、富士フイルムビジネスイノベーション株式会社に社名変更。

12 本ケース作成にあたっては以下の資料を参照した。

　・味の素株式会社（2012）『味の素グループサステナビリティレポート』https://www.
ajinomoto.co.jp/company/jp/activity/csr/pdf/2012/101-103.pdf（2019 年 8 月 21 日アクセス）

参考文献

Barney, J.B.（1996）*Gaining and Sustaining Competitive Advantage.* Addison-Wesley

GRI（2016a）GRI Standard. http://www.csr-communicate.com/csrinnovation/20170420/csr-31382（2020 年 6 月 22 日アクセス）

GRI（2016b）SDG Compass（日本語訳：IGES & GCNJ, 2017, p. 24）. https://sdgcompass.org/wp-content/uploads/2016/04/SDG_Compass_Japanese.pdf（2020 年 6 月 22 日アクセス）

GRI（2020）A Record of Use and Endorsement. https://www.globalreporting.org/information/sustainability-reporting/Pages/gri-standards.aspx（2020 年 6 月 22 日アクセス）

Freeman, R. E., & Gilbert, D. R., Jr. (1998) *Business Ethics and Society: A Critical Agenda*（笠原清志監訳『企業戦略と倫理の探求』文眞堂、1998 年）

Kania, J., & Kramer, M.（2011）Collective Impact. *Stanford Social Innovation Review, Winter 2011, 9*(1), pp. 36-41

Porter, M., & Kramer, M.（2011）Creating Shared Value: Redefining Capitalism and the Role of the Corporation in Society. *Harvard Business Review, January and February 2011, 89*, pp. 62-77（編集部訳「共通価値の戦略」『DIAMOND ハーバード・ビジネス・レビュー』2011 年 6 月号、pp. 8-31、ダイヤモンド社）

Schmidt, F. L., Orlitzky, M., & Rynes, S. L.（2003）Corporate Social and Financial Performance: A Meta-Analysis. *Organization Studies, 24*(3), pp. 403-441

Stead, J. G., & Stead, E. W.（2014）*Sustainable Strategic Management.* Routledge（柏樹外次郎・小林綾子訳『サステナビリティ経営戦略：利益・環境・社会をつなぐ未来型マネジメント』マグロウヒル・エデュケーション、2014 年）

石田満恵（2020）「CSV アライアンス持続性のメカニズム：サステナビリティアライアンスパフォーマンス評価表に基づいて」博士学位論文

國部克彦編著、神戸 CSR 研究会編（2017）『CSR の基礎：企業と社会の新しいあり方』中央経済社

笹谷秀光（2015）「ISO26000 による CSR と CSV の関係性及びそれらの普及啓発のための ESD に関する一考察」『日本経営倫理学会誌』第 22 号、291-302 頁

谷本寛治編著（2006）『ソーシャル・エンタープライズ：社会的企業の台頭』中央経済社

水口剛（2017）『ESG 投資：新しい資本主義のかたち』日本経済新聞出版社
三菱 UFJ リサーチ＆コンサルティング株式会社編著（2015）『CSV 経営による市場創造：
　　CSV アプローチでステークホルダーとの Win-Win の関係構築』日科技連、1-165 頁
モニターデロイト編（2018）『SDGs が問いかける経営の未来』日本経済新聞出版社

（石田満恵）

マーケティングと倫理

　「マーケティング」とは、「人間や社会のニーズを見極めてそれに応えること」（コトラー＆ケラー、2008：6）である。企業は、これを通じて利益を上げるが、時代とともにニーズは変化しており、それを的確にとらえることは容易でない。もちろん、顧客のニーズに対し、製品・サービスの機能面や価格面などで応えることが重要なのに変わりはないが、このような側面だけではなく、近年、消費者は、製品・サービスの倫理面にも目を向け始めている。

　2015年9月には「持続可能な開発目標（SDGs）」が採択され、社会全体で取り組むべき課題が明示されたことで、それらの解決に資するような消費行動が、さらに普及していくことが考えられる。また、消費者に限らず、法人顧客となる取引先も、調達・購買活動において、製品・サービスの倫理面をより一層重視していくことになるだろう。それゆえ、効果的なマーケティングを実践するうえで、企業には、倫理面にも配慮することが必要となる。こうした観点から、本章では、マーケティングと倫理について理解を深めていく。

1　マーケティング倫理の枠組み

　マーケティング倫理は「製品開発、パッケージング、流通チャネル、営業、競争関係、宣伝広告、価格など企業のマーケティング行動に関わる倫理」（水尾、2000：14-15）と定義される。ここでは、水尾（2000）の議論を踏まえ、「マーケティング倫理の枠組み」を確認する。

マーケティング倫理の枠組みは、「影響の範囲」と「行動の性質」という二つの軸で構築される。影響の範囲は、「環境・社会」と「顧客」に分けられ、行動の性質は、「ネガティブな影響の防止」と「ポジティブな影響の促進」に分けられる。これにより、マーケティング行動は、「Ⅰ 社会的課題の解決」「Ⅱ 顧客満足の向上」「Ⅲ 社会的課題の発生防止」「Ⅳ 顧客への不利益の防止」という四つの領域に分類される（**図表11.1**）。Ⅰの領域は、社会的課題の解決に向けた行動であり、植林などの地球環境保護や寄付などの社会貢献が該当する。Ⅱの領域は、顧客満足の向上を目指した行動であり、例えば、適切な製品・サービスを、適切な場所、時期、価格、数量で提供することやデメリット情報を表示することなどが該当する。Ⅲの領域は、社会的課題の発生を防止する行動である。例えば、大気汚染や水質汚濁などの環境問題の発生を防ぐため、環境負荷の低減にかかわる取り組みが該当する。また、強制労働や児童労働などの人権問題の発生を防ぐため、人権の尊重にかかわる取り組みも該当する。Ⅳの領域は、顧客への不利益を防止する行動であり、消費者を欺くような誇大広告等の禁止、不当な価格引上げにつながる談合やカルテルの禁止が該当する[1]。

ここで留意しなければいけないのは、倫理的なマーケティング行動は、いずれかの領域に限定されるわけではなく、複数の領域にまたがるということ

行動の性質

		ネガティブな影響の防止	ポジティブな影響の促進
影響の範囲	環境・社会	Ⅲ 社会的課題の発生防止 ・環境負荷の低減 ・人権の尊重	Ⅰ 社会的課題の解決 ・地球環境保護 ・社会貢献
	顧客	Ⅳ 顧客への不利益の防止 ・誇大広告等の禁止 ・談合やカルテルの禁止	Ⅱ 顧客満足の向上 ・適切な製品・サービス、場所、時期、価格、数量を提供 ・デメリット情報の表示

図表 11.1　マーケティング倫理の枠組み

［出所］水尾（2000：21）の図を参考に筆者（藤原）作成.

である。例えば、製品・サービスの倫理面を重視する消費行動である「エシカル消費」[2]を考えた場合、消費者は、商品が社会的課題に配慮しているかを気にかけるため、マーケティング行動はIまたはIIIの領域を満たすことが必要となる。さらに、これにより消費者の満足に繋がるため、IIの領域も満たすことができるわけである。しかし、反対に、消費者が購入した商品が社会的課題に配慮していない場合、例えば、その生産工程で児童労働問題が発生していることが発覚すれば、それは、消費者の不満足をもたらし、ひいては不買運動を引き起こす恐れもある。したがって、倫理的なマーケティング行動は、従来のマーケティングで重視されてきた顧客を対象としたIIやIVの領域だけでなく、環境・社会を対象としたIやIIIの領域も満たしながら実践されることが必要となるのである。そこで、以下では、企業のマーケティング行動において、IやIIIの領域がどのようにかかわっているのかを確認することとしたい。

2　マーケティングを通じた社会貢献

マーケティングを通じた社会貢献の典型例として、ここでは、製品・サービスと「I　社会的課題の解決」とを関連づけた取り組みであるコーズリレーテッドマーケティングとフェアトレードについて確認する[3]。

コーズリレーテッドマーケティング

「コーズリレーテッドマーケティグ（cause-related marketing: CRM）」とは、社会的課題（コーズ）の解決を目指して、製品・サービスの収益の一部がNPOなどの慈善団体に寄付される活動である。

CRMが社会的に認知されるきっかけとなったのは、1983年にアメリカン・エキスプレスが行った「自由の女神修復資金寄付キャンペーン」といわれている。これは、同社のカードを使うたびに1セントが、またカードへの新規加入があれば1ドルが、自由の女神の修復金として寄付されるとい

うものである。キャンペーン終了後、その寄付金総額は 170 万ドルとなり、自由の女神の修復運動を実施した財団に贈られた。

この活動は、同社の業績にも好影響をもたらし、前年比で、カード使用率は 28%、新カード発行枚数は 45%増加したという（水尾、2000）。

日本において、CRM が認知され始めたのは、2007 年頃といわれている。具体的な取り組みとしては、ミネラルウォーターブランドである Volvic の「1L for 10L プログラム」があげられる。これは、Volvic の水商品を 1L 購入すると、アフリカのマリ共和国に 10L の水が井戸新設等により創出されるというものである。この取り組みは 2007 年から日本でも開始され、その後、CRM の認知度は徐々に上がっていった。そして、それが飛躍的に拡大するきっかけとなったのは、2011 年 3 月 11 日に発生した東日本大震災である。被災地支援の取り組みとして、収益の一部を NPO に寄付するという CRM を導入する企業が現れるようになった（野村他、2014）。

以上のような社会的課題の解決とマーケティングを結びつけた取り組みは、企業に多くの便益を生み出す。例えば、差別化されたブランドの創出、消費者との強い絆、社員意識の高揚、売上増加などである（コトラー＆ケラー、2008）。

ただし、CRM を実施する場合、通常の寄付とは次の点で異なることを認識する必要がある。第一は、企業による社会貢献の度合いが消費者の行動で左右されること、第二は、慈善団体との公式な同意や調整が必要となることである（コトラー＆リー、2007）。慈善団体に直接寄付をする場合、寄付額は、企業の判断で決定できるが、CRM では、消費者がキャンペーンに積極的に参加しなかった場合、寄付額が小さくなってしまう可能性がある。それゆえ、企業は慈善団体と協力して効果的なキャンペーンを打ち出す必要がある。

フェアトレード

「フェアトレード」（fairtrade）とは、途上国の原料や製品を適正な価格で継続的に購入することにより、立場の弱い途上国の生産者や労働者の生活改善

と自立を目指す「貿易のしくみ」である。原料が生産される途上国では、①正当な対価が生産者に支払われない、②子どもが学校に行けず働かされる、③必要以上の農薬が使用され環境破壊や健康被害をもたらす等の問題が起きている場合がある。国際フェアトレード認証は、「フェアトレード最低 価格」と「フェアトレード・プレミアム（奨励金）」の支払い、長期的な取引、児童労働の禁止、環境に優しい生産等を基準に定め、生産者の生活改善と自立を支援している。

フェアトレード最低価格とは、生産者の持続可能な生産と生活を支えるための価格である。一方、フェアトレードプレミアム（奨励金）は、生産地域の社会発展のための資金であり、生産者で話し合い用途を決め、例えば、学校や井戸などを建てるために使われる。これらの金額は、生産地域の経済状況などを踏まえ、対象物および生産地域ごとに明確に設定されている[4]。国際フェアトレード認証の対象産品は、コーヒー、カカオ、コットン、紅茶、バナナ、花、スポーツボールなど多岐にわたる。

国際フェアトレード認証では、認証取得のための手続きを経なければならない。まず、多くが小規模農家であるため、生産者は、地域で生産者組合をつくり、組織単位で参加する。この生産者組合は、認証機関からの認証を受けるため、国際フェアトレード基準を遵守しなければならない。環境基準を守っているか、強制労働や児童労働などの人権問題がないかなどが確認される。そして、生産物を取引する商社も認証を受ける必要がある。ここで重要な点は、フェアトレード最低価格とフェアトレード・プレミアム（奨励金）の支払いである。さらに、商社と取引をする製造業者も認証を受け、国際フェアトレード認証の対象物が生産工程で区別されているかが確認される。

製品には国際フェアトレード認証ラベルが表示でき（**図表 11.2**）、同ラベルを製品につける許可を受けた主体は、ライセンシーと呼ばれる。製造業者が製品を販売するのであれば、製造業者がライセンシーとなり、小売業者が製造業者に委託して製品を作る場合は、小売業者がライセンシーとなる（野村他、2014）。

フェアトレードは、以上のような取り組みであるため、調達コストが通常の製品よりも高くなる傾向にあるが、通常の取引に組み込まれるため、寄付

図表 11.2　国際フェアトレード認証ラベル
出所：Fairtrade Foundation.

とは異なり、継続的に途上国の生産者を支援することができる。

3　社会的課題の発生防止

　倫理的なマーケティング行動という観点から、「Ⅲ　社会的課題の発生防止」も重要となる。同領域では、主に「コンプライアンス（法令遵守）」への対応が求められる。だが、法規制は、事後的に整備されるため、それに先んじて、企業には、その活動が社会的課題の発生を助長していないかを把握することが必要となる。もし製品・サービスが社会的課題の発生を助長していることが発覚すれば、顧客からの信頼は失墜してしまうだろう。ここでは、社会的課題の中でも、近年、関心が高まっているサプライチェーン（供給網）における人権問題について確認する。

人権を尊重する企業の責任

　企業活動における人権問題は、以前より問題視されていた。1990 年代に社会的な批判を浴びたのは、ナイキの「スウェットショップ（労働搾取工場）」と呼ばれた問題である。ナイキは、アジアの契約会社に生産を委託し、賃金が安価な国で生産するという戦略をとっていた。

しかし、委託先の会社が管理する下請工場の労働環境は劣悪であり、例え
ば、ベトナムの工場では、化学ガスが充満するという危険な状況の中、生産
ノルマの達成に3回失敗した労働者は解雇されるという状況が発生してい
た。これに対し、1990年代を通じて、多くのメディアが、アジア各国にお
けるナイキの労働慣行を批判した（ポスト他、2012）。

　しかし、当時、このような多国籍企業による人権侵害を規制する国際的な
規範は存在していなかった。

　2003年、国際連合で「超国家企業その他のビジネス活動に関する規範」
が起案された。同規範は、企業に対して、その影響力が及ぼす範囲内で、各
国が条約に批准して受け入れてきた人権上の義務を課そうとするものであっ
た。しかし、企業側は、国家に属すると考えられている義務を企業に移転す
ることに激しく反対し、規範が承認に至ることはなかった。

　このような状況を受け、2005年7月、ハーバード大学教授のジョン・ラ
ギー（John G. Ruggie）が「人権と超国家企業及びその他のビジネス活動の問
題に関する特別代表」に任命された。その成果が、2011年3月に公表され
た「ビジネスと人権に関する指導原則（指導原則）」である（ラギー、2014）。

　この指導原則では、「人権を守る国家の義務」「人権を尊重する企業の責
任」「救済へのアクセス」が示されている（United Nations, 2011）。これによ
り、人権問題に対して、国家の義務と企業の責任が明確化されたのである。

人権デュー・ディリジェンスの要請

　指導原則は強制力がないものの、社会に対して重要なインパクトを与えて
いる。とりわけ、同原則で「人権デュー・ディリジェンス（human rights due
diligence）」の枠組みが提示されたことは、企業活動に大きな影響を及ぼすこ
とになった。

　人権デュー・ディリジェンスとは、人権への悪影響を特定、防止、緩和
し、悪影響に対処する措置を説明するためのプロセスである。その対象に
は、サプライチェーンも含まれており、深刻な人権問題が発生するリスクが
ある領域を特定することが必要とされている（United Nations, 2011）。これは、

OECD のガイドラインや各国の法規制にも活用されており、多国籍企業の活動に影響を与えている。

人権デュー・ディリジェンスが活用されている事例としては、紛争鉱物問題があげられる。紛争鉱物問題とは、アフリカのコンゴ民主共和国の東部地区から採掘される鉱物資源を巡る問題である。同地区では、鉱物資源が武装勢力の資金源となっており、児童労働、強制労働、性的虐待などの深刻な人権侵害問題が発生している。これを受け、2010 年 7 月に成立した米国金融規制改革法「ドッド＝フランク法」の 1502 条には、「紛争鉱物の法的規制」が組み込まれた。これにより、アメリカの証券取引所の上場企業は、サプライチェーンを遡ることで、製品に使用される鉱物資源の原産地がコンゴ民主共和国または周辺国であるかを調査し、開示規則が定める必要事項を開示することが要請された。開示規則は、対象となる鉱物資源が上記の国家を原産地とする可能性がある場合、人権デュー・ディリジェンスの実施を求めている（U. S. Securities and Exchange Commission, 2012）。

開示対象期間は 2013 年 1 月 1 日からであったが、紛争鉱物問題への社会的な関心は既に高まっていた。2010 年と 2012 年には、NGO "Enough Project" が紛争鉱物問題に対する企業の取り組みの進捗度を公表した。この中で、任天堂は 2010 年および 2012 年の両方で 0 点と評価された。当時、任天堂は「全製品の製造と組み立てを外部委託していたため、原材料の調達には直接的に関与していない」と認識していた（Sutter, 2012）。しかし、2013 年 6 月、人権団体 "Walk Free" が任天堂に対するキャンペーンを展開し、同社のアメリカ法人には、紛争鉱物問題への対応を求める 50 万もの署名が 64 カ国から届くことになった（Fox News, 2013）。このように、サプライチェーンを遡って人権への影響を把握することは容易でないが、そのような措置を講じなかった企業は、製品の不買運動というリスクにさらされる可能性がある。

指導原則の発行とともに、各国の政府は、指導原則の運用と実践について「国別行動計画（national action plan: NAP）」の策定が求められた。2021 年 10 月時点では、NAP の策定国は日本も含め 26 カ国となる[5]。さらに、いくつかの国は、人権デュー・デリジェンスの実施を企業に要請する国内法の整備

も進めており、例えば、2015年にイギリスで「現代奴隷法」、2017年にフランスで「企業注意義務法」、2018年にオーストラリアで「現代奴隷法」、2019年にオランダで「児童労働デューディリジェンス法」が制定された（Sustainable Japan, 2019）。

　以上を踏まえれば、倫理的なマーケティング行動という観点から、社会的課題の発生を助長する行動を防止するためにも、企業による人権デュー・デリジェンスの実践が重要だと考えられる。

　従来、マーケティングでは、顧客のニーズを見極めてそれに応えることが重要とされてきたが、現在、顧客ニーズの射程には企業活動の倫理面も入るようになっている。それゆえ、マーケティング倫理の枠組みが示すように、これからの企業は、特定の領域に偏った取り組みでなく、多面的な視点からマーケティング行動を実践していかなければならない。

討論のための問い

1. これまでに倫理的な観点から製品・サービスを購入したことはあるだろうか。またCASE11.1や11.2も参照し、これから製品・サービスを購入する際、どのような点を重視したいと思ったか、振り返ってみよう。

2. 「ビジネスはポーカーゲームのようなものであり、狡猾なペテンや真意の隠蔽、不信といった駆け引きの要素が不可欠である。その正・不正の基準は社会に普及している慣習や道徳性とは違う」という考え方がある[6]。この考え方を企業と消費者の関係に適用した場合に、どのような倫理的課題が生じるか考えてみよう。

3. あなたがマーケティング部門の担当者であった場合、どのようなコーズリレーテッドマーケティングを提案するだろうか。事業内容と社会的課題との関連性も踏まえて検討しなさい。

4. 製品の原材料の調達先で児童労働が行われていることが発覚した。しかしその調達先がある地域ではそれは一般的に行われている慣行であり、子供達の収入が家計を支えていた。あなたが経営者であればこの調達先に対してどのような対応をするか検討しなさい。

CASE11.1 森永製菓「1 チョコ for 1 スマイル」[7]

　森永製菓では、コーズリレーテッドマーケティングの取り組みとして、2008 年より「1 チョコ for 1 スマイル」が行われている。この取り組みでは、年 1 回の「特別月間」が設けられ、対象期間に対象商品 1 個につき 1 円の寄付と、年間を通じた寄付が行われている。2021 年 10 月時点では、「1 チョコ for 1 スマイル」を通じて、これまでに約 2 億 8000 万円の寄付が集まった。支援国は、ガーナ、カメルーン、フィリピン、インドネシア、エクアドルである。

　ガーナでは、NGO "ACE" と連携した取り組みが行われており、「1 チョコ for 1 スマイル」の寄付は、主に教育支援に使われている。ココア生産量が世界第 2 位であるガーナでは、家族経営の小規模カカオ農園が多く、カカオ生産に必要な作業を子供が担うことも少なくない。それゆえ、教育を受ける機会が十分に得られず、学力が低い水準に留まるという問題を抱えている。

　これを解決するため、教育ローンを設置し、無利子で教育のための費用を貸し出す取り組みが実施された。また、教育に対する親の意識が子供の教育を妨げる原因となる場合もあるため、親の意識向上を目指し、住民集会を開いて話し合いも行われた。さらに、農園が自立するための支援も実施された。具体的には、専門家によるカカオ生産の指導や小規模ビジネス支援のための貯蓄と融資の仕組みが構築された。2009 年から 2018 年にかけて、これら取り組みの対象となった村では、児童労働がない状態を維持できるようになったという。森永製菓は、その後も、ガーナにおいて児童労働問題の解決に向けた取り組みを継続している。

CASE11.2 アテネオリンピック・パラリンピックにおけるミズノの中国サプライヤー問題

2004年3月、NGOにより「オリンピック・プレイフェア・キャンペーン」が世界的に行われた。これは、アテネオリンピック・パラリンピックの前に実施されたキャンペーンであり、スポンサー企業に対して、スポーツウェアを生産する労働者の労働条件の保証を求めたものであった。スポーツウェア業界にとって、オリンピック・パラリンピックは特定の時期に需要が集中するため、サプライヤーの工場で労働慣行上の問題が生じやすかった。具体的には、納期が急がれ、時間外労働や休日返上、最低賃金が支払われないという問題が発生する可能性があった（藤井・海野、2006）。

ミズノは中国のサプライヤーに問題があると通告を受け、調査の結果、一部の工場において、時間外労働、最低賃金違反、無休勤務の問題が発生していることが判明した。これを受け、ミズノはサプライヤー向けの行動規範を策定した。これには、労働慣行と環境保全慣行の二つを柱とする要求事項が盛り込まれていた。ミズノはサプライヤーに行動規範を配布・説明し、各サプライヤーから規範を遵守するという "Letter of Trust" を取得した。そして、サプライヤーには自主点検用のアンケートも配布された。

しかし、自主点検だけでは行動規範が確実に遵守されているかが明確ではないため、中国の主要サプライヤーを対象に現地を訪問し、サプライヤーの監査も実施された。監査の方針は労働環境の改善であり、問題が発覚したとしても直ちにサプライヤーを変更せず、対話と働きかけで状況の改善が図られた。これは、サプライヤーとの取引を解消しても、労働者が路頭に迷うなどの問題が発生してしまい、根本的な解決にならないからである（藤井・海野、2006）。

現在、ミズノはサプライヤーの行動規範として、ISO26000の観点を加えた「CSR調達行動規範」を定め、これを22の言語に翻訳をして各国のサプライヤーにその遵守を求めている。さらに、ミズノは積極的に情報開示も行っており、同社のホームページには、主要サプライヤーのリスト、新規サ

プライヤー候補に対する「CSR 事前評価」、また、既存サプライヤーに対する「CSR 監査」のプロセスおよび結果の詳細が公開されている[8]。

　平和の祭典となるオリンピック・パラリンピックでは、マーケティグ行動において倫理的側面が重視されている。東京オリンピック・パラリンピックでも、「持続可能性に配慮した調達コード」が定められ、企業には、サプライチェーンにおける環境、人権、労働などに係わる問題への対応が求められた[9]。

◇◇

注

1　インターネットを使ったビジネスが活発化する今日、企業は、IV の領域に反するマーケティグ行動をしていないか留意しなければならない。例えば、人気オンラインゲーム「パズル＆ドラゴンズ」を配信するガンホー・オンライン・エンターテイメントは、同ゲームにおける期間限定の有料電子くじ「ガチャ」の宣伝が景品表示法違反（優良誤認）にあたるとして、2018 年 3 月、消費者庁より課徴金納付命令を受けている（日本経済新聞「ガンホーに課徴金 5000 万円 消費者庁『パズドラ』景表法違反」2018 年 3 月 29 日付朝刊）。

2　エシカル消費とは「より良い社会に向けて、地域の活性化や雇用等を含む人や社会・環境に配慮した消費行動」（消費者庁、2018：196）のことをさす。

3　地球環境への企業の取り組みについては第 12 章を参照のこと。

4　Fairtrade Foundation. "What Is Fairtrade ?", 同財団 HP, https://www.fairtrade.org.uk/what-is-fairtrade/（2020 年 10 月 31 日アクセス）。フェアトレード ジャパン「フェアトレードとは」同団体 HP, https://www.fairtrade-jp.org/about_fairtrade/（2020 年 10 月 31 日アクセス）。

5　OHCHR. "National action plans on business and human rights", 同団体 HP, https://www.ohchr.org/EN/Issues/Business/Pages/NationalActionPlans.aspx（2022 年 1 月 6 日アクセス）

6　Albert Z. Carr（1968）Is Business Bluffing Ethical? *Harvard Business Review*, 46（1）, January–February, pp. 143–146。

7　森永製菓「1 チョコ for 1 スマイル」同社 HP, https://www.morinaga.co.jp/1choco-1smile/（2022 年 1 月 6 日アクセス）。

8　ミズノ「CSR 調達」同社 HP, https://corp.mizuno.com/ja-JP/csr/partner（2020 年 10 月 31 日アクセス）。

9　東京オリンピック・パラリンピック競技大会組織委員会（2019）「持続可能性に配慮した調達コード（第 3 版）」同委員会 HP, https://olympics.com/tokyo-2020/ja/games/sustainability/sus-code（2020 年 10 月 31 日アクセス）。

参考文献

Fox News（2013）Nintendo Slammed Over 'Blood Chemicals.'（June 26, 2013）

Kotler, P., & Keller, K.L.（2006）*Marketing Management*（12th ed.）. Prentice Hall（恩藏直人監修、月谷真紀訳『コトラー & ケラーのマーケティング・マネジメント（第12版）』ピアソン桐原、2008年）

Kotler, P., & Lee, N.（2005）*Corporate Social Responsibility: Doing the Most Good for Your Company and Your Cause.* Wiley（恩藏直人監訳『社会的責任のマーケティング：「事業の成功」と「CSR」を両立する』東洋経済新報社、2007年）

Post, J.E., Lawrence, A.T., & Weber, J.（2002）*Business and Society: Corporate Strategy, Public Policy, Ethics.* Mcgraw-Hill College（松野弘・小阪隆秀・谷本寛治監訳『企業と社会：企業戦略・公共政策・倫理（下）』ミネルヴァ書房、2012年）

Ruggie, J.G.（2013）*Just Business Multinational Corporations and Human Rights*, W.W.Norton & Company（東澤靖訳『正しいビジネス：世界が取り組む「多国籍企業と人権」の課題』岩波書店、2014年）。

U. S. Securities and Exchange Commission（2012）Conflict Minerals, Release No. 34-67716（Final Rule）

Sustainable Japan（2019）「【人権】グローバルで高まる人権デューデリジェンス義務化の動きと背景〜差し迫る日本企業への対応要請〜」2019年12月23日

Sutter, J. D.（2012）Tech Companies Make Progress on 'Blood Phones' and 'Conflict Minerals'. CNN Business. August 16, 2012

United Nations（2011）Guiding Principles and Human Rights: Implementing the United Nations "Protect, Respect and Remedy" Framework.

消費者庁（2018）「平成30年版 消費者白書」消費者庁

野村尚克・中島佳織・デルフィス・エシカル・プロジェクト（2014）『ソーシャル・プロダクト・マーケティング：社会に良い。信頼されるブランドをつくる3つの方法』産業能率大学出版部

藤井敏彦・海野みづえ編（2006）『グローバルCSR調達：サプライチェーンマネジメントと企業の社会的責任』日科技連出版社

水尾順一（2000）『マーケティング倫理：人間・社会・環境との共生』中央経済社

（藤原達也）

第 12 章

環境経営

　企業活動がグローバル化する現代社会において、環境問題は、もはや国内だけの議論に留まるものではない。地球温暖化問題をはじめ、森林資源の減少や水資源の汚染など、世界の至るところで、人々の暮らしや生態系が脅かされている。企業自身も、大雨や洪水で工場や製品が流されてしまう等、サプライチェーンが断絶するリスクに直面しており、経済優先で進めてきた結果、それが巡りめぐって産業・経済に被害をもたらすという、負の連鎖に陥ろうとしている。

　このような状況の中、持続可能な社会の実現に向けて環境経営を推進していくことが、企業に今、求められている。環境経営とは、Economy（経済）、Ecology（生態環境）、Ethics（倫理）が一体となって同化した持続可能な企業のマネジメントである（鷲尾、2002）。企業は、この三つの間でバランスを取り、環境問題の解決と経済的価値創出の両立をめざした経営を実践していくことが期待される。さらに、投資家たちの理解を得て投資を呼び込み、企業価値を高めていくためにも、企業は、温暖化対策や生物多様性の保全活動に対する評価等の非財務情報を開示し、環境経営のさらなる発展を目指していく必要がある。

1　環境経営の潮流

　第二次世界大戦後、今では先進諸国と呼ばれる国々が、著しい経済成長を

果たし、便利で物質的に豊かな社会を形成していった。だが、その豊かさ
は、自然環境への配慮を怠り、経済優先で企業活動を推し進めてきた結果で
もあった。例えば、日本においては、戦後復興を経て高度経済成長期に入
り、企業活動が次第に活発になる中、大気汚染や水質汚濁を原因とする公害
が社会問題化した。これを契機として、企業に環境への配慮を求める国内法
の整備が進むこととなった。そして現在、企業の影響力が拡大する中、環境
経営への要請は、グローバルレベルで高まってきている。

　本節では、まず日本の公害問題の歴史を振り返り、その後、国際社会によ
る環境経営の要請に関する近年の動向を説明する。

日本における公害問題

　公害は、「経済活動から生まれる有害物質・行為によって環境が汚染され、
人の健康や生活侵害が起こる現象である」と定義されている（宮本、2017：
3）。戦後、日本においては、生産設備等の輸出製品を製造する重化学工業の
台頭による汚染負荷の増大に加え、経済成長を最優先する政策も、結果とし
て環境への重圧になった（環境省、1999）。

　日本における公害問題の原点といわれる水俣病は、当時の日本窒素肥料の
工場排水によって汚染された海域に生息する魚介類を食し、体内に有機水銀
が取り込まれることで引き起こされた。同様に、新潟県阿賀野川流域では、
昭和電工の工場排水を原因とする新潟水俣病が発生、富山県神通川流域では
銅精錬工場のカドミニウムの影響によるイタイイタイ病、また、三重県四日
市市の石油コンビナートから排出されたばい煙による、四日市ぜんそくが発
生している。

　これらは日本の四大公害と名づけられ、後に訴訟にまで発展し、
1971～73年の第一次判決では被害者側の主張が認められることになった。
このように公害問題への社会的な関心が高まる中、1970年には「公害対策
基本法」の改正により、国民の健康を保護するため、経済に優先して環境を
保全していくことが明確化され（環境省、1975）、日本の産業界の姿勢に大き
な転換を促す機会となった。

国際社会による環境経営の要請

　公害問題の発生を経て、日本の企業では、環境対策が行われるようになった。しかし、自社の公害対策だけでは、企業が環境経営を実現しているとはいえない。なぜなら、グローバル化が加速する現在、企業は世界各地に広がりを持つステークホルダーの環境対策を始めとするニーズを理解し、その要請に対応する形でビジネスを行うことが求められているからである。

　1972 年、国連として環境問題を議論する初めての国際会議となる「ストックホルム国連人間環境会議」が開催された。会議にて採択された「人間環境宣言」において、人間環境の保全と向上に関し、世界の人々を励まし、導くための共通の見解と原則が示された。1987 年には、「環境と開発に関する世界委員会（ブルントラント委員会）」が報告書の中で、「将来の世代の人々が自らのニーズを満たす能力を危険にさらすことなく、現状のニーズを満たす発展」という、「持続可能な開発（sustainable development）」の概念を提唱した。

　その背景には、経済の発展とともに、企業による環境破壊が国際社会で問題になっていた点があげられる。1989 年、エクソンの大型タンカー「バルティーズ号」がアラスカ沖で座礁し、生態系に大きな被害を及ぼした。この事故を受け、「バルティーズ原則」が提唱されて以降、グローバルレベルで、企業に対して自発的な環境配慮行動を求める動きが広がりを見せた。1992 年に開催された国連環境開発会議「リオ地球サミット」では、「持続可能な開発」が行動計画「アジェンダ 21」と共に採択され、環境保全の在り方をグローバルレベルで示す基本理念となった。1999 年のダボス会議では、当時のコフィ・アナン国連事務総長によって「国連グローバル・コンパクト」が創設され、環境を始め、人権、労働、不正・腐敗防止に関する原則が制定された。本原則に署名した企業は、持続可能な社会の実現に向け、経営トップのコミットメントのもとに、環境に配慮した事業活動が求められることになった。

　1996 年には、国際標準化機構（ISO）から、ISO14001 環境マネジメントシステム規格が発行され、企業の環境経営の推進に大きな役割を果たすこと

となった。また、2010年には、認証規格ではなく「ガイダンス規格」にとどまるが、社会的責任に関する国際規格としてISO26000が発行され、七つの中核主題の一つに「環境」が設定された。

その後、2015年9月には、2001年に策定された「ミレニアム開発目標（MDGs）」の後継として、国連サミットで「持続可能な開発目標（SDGs）」が採択され、国際社会全体で取り組むべき社会的課題の一つとして、環境問題に対するアクションを、企業を始めとするステークホルダーらに求めるに至った。

さらに近年、企業には、環境問題への取り組みだけではなく、それらの情報開示が必要となってきている。例えば、2014年には、欧州議会で承認されたEU会社法改正案による非財務情報開示指令等の影響を受け、また、日本においても、2015年の年金積立金管理運用独立行政法人（GPIF：Government Pension Investment Fund）による、国連責任投資原則（PRI：Principles for Responsible Investment）への署名の影響でESG投資の活性化が進んでいる[1]。すなわち、企業価値の評価においては、環境（E）、社会（S）、統治（G）に関する非財務情報の開示が重視されつつある。投資家が企業を評価するにあたり、従来の温暖化対策から、水戦略[2]等の自然資本に注目する動きも高まりつつあり、イギリスの国際環境NGO "CDP" は企業の環境格付けにあたって、2015年から、温暖化対策のみならず、自然資本に対する企業戦略の採点結果も公表している（藤田、2017）。

このように、企業は自社だけではなく、世界各地に広がるサプライチェーン全体に対しても責任をもたなければ経営を持続できなくなっているため、2次、3次サプライヤーと連携し、温暖化対策をはじめ、森林資源や水資源、生物多様性[3]の保全等の自然資本に配慮し、新たな製品やサービスをつくり出す必要がある。すなわち、環境破壊の防止、破壊された環境の回復、そして、環境を通じて新たな価値を創造すること、これらすべてを念頭に置き、世界各地に広がるステークホルダーと連携して、ビジネスを行うことが企業には求められているのである。

2 企業と気候変動問題

　昨今、さまざまな環境問題の中でも、特に、気候変動の問題が深刻化の一途を辿っている。温室効果ガス濃度の高まりにより、20世紀末と比較すると21世紀末には世界の年平均気温が0.3〜4.8℃上昇すると予測されており（環境省他、2018）、気温上昇の影響によって、地球全体が、異常気象や海面上昇等の深刻な問題に直面している。これはもはや、一カ国単独で解決できるものではなく、世界規模で連携し、取り組まなければならないテーマとなっている。本節では、気候変動問題に関する国際社会の動向を整理した後、関連するイニシアティブに言及し、気候変動問題に対して期待される企業の貢献について確認する。

気候変動問題に対する国際社会の動向

　先述の国際環境開発会議「リオ地球サミット」では、大気中の温室効果ガス濃度を安定化させることを究極の目標とする「国連気候変動枠組条約」が採択されている。これにより、1995年以降毎年「気候変動枠組条約締約国会議（COP）」が開催され、地球温暖化対策に世界全体で取り組んでいく機運が高まっていった。1997年には、京都で開催されたCOP3で「京都議定書」が採択され、先進国全体の温室効果ガス排出量を、2008年から2012年までの間に1990年比で少なくとも5%削減する目標が設定された。

　しかし京都議定書は、中国を始めとする新興国・途上国には削減義務はなく、アメリカも批准しないなど、温室効果ガス排出量削減に対し、グローバルレベルでの足並みは揃わなかった。その後、2015年にパリで開催されたCOP21では、2020年以降の温室効果ガス排出削減などの新たな枠組みとして、「パリ協定」が採択された。パリ協定では、世界全体の平均気温の上昇を産業革命以前よりも2℃高い水準を十分に下回るものに抑え、1.5℃に抑える努力を追求することが目的として設定された（United Nations, 2016）。さらに、パリ協定では、京都議定書では削減義務がなかった新興国・途上国を含め、全ての参加国に排出削減の努力を求めている。この意味において、

国際社会全体が、世界共通の長期目標の達成に向けて、「低炭素」から「脱炭素」へと動き出し始めたのである。しかし、2021 年 11 月の COP26 では、成果文書において 1.5℃目標の達成に向けた努力を追求していくことが明記されたものの、石炭火力について参加国全体で「段階的な廃止」の合意を得られなかったなど（United Nations, 2021）、参加国間の対立が依然として残ったままである。このような状況の中、気候変動問題において、企業の主体的な取り組みが期待されている。

気候変動問題に関するイニシアティブ

　気候変動問題に対する取り組みの柱には、「緩和」と「適応」がある。「緩和」とは、温室効果ガスの排出削減や吸収の対策を実施することであり、具体的には、省エネの取り組みや、再生可能エネルギー等の低炭素エネルギーの普及があげられる。一方、「適応」とは、気候変動の影響を防止し軽減するために備えること、また、新しい気候条件の利用を行うことである。渇水対策や熱中症の早期警告インフラ整備等が具体例である（JCCCA, 2013）。「気候変動に関する政府間パネル（IPCC）」によれば、「緩和」と「適応」の両者に取り組み、相互に補完し合うことで、気候変動に対するリスクを低減させることが期待されている（IPCC, 2007：19）。しかし、留意しなければならない点として、年々、気候変動問題に関して企業に求められる取り組みの範囲が拡大していること、また、情報開示の質と信頼性を高めることが求められている点があげられる。

　範囲の拡大としては、企業による温室効果ガスの排出が、スコープという枠組みでとらえられており、自社工場などの直接排出量（スコープ1）や電力など自社で購入および消費したエネルギーに対する間接排出量（スコープ2）だけではなく、企業活動に関連する他社の排出（スコープ3）も含めたサプライチェーン全体での排出量の把握が求められる（WRI & WBCSD, 2004）。

　情報開示の質と信頼性が要請されるようになったのは、投資家等に対して、企業による気候変動の影響に関する情報開示が不透明であったためである。これまでにも、環境保全対策による効果や経済効果を集計する環境会計

の取り組みによって、製品使用時における CO_2 排出削減量や、使用済み製品の再資源化量等の非財務情報の開示が試みられてきたが、気候変動がもたらす被害が深刻化していることから、事業を通じた気候変動への影響とそれに対するアクションを、より精緻に開示することが求められるようになった。

　具体的には、2017 年、「気候関連財務情報開示タスクフォース（TCFD）」から、気候変動のリスク・機会に関する情報開示の枠組が提示され、「シナリオ分析」に基づく情報開示が重視されるようになった点が特徴としてあげられる（TCFD, 2017）。シナリオ分析とは、パリ協定の目標を前提として、想定される複数の将来（シナリオ）に対して、企業がどのように対応していくのかを分析することである。例えば、再生可能エネルギーのさらなる普及など、グローバルレベルで、さまざまな変化が発生することが推測されるが、想定される複数のシナリオに対し、どのような対応が必要とされるか、企業は説明することが期待されている。投資家を始めとするステークホルダーとの間でエンゲージメントを強化するためにも、企業財務への影響も含め、気候変動問題に関する質と信頼性を確保した情報開示が求められている。

　日本国内でも、2022 年 4 月から、東京証券取引所に上場する企業の一部において TCFD に基づく情報開示が実質的に義務化されることになった。企業活動による影響を正確に把握することは容易ではないが、気候変動に対する企業の影響力が増し、その影響力が深刻化の一途を辿っている中、気候変動問題への対応強化が、グローバルレベルで企業に求められているのである。

討論のための問い

1. CASE12. 1 や 12. 2 を参考に、ISO14001 の認証取得を始めとする日本企業の環境経営において、グッドプラクティスといえる事例を一つとりあげ、なぜグッドプラクティスであると思うのか、その理由も交えて説明しなさい。

2. 上記で取り上げた企業における環境リスク要因とその対応策をあげなさい。またそれについて、ISO14001 の認証取得企業を数社あげ、環境活動が優れていると思う順に順位づけしなさい。また、その理由も説明しなさい。

3. 企業の環境経営を後押しするのに、投資家や消費者はどのような行動選択が必要か、考えなさい。

◇◇◇

CASE12.1 川崎汽船「DRIVE GREEN PROJECT」[4]

　航空機、鉄道等の輸送手段と比較すると船舶は環境負荷が低いものの、舶用ディーゼル機関は重油を燃料とすることもあり、川崎汽船は 2020 年 6 月に改訂した「"K" LINE 環境ビジョン 2050」において、国際海事機関が定める 2030 年目標を上回る「CO_2 排出効率 2008 年比 50% 改善」の目標を設定している。この目標達成に向けた重要なマイルストーンとして 2021 年 3 月に竣工したのが、液化天然ガス（LNG）を燃料とする自動車運搬船「CENTURY HIGHWAY GREEN」である。同船は従来の重油燃料の船に比べ、CO_2 の排出を 25%〜30%、大気汚染の原因となる硫黄酸化物（SOx）の排出をほぼ 100%、LNG 燃料の使用に加え EGR（Exhaust Gas Recirculation）を使用することにより窒素酸化物（NOx）の排出は 80%〜90% の削減を見込む次世代型環境対応船である。

図表 12.1　「CENTURY HIGHWAY GREEN」
出所：川崎汽船より提供

川崎汽船は、海運業を母体としていることからも、世界中の海上を移動し貨物を届けるうえで、地球規模の低炭素社会の構築に取り組み、事業活動におけるあらゆる環境リスクを考慮し、その対策に努めている。運航中のCO₂排出量削減はもちろん、船舶が港に停泊中に安定を保つバラスト水には海洋生物が含まれていることから、生物の少ない洋上でバラスト水を入れ替えて生態系への影響を小さくしたり、船舶リサイクルにおける労働災害や、土壌汚染・水質汚染等の環境汚染を自社独自のチェックリストを用いた環境影響評価により最小限にしたりする取り組みを行っている。

このような取り組みが国際的にも評価され、イギリスの国際環境NGO"CDP"が毎年調査を行っている企業の気候変動対策評価において、2021年、最高評価のAリストに格付けされた。

◇◇

CASE12.2 キリングループのシナリオ分析[6]

2018年、キリングループは、日本の食品業界で初めて気候関連財務情報開示タスクフォース（TCFD）提言への賛同を表明し、シナリオ分析を継続的に実施している。2018年のシナリオ分析では、IPCCの「代表的濃度経路（RCP: representation concentration pathways）」と「共通社会経済経路（SSP: shared socioeconomic pathways）」を組み合わせたシナリオが設定された。それ以降、キリングループのシナリオ分析では、主に、「社会経済の持続可能な発展が進む中、気温上昇を2℃以下に抑えるシナリオ」（SSP1・RCP2.6シナリオ）と「社会経済が望ましくない方向に向かう中、4℃の気温上昇が起きるシナリオ」（SSP3・RCP8.5シナリオ）が使用されている。

2021年におけるシナリオ分析では、「事業リスク」と「社会影響」に整理することで、上記二つのシナリオに応じた財務インパクトが試算された。具体的な事業リスクとしては、「農産物収量減による調達コストの増加」「カーボンプライシング[7]によるエネルギー費用増」「渇水による操業停止」「洪水による操業停止」「渇水・洪水による原料農産物収量減」があげられている。

図表 12.2　シナリオ分析と戦略

[出所]「キリングループ環境報告書 2021」p. 13

　例えば、農産物収量減については、4℃の気温上昇が起きた場合、渇水・洪水による影響も含め、価格変動の中央 50% が含まれる範囲で約 30〜120 億円の調達コストの増加と試算された。一方、具体的な社会影響としては、「熱中症救急搬送人口の増加」「感染症に晒される人口の増加」があげられている。例えば、4℃の気温上昇が起きた場合、感染症に晒される人口の増加が予想され、2030 年のアジアの免疫関連市場全体は、7,500 億円程度になると試算された。これは、2020 年と比べ、約 1.8 倍の市場規模である。

　2020 年のシナリオ分析では、農産物収量減の財務インパクトは、具体的な数値で開示されていなかったが、2021 年では、その数値が開示された。このことから、キリングループのシナリオ分析は、年々精緻化していると理解できる。

　キリングループでは、シナリオ分析の結果が長期的な戦略にも反映されている。2020 年 2 月に発表された「キリングループ環境ビジョン 2050」は、シナリオ分析の結果を反映して改訂・策定された。同ビジョンを達成するための具体的な取り組みでは、気候変動問題への緩和策として、RE100[8]への加盟や SBT1.5℃目標の設定[9]、キリンビール名古屋工場・仙台工場やオーストラリアのグループ子会社（ライオン社）による使用電力の再生可能エネルギー由来電力 100% 化の取り組みが進められている。適応策としては、スリランカ紅茶農園で 2013 年から継続している持続可能な農園認証取得支援のベトナムのコーヒー農園への拡大やスリランカ紅茶農園内の水源地保全活動がある。事業機会としては、感染症の拡大という社会課題に対して免疫を維持する商品での貢献が期待されている。これら取り組みの実践には、シナリ

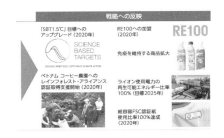

オ分析の結果が生かされており、気候変動をはじめとしたさまざまな環境課題は、各事業会社の経営戦略・目標にも落とし込まれている。

　なお、キリングループも、2021 年、"CDP" による気候変動対策評価において、最高評価の A リストに格付けされた。

◇◇◇

注

1　PRI や ESG 投資については第 9 章を参照のこと。

2　企業にとって水資源は生産工程で欠かせない貴重な資源であるが、世界人口の増大により、水不足に陥る地域の拡大が懸念されている。OECD（2009）によると、2030 年までに深刻な水不足に見舞われる地域の人口が 39 億人に及ぶと予想されており、この水危機に対する戦略の策定・実行が企業に求められている。

3　生態系が有する多様性のこと。①種内の多様性（遺伝子の多様性）、②種間の多様性、③生態系の多様性の三つがある（藤田、2017）。

4　本ケース作成にあたっては以下の資料を参照した。

・川崎汽船株式会社（n. d.）「事業活動と地球環境の関わり」https://www.kline.co.jp/ja/csr/environment/regulation.html#001（2020 年 8 月 17 日アクセス）

5　バラスト水とは、大型船舶が航行時のバランスをとるために船内に貯留する海水のこと。主に船舶が空荷の時に、喫水を確保し、船舶を安定させるため、「おもし」として積載する。バラスト水については、例えば日本で取りいれたバラスト水を荷物を積むオーストラリアで排出すると、日本で積んだ海水に含まれるプランクトンなど、日本の生物がオーストラリアの海の生態系を崩す恐れがあるという問題がある。

6　本ケース作成にあたっては以下の資料を参照した。

・キリングループ（2018）「キリングループ環境報告書 2018」

・キリングループ（2020）「キリングループ環境報告書 2020」

・キリンホールディングスホームページ「シナリオ分析（TCFD）」https://www.kirinholdings.com/jp/impact/env/tcfd/（2021 年 1 月 24 日アクセス）

7　排出者の行動を変えるために炭素に価格を付ける政策手法。例えば、「炭素税」では、燃料や電気の利用などで発生した二酸化炭素に対して、その排出量に比例した課税が行われる。環境省「カーボンプライシング」https://www.env.go.jp/earth/ondanka/cp/index.html（2022 年 1 月 26 日アクセス）

8　Renewable Energy 100 の略称。RE100 は、企業が自らの事業活動の使用電力を 100% 再生可能エネルギー由来でまかなうことを目指す国際的なイニシアティブである。石炭、石油、天然ガスなどの化石燃料とは異なり、太陽光、風力、水力、地熱、バイオマスなどの再生可能エネルギーを利用した場合、発電時に温室効果ガスが発生しない。2020 年 11 月、キリングループは、RE100 に加盟し、2040 年までに使用する再生可能エネルギー由来の電力比率を 100% にすることを目指している。

9　SBT は、「科学的根拠に基づいた排出削減目標（Science Based Targets）」の略称。企業の中長期的な温室効果ガス排出削減目標は、定められた基準を満たすことで、SBT イニシアティブから SBT として認定を受けられる。当初、パリ協定を踏まえ、2℃目標が SBT の基準となっていたが、2018 年 10 月の IPCC の「1.5℃特別報告書」を受け、1.5℃目標に対応した基準の見直しが行われた。キリングループは、2020 年 12 月に SBT の 1.5℃目標の認定を受け、2030 年までに 2019 年比で、温室効果ガスのスコープ 1 とスコープ 2 の合計を 50%、スコープ 3 を 30% 削減することを目指している。なお、2021 年におけるキリングループのシナリオ分析では、カーボンプライシングの影響評価において、1.5℃シナリオが使われている。

10　図表 12.2 内の FSC 認証とは、FSC（Forest Stewardship Council：森林管理協議会）が運営する国際的な制度であり、持続可能な森林管理および収穫された木材の加工・流通過程を認証し、その木材で製造された製品に FSC ロゴをつける取り組みである。FSC ジャパンホームページ, https://jp.fsc.org/jp-ja（2022 年 1 月 27 日アクセス）

参考文献

IPCC（2007）「気候変動 2007：統合報告書　政策決定者向け要約」

JCCCA（2013）「IPCC 第 5 次評価報告書特設ページ」. https://www.jccca.org/ipcc/ar5/kanwatekiou.html（2020 年 8 月 21 日アクセス）。

OECD（2009）Managing Water for All

SBTi（2021）Science Based Targets initiative Business Ambition for 1.5° C Commitment Letter Guidelines and Frequently Asked Questions Version 1.5 - August 2021.

Task Force on Climate-Related Financial Disclosures（TCFD）（2017）Final Report:

Recommendations of the Task Force on Climate-related Financial Disclosures

United Nations（2016）Report of the Conference of the Parties on its Twenty-First Session, held in Paris from 30 November to 13 December 2015, FCCC/CP/2015/10/Add.1.

United Nations（2021）Glasgow Climate Pact, advance unedited version, 13 November 2021

WRI ＆ WBCSD（2004）The Greenhouse Gas Protocol A Corporate Accounting and Reporting Standard Revised Edition

環境省（1975）「昭和 50 年版環境白書」

環境省（1999）「平成 11 年版環境白書」

環境省・文部科学省・農林水産省・国土交通省・気象庁（2018）「気候変動の観測・予測及び影響評価統合レポート 2018〜日本の気候変動とその影響〜」

藤田香（2017）『SDGs と ESG 時代の生物多様性・自然資本経営』日経 BP 社

宮本憲一（2017）「日本の公害問題の歴史的教訓」『滋賀大学環境総合研究センター年報』第 14 巻第 1 号、3-19 頁

鷲尾紀吉（2002）「環境経営の概念に関する一考察」『名古屋産業大学・名古屋経営短期大学環境経営研究所年報』第 1 巻、23-35 頁

（石田満恵・藤原達也）

AI と倫理

近年、コンピュータの性能の向上などを背景に、人工知能、いわゆる AI（Artificial Intelligence）の利活用が進みつつある。その使われる文脈によって AI は多義的な意味をもつが、ここではコンピュータによる知的活動という比較的広い意味でとらえ、議論を進める。AI は、企業のサーバーシステムに蓄積される膨大な顧客情報などビッグデータの分析や、オンラインショッピングにおける消費者の選好に合わせた商品のオススメ機能など、ビジネスや生活一般に利益をもたらす一方で，これにかかわる問題も生じさせている[1]。

そのうち典型的なものは、AI に何ができて、何ができないかに関する技術的な問題である。これは極めて科学的な議論である。一方で、AI の開発に伴って生じる倫理的な問題もある。これは AI を利用する全ての人や企業にかかわるもので、本章では、この倫理的な問題に焦点を当て、自動運転車や AI 採用などの事例を取り上げながら、AI の利用に伴うさまざまな倫理的課題とその対応策について検討する。

1 AI になぜ倫理が必要か

なぜ AI の倫理について考える必要があるのだろうか。ここではまず、哲学における古典的な問いである、トロッコ問題について考えてみよう。

トロッコが線路上を走っている。トロッコのブレーキが壊れてしまい、そのまま進むと五人の作業員をひいてしまう。ここで分岐線へと進路を変えれ

ば、進路を変えたその先で作業する一人の作業員をひいてしまう。ここでの問いは、五人を救うために一人を犠牲にしてよいかという点にある。これは哲学的な論争の的となっていたが、非現実的だとも指摘されてきた。しかし、AIの発展により、この問いの重要性が高まっている。

　現在AIの実用化が目指されている自動運転車の仮想的事例を考えてみよう。走行中の自動運転車の進路に、子どもが飛び出してきたとする。急ブレーキは間に合わず、直進すれば子どもをひいてしまう。ハンドルを切れば子どもを避けることができるが、その先には老夫婦がいる。自動運転車はハンドルを切るべきだろうか。

　このような状況下で自動運転車がどのようにコントロールされるべきかについて考えるとき、倫理的な問題が生じる。多数の人が救われるべきだろうか[2]。それとも、年齢など何か他の基準に従うべきだろうか。もし年齢であれば、若い人が救われるべきだろうか、それとも……。こうした問題は、絶対に事故のない自動運転車が実現されるまで常に浮上する。自動運転車という比較的単純な事例でも、なぜAIに倫理が必要かについて考える手掛かりとなることがわかるのではないだろうか。

責任の所在

　ここまで自動運転車と一括りに表現してきたが、実際にはシステムの性能によって6段階のレベルに分類されている（**図表13.1**）。レベルを分類する定義はいくつかあり、それによって若干差はあるものの、概ね図表のように整理できる[3]。

　完全に運転操作をAIのシステムが行うレベル5が実現するまでの過渡期には、システムと運転手の双方が運転に関与することになる。そのために、自動運転車が起こした事故の責任が曖昧なものとなりやすい。

　一般的な自動車事故では運転手がその責任を負う。しかし、自動運転車には、従来のような「運転手」が必ずしも存在しない。では、自動運転車が起こした事故の責任は誰が負うべきだろうか。

　まず考えられるのは、乗員である。事故が生じた際に乗員が責任を負うの

レベル	特徴	運転操作
0	運転操作（走る、曲がる、止まる）を運転手が行う	運転手
1	運転操作の補助の一部をシステムが行う	運転手
2	運転操作の補助の複数をシステムが行う	運転手
3	システムが運転操作を行い、非常時に運転手が操作する	運転手・システム
4	条件付きでシステムが運転操作を行う	システム
5	完全にシステムが運転操作を行う	システム

図表 13.1　自動運転のレベル

［出所］SAE　"SAE J3016TM Levels of Driving Autmation™"（https://www.sae.org/blog/sae-j3016-update , 2021 年 10 月 20 日アクセス）を参考に本章筆者作成

は比較的わかりやすいだろう。それでは、自動運転車が無人である場合はどうだろうか。たとえばレベル 5 の自動運転車が、運転手なしで貨物を目的地まで運ぶ場合である。答えは明確である。存在しない運転手に責任を負わせることはできない。

　車のオーナーが責任を負うと考えてみてはどうだろう。ペットが生じさせた損害を飼い主が負うことからも、これは無理のないように考えられるかもしれない。しかし、運転していない、その場にすらいないオーナーに責任を負わせることには違和感を覚えるかもしれない。

　すると、自動運転車を製造した、より正確には自動運転の AI を開発したメーカーに製造物責任を負わせることが考えられる。しかし、AI を搭載した自動車による事故の責任をメーカーに負わせれば、メーカーは多額の賠償金を恐れて開発・製造を諦めるだろう。

　このように AI の開発に伴って、既存の責任の考え方は揺るがされることになる。AI の技術的な発展が、新たな倫理的問題を生じさせている。

アルゴリズムバイアス

　次に AI 採用について考えてみよう。企業における採用活動も比較的 AI の導入が進んでいる領域である。

　どのような事業活動にも人が必要である[4]。しかし、誰でもよいわけではなく、高い能力を備え、その会社の文化にあった人材が求められる。そのた

めに履歴書や面接を用いて採用活動が行われてきた。このとき応募者は採用担当者の目で判断される。

このような伝統的な採用活動から一歩進んで、2010年代からこの判断について AI の力を借りる、またはより積極的に AI に任せるような動きも HR Tech[5]の一部として広がっている。これには大きな利点がある。人とは異なり AI は疲れることがない。何百枚もの履歴書やエントリーシートを見て疲れ切った人の目よりも、AI は一貫性のある判断ができる。また、一見しただけでは識別が難しいコピペの発見も AI であれば比較的容易に行うことができる。

しかし、AI を用いた人材採用も万能ではない。よく知られたものに、アルゴリズムバイアスがある。これは社会にすでにあるバイアスが AI にも引き継がれてしまうことで、バイアスが維持・強化されることをいう。人材採用において AI を導入する際に、特定の性別や人種を優遇するシステムが開発されることがある[6]。結果的に、AI の導入が差別をもたらすことや助長することにつながる。

ここでもまた、能力の高い人や企業文化に合う人を選抜するという AI の技術的な側面と、差別なく選別するという AI の倫理的な側面の両方が求められることがわかる。

労働の代替可能性

ここまで AI の実社会における利用例として、自動運転車と人材採用を取り上げた。開発が進めば、AI が人間以上にうまくできる仕事の幅は広がるだろう。労働人口のおよそ半数が就業している職業が、10〜20年後に AI やロボット等で代替可能になるとの試算も2015年に公表されている[7]。

かつて産業革命期には、手工業から機械工業へと産業のあり方が変化した。このような大きな変化が、AI によってなされるかもしれない。例えば自動運転が実用化されれば、トラックやタクシーの運転手は職を失うだろう。また、各企業において AI 採用が拡大すれば、人事部の人員も一部不要になるだろう。

しかし、AIが代替可能な仕事を全て行うべきだと結論づけることはできない。第一の問題は、労働を通じた人間の成長である。多くの人は数十年にわたって労働にかかわり、（無意識に）技術的・精神的に成長する。AIがある段階まで発達し、人に代わって判断を下すようになったとき、難しい判断を求められる機会や、それを通した成長の機会は失われる。また、AIに取って代わられた職種に就いていた人々は、その仕事を通じたある種の人生の意味を見失うだろう[8]。これは、AIとの共存が当たり前となったAI導入後の世代ではなく、AIの普及期の世代に特に重くのし掛かる。

　第二の問題として、受け手の心情がある。あることをAIができるかどうかということと、それをAIに行ってもらいたいかどうかということの間には溝がある。あることをAIができるというのは、例えばAIが医師と同じように（またはそれ以上に）正確な診断を下せるようになるようなことである。また、看護や介護もAIを搭載したロボットの方が、看護師や介護士よりも効率的にサービスを提供できるかもしれない。教育についても、教師よりもAIの方がうまく情報を伝達できるかもしれない。さらに、チェスや囲碁、将棋などは、既にAIがプロに勝利している。しかし、これらを誰に行ってほしいかという人々の希望や意見もまた無視することが難しい。つまり、「何をAIに任せてよいのか」や「何をAIに任せるべきか」、「AIの方が上手くできることでも、人が行う方が何らかのよさがあるのではないか」という点について配慮が必要となる。代替可能であることは、代替すべきであることを意味しない。

　第三の問題は、本章で既に紹介した自動運転車やAI採用をめぐる課題にも通底するAIへの倫理の実装である。社会のさまざまな事柄にAIがかかわってくる中で、AIの判断が倫理的によい（または少なくとも悪くない）ものとする必要がある。さもなければAIは社会にとって有害なものとなってしまうだろう。

　そこで、次節では「AIの倫理はどのようなものであるべきか」について、考えてみよう。

2　AI の倫理はどのようなものであるべきか

AI の倫理については、現実の社会で議論される以前からフィクションの世界で取り上げられてきた。とりわけ、アイザック・アシモフ（2004）のSF 小説で提示された「ロボット工学の三原則」が有名である。

第 1 条　ロボットは人間に危害を加えてはならない。また、その危険を看過することによって、人間に危害を及ぼしてはならない。

第 2 条　ロボットは人間にあたえられた命令に服従しなければならない。ただし、あたえられた命令が、第 1 条に反する場合は、この限りではない。

第 3 条　ロボットは、前掲第 1 条および第 2 条に反するおそれのないかぎり、自己をまもらなければならない。

この原則は簡潔だが、多様な解釈を生むものでもある。たとえば人を押し飛ばすのは危害とみなされるだろう。しかし、たとえば車に轢かれそうな人がいる場合、（たとえ緊急避難であっても）押し飛ばすこと自体を危害と考えるか、押し飛ばさなかったことを危険の見過ごしととらえるかで、AI がとるべき行為は異なる。このような多様な解釈の可能性は、SF の世界観に魅力を与えこそすれ、現実社会では大きな弱点となる[9]。

かつてフィクションであった AI のある社会が現実的なものとなるにつれて、実際の社会でも AI の利用にかかわる原則が策定され始めた。例えば国内では、総務省情報通信政策研究所が、AI ネットワーク社会推進会議を開催し、「AI 利活用ガイドライン」[10]を取りまとめている。これは AI がその開発者だけでなくユーザーなど幅広い範囲に影響を及ぼすことを念頭に置きながら、社会実装によって人々の便益を一層拡大するために、研究開発や利活用を積極的に促すことを目的とする点に特徴がある。

また海外においては、「アシロマの原則」[11]が知られている。アシロマの原則は、人間の価値観との調和や AI の自己改善機能に対する管理等を重視していることから明らかなように、人間（特に開発者）による AI の制御を重視

している。その背景には、AIの自己進化の技術的な可能性とその潜在的な危険性がある[12]。

　これら以外にも多くの原則が現実に策定されてきた[13]。これらは功利主義や義務論など倫理学上の理論をAIの文脈に沿って文章化したものというよりも、策定時の状況が色濃く反映されたものとなる。たとえばAIの後進国で策定された原則は、開発や社会実装を強く推し進める内容となりやすい。一方、社会実装がある程度進みリスクが認識されるようになると、AIの制御や悪用の防止など（特に開発者に対する）警告的な内容が色濃く表れるようになる。

AIの倫理と法

　上記のようなAIの活用にかかわる原則には通常、法的拘束力がない。それは、AIがどのように開発されるか（またはされないか）が開発者の考え方や良心に依存することを意味する。営利企業にとっては、少々人に害を及ぼすようなAIであっても、それ以上に利益が得られると考えられれば、商品化するのが合理的かもしれない。また、開発者個人にとっては、社会的な害よりも知的好奇心を（無意識に）重視してしまうこともあるかもしれない[14]。

　このような問題に対しては、法的拘束力を伴う仕組みが必要だろう。しかし、無批判に法的な規制を敷いてしまえば、AIの開発が難しくなる可能性がある。そこで求められるのが、AIをめぐる倫理だといえよう。

　AIをめぐる倫理とは、AI開発時に企業や個人が遵守すべき倫理、開発されたAI（が実装されたもの）が遵守すべき行動指針となる倫理、そのような倫理の実効性を担保する法的規制のあり方などを対象とする。そのトピックは多岐にわたるが、このことはAIをめぐる倫理が、開発する企業だけの問題でなく社会的な問題であることを意味している。このような広範な議論に対し、社会全体が納得する形で結論を得るのは容易ではないが、それでも私たち一人ひとりが議論を続け社会的な合意形成を目指していくことが必要だろう[15]。

1. 自動運転車の事故の責任は誰が負うべきだろうか。またその責任は自動運転のレベルによって異なるのだろうか。自動運転車に関する本章末のケース（CASE13.1）も参照しながら、その倫理的・法的な問題について考えなさい。

2. 人材採用に AI を活用することの利点と欠点を考慮したうえで、もしあなたが採用担当なら導入すべきだと考えるか。また、実際に問題が生じたケース（CASE13.2）では開発が中止されるべきだっただろうか。それとも、開発を続行して、修正が重ねられるべきだったであろうか。あなたの考えを述べなさい。

3. アシモフの提示した「ロボット工学の三原則」は、どのように修正すればよりよいものとなるだろうか。近年策定された AI に関する原則や法にはどのようなものがあるか調べ、比較検討しなさい。

◇◇◇

CASE13.1 テスラの自動運転車の事故

　テスラ製の自動運転車「モデル S」は、自動運転レベル 2 の運転支援システム「オートパイロット」を搭載していた。このオートパイロット作動中のモデル S が、2016 年 5 月 7 日にフロリダ州のハイウェイを走行していたところ、左折中のトレーラーに衝突、運転手が死亡した。

　事故に関連すると考えられる原因は大きく二つに分けることができる。第一に、モデル S は自動運転中の車両前方の監視のためにカメラとレーダーを搭載していたが、事故時に機能しなかった。その理由としてテスラは、衝突したトレーラーの荷台が白かったこと、事故発生時に強い日差しがあったことの 2 点をあげ、これらの条件が重なったことで運転支援システムがトレーラーを認識できなかったとしている。これは自動運転車の弱点を示している。運転手の目であれば正面の白い荷台が視認できない場合でも、タイヤ

などを手がかりに車の全体像を想像し、情報を補完することができる。これは言い換えれば、少なくとも現時点では、AI が人間と同等の推論能力をもっていないことを示している。

　第二に、レベル 2 の自動運転車があくまでも運転の補助をするに過ぎないことから、運転手は十分に注意を払うべきであった。カメラやレーダーが機能せずとも、運転手は、左折するトレーラーを認識できた可能性が高い。また、交差点を認識していれば、左折車両に注意して（例えば予め減速して）走行することができただろう。しかし運転手は、本来ハンドルに手を添えるべきおよそ 37 分間のうち 25 秒しかそうしておらず、また手動運転に切り替えるように 7 度警告されていた[16]。

　このように、事故の原因は、自動運転システムの精度の問題（ただしモデル S はレベル 2 であり、レベル 4 や 5 ではない）と、自動運転システムへの運転手の過度の信頼や依存の問題に分けられる。

　事故後、テスラは 3 度の警告に運転手が反応しない場合にオートパイロットを停止するように自動運転システムを更新した[17]。テスラはこれ以降もシステムのアップデートを重ね、安全性の高い自動運転システムを実現させようとしている。

◇◇

CASE13.2　Amazon の AI 採用に潜むバイアス

　大企業では多数の履歴書が送られてくることも珍しくなく、採用担当者の負担は大きい。これを AI が支援・代替できれば、人事部門の生産性は飛躍的に向上する。

　テクノロジー会社 Amazon は 2014 年、人材採用のための AI システムの開発を始めた。応募者の履歴書などからキーワードを抽出・分析し、適正を見極めることを目的に開発が進められた。送られてきた書類をデータとして用いることで、システムはわずか数秒で応募者を判定できるものであった。

　この AI システムの開発には、それまでに同社に蓄積されてきた 10 年分の履歴書や、採用結果などが用いられていた。しかし、それまで同社に女性

が採用される割合が低かったために、AI は「女性が不向き」であると判定するようになっていた。例えば、女子大出身の応募者は低く評価されていた事例が確認された[18]。

これが生じた原因は、もともと同社が多数の男性候補者を採用してきたデータを AI の開発に用いたことであり、また、それを補正するシステム構築ができなかったことにある。

このように、人（ここでは採用担当者）が気づいていないバイアスを AI が反映・強化することがある。この問題に気づいた Amazon は、AI システムによる応募者の判定結果を確認したものの、これによって採用を決定することはしなかった。最終的に同社は、2017 年に開発チームを解散し、AI 採用プロジェクトを中止した。

◇◇

注

1　基礎研究から応用や実装まで AI 研究は非常に広範であるが、人口知能学会の「AI マップβ」は全体像を理解するうえで役立つだろう（https://www.ai-gakkai.or.jp/resource/aimap/）。本章で扱うような倫理に関する問いも AI 研究のテーマの一つである。

2　功利主義を説明した第 1 章を思い起こしてみよう。

3　定義のうち現在もっとも参照されるのは、SAE によるものである。図表 13.1 も SAE を参考に作成している。https://sae.org/blog/sae-j3016-update（2021 年 10 月 20 日アクセス）

4　もっとも、これは、AI が全てを代替するまでの間かもしれない。

5　人的資源や人事部を意味する Human Resources と技術を意味する Technology を組み合わせて造られた言葉。デジタル技術を利用した人的資源管理や業務改善のことを指す。

6　本章末のケースでは、実際に生じた性別の問題を紹介している（CASE13.2）。また人種の問題を議論したものとして、Cave & Dihal（2020）が参考になるだろう。

7　野村総合研究所「日本の労働人口の 49% が人口知能やロボット等で代替可能に：601 種の職業ごとに、コンピュータ技術による代替確率を試算」2015 年 12 月 2 日、https://www.nri.com/-/media/Corporate/jp/Files/PDF/news/newsrelease/cc/2015/151202_1.pdf

8　働きがいのある仕事については、第 14 章を参照のこと。

9　解釈の多義性にかかわる問題の他にも「ロボット工学の三原則」にはさまざまな意見があり、たとえば鄭（2018）は「仲間」の視点が欠けていると指摘している。この視点からは、前節で検討した「AI による労働の代替可能性」の問題は、むしろ人間とロボットとの共存関係の進展

といえるかもしれない。

10　AI ネットワーク社会推進会議「AI 利活用ガイドライン：AI 利活用のためのプラクティカルリ
　　ファレンス」2019 年 8 月 9 日、https://www.soumu.go.jp/main_content/000637097.pdf

11　Future of Life Institute「アシロマの原則」、https://futureoflife.org/ai-principles-japanese/?cn-
　　reloaded = 1（2021 年 10 月 20 アクセス）

12　ただし、そもそも AI が制御可能か（さらには AI が人間の脅威となるか）については、見解
　　に大きな相違がある。哲学的な議論としては、Chalmers（2010）が参考になる。

13　国内外で策定された原則の整理として中川（2020）が参考になる。中川が指摘するように原
　　則ごとに重視項目には相違がある。また、類似項目でも文言が具体的か抽象的かという点にも
　　差異がある。本章末「討論のための問い」3 では、原則の策定された時代や地域、また策定団
　　体の立場などに着目して比較するとよいだろう。

14　技術者・専門職倫理については、第 17 章を参照。

15　本章の内容についてさらに学習したい場合、久木田・神崎・佐々木（2017）は優れた入門書
　　であり、お勧めである。法との関係については、小塚（2019）がよくまとまっている。英文に
　　抵抗がなければ、Müller（2020）はよく整理されており、学習・研究の手掛かりとなるだろう。
　　学術誌 AI and Ethics の刊行が 2020 年に発表された。このような雑誌を通して最新の研究に触
　　れるのもよいだろう。これらの学術的な著作だけでなく、SF 小説も AI と倫理の問題を考える
　　上で参考になることが多い。一読して損はないだろう。

16　NTSB「Driver Assistance System -Factual Report」2017 年 6 月 20 日、https://dms.ntsb.
　　gov/pubdms/search/document.cfm?docID = 453441&docketID = 59989&mkey = 93548

17　AFP「テスラ車の死亡事故、自動運転システムが一因 米当局」2017 年 9 月 13 日、https:
　　//www.afpbb.com/articles/-/3142717

18　Reuters「アマゾンが AI 採用打ち切り、『女性差別』の欠陥露呈で」2018 年 10 月 11 日、
　　https://jp.reuters.com/article/amazon-jobs-ai-analysis-idJPKCN1ML0DN

参考文献

Cave, S., & Dihal, K.（2020）The Whiteness of AI. *Philosophy and Technology*, *33*, pp.
　　685-703

Chalmers, D.（2010）The Singularity: A Philosophical Analysis. *Journal of Consciousness
　　Studies*, *17*(9-10), pp. 7-65

Müller, V. C.（2020）Ethics of Artificial Intelligence and Robotics. *Stanford Encyclopedia of
　　Philosophy*, https://plato.stanford.edu/entries/ethics-ai/

アイザック・アシモフ著、小尾芙佐訳（2004）『われはロボット［決定版］』早川書房

久木田水生・神崎宣次・佐々木拓（2017）『ロボットからの倫理学入門』名古屋大学出版

会

小塚荘一郎（2019）『AI の時代と法』岩波書店

鄭雄一（2018）『東大教授が挑む AI に「善悪の判断」を教える方法：「人を殺してはいけない」は"いつも正しい"か？』扶桑社

中川裕志（2020）「AI 倫理指針の動向とパーソナル AI エージェント」『情報通信政策研究』第 3 巻第 2 号、1-23 頁

本章は、JSPS 科研費 JP20J10491 の助成を受けた成果の一部である。

（今井昭仁）

よい仕事・職場の創造

我が国の「よい仕事」と「働き方」は、近年大いに変化を遂げつつある。その昔「よい仕事」つまり「モノ作り」は「職人」の創意あふれる領分であったのだが、第一次産業革命以後は「課業管理」「作業研究」などの「科学的管理法」によって近代化がはかられ、管理者が「労働者」を効率的にコントロールするための画一的な作業標準に矮小化された。やがて「大量生産システム」「多品種少量生産」などに進展、さらにコンピュータ、インターネットの登場によって、飛躍的に生産性は向上した。高度成長期の「日本的経営」の時代、次いでバブル経済とその破綻からの「就職氷河期」もしくは「失われた云十年」、そして成長戦略をスローガンにした「アベノミクス」を経て現在に至る。時の流れとともに「よい仕事」の意味は多様になった。それを読み解くキーワードこそが広義の「働き方」だといえる。コロナウイルスのパンデミック禍に進展した「在宅勤務」をここにひくまでもなく、意味としても、形態としても多様化しているからである。

　この第Ⅳ部では、「よい仕事・職場」を巡る課題について、企業内部のステークホルダーであると同時に、外部のステークホルダーに対峙する存在である従業員（労働者）に光を当て、以下の四つのテーマを中心に学習する。一つめは「働きがいのある仕事」について、具体的には「そこで働く人々のより善い生き方や働き方」を促進するため、「職務満足とウェルビーイング」をキーワードとして検討する。二つめは「ダイバーシティ・マネジメント」である。従業員一人ひとりの個々の違いを論じる出発点として、「ダイバーシティ」とは何なのか、それを「マネジメントする」とはどういうことかを考える。三つめは、「組織の倫理風土とリーダーシップ」について、組織の「共通の目的」と「よい仕事」との関係を詳らかにし、企業が倫理的な理想の実現に向けて活動することの必要性を説く。最後は「技術者倫理と経営」である。1986年の「スペースシャトルチャレンジャー号の爆発」などの事例の検討を通して、経営者と技術者の相克の関係から浮かび上がる「よい仕事・職場づくり」を検討する。

第
14
章

働きがいのある仕事

　第Ⅲ部で議論してきたように、「よい事業」を進めるうえでステークホルダーに配慮した経営は、今日の企業にとって必要不可欠の要素となっている。企業のステークホルダーとしては顧客や株主、地域社会などさまざまな主体があげられるが、なかでも従業員は企業にとって特に重要なステークホルダーといえよう。なぜならば、顧客や株主は特定の企業に依存することは少ない一方で、特に日本のような人材の流動性が限られている社会においては、従業員が他の会社に転職することや複数の会社で同時に働くことは難しく、企業と従業員の関係性は長期的かつ密なものになるからである。しかし会社への強いコミットメントが従業員（特にフルタイム勤務の正社員）に求められるあまり、過労死や過労自殺のような問題も度々起こっている。こうした日本の労働現場の実態をふまえると、企業や組織を経営していくにあたり、働く人々自身のより善い生き方や人間らしい働き方を促進していくことが一層、重要な倫理的目標になっているといえる。

　そこで本章では、「職務満足」と「ウェルビーイング」に着目し、従業員にとって働きがいのある理想的な仕事や職場とは何か、また組織はいかに従業員の職務を設計すべきかについて検討していきたい。

1　職務満足と仕事の設計

　働く人々にとって望ましい経営のあり方を考えるにあたっては、その「望ましさ」を測る指標が必要となろう。そのような指標としてはさまざまなも

のが考えられるが、旧来から頻繁に活用されてきた指標として職務満足があり、近年注目されているものとしてウェルビーイングがあげられる。まず職務満足から見てみよう。

職務満足の定義と類型

　職務満足は、一般的に「個人の仕事及び仕事に関する経験の評価からもたらされる喜ばしいもしくは肯定的な感情」（Locke, 1976: 1300）として定義される。この定義における「仕事の経験」とは、仕事そのものに加え、人々が仕事をしていく中で、仕事にかかわる存在（上司や同僚、会社など）と職場の環境や条件（賃金や規則、物理的環境など）が相互作用していく中で生まれるものと考えられる。

　さらに細かく見れば、職務満足には個別的職務満足と全体的職務満足がある（Ironson et al., 1989）。個別的職務満足は、仕事、給料、昇進、監督、同僚など、仕事や職場に関連する事象を個々に分析することで、職務満足を評価する方法である。この指標は、職場における強みや問題点を診断するのに適しているとされている。

　他方で、全体的職務満足は、個人の「仕事」を一つのまとまりをもった事象ととらえ、評価する方法である。例えば、調査対象者に「あなたは普段、仕事全般に対してどのように感じていますか？」といった少数の質問を投げかけることで、職務全体に関する直接的な評価を行う。この指標は、離職や欠勤との間に比較的強い相関をもち、組織の能率[1]を評価するのに適しているとされる。

　このように、職務満足は、組織の強みや弱み、さらには能率を図る指標として用いられている。したがって、組織を健全に運営するには、これらの指標を通じて職務満足の詳細を分析するとともに、そこで得られた知見を、組織の改善に応用することが求められる。

職務満足を高める仕事

　職務満足を高めるための方法としては、「職務特性モデル」に基づく分析があげられる（Hackman & Oldham, 1975）。このモデルによると、職務満足を高める仕事は、次の五つの要素を満たすとされる。すなわち、①求められるスキルの多様性、②タスク・アイデンティティ、③タスクの重要性、④自己裁量、⑤フィードバックである。

　ここで「タスク・アイデンティティ」とは、単なる歯車の一つになるのではなく、仕事全体にかかわれる程度のことを指す。また「フィードバック」は、上司などからの主観的な評価というよりも、営業職における成約件数など、仕事そのものの結果や業績が明確に見えることを指す。

　これら5要素のうち「スキルの多様性」「タスク・アイデンティティ」「タスクの重要性」の三つからは、意味のある仕事をしているという感覚がもたらされる。また「自己裁量」が大きければ結果への責任感が増すとされる。さらに「フィードバック」として結果が可視的であることが、モチベーション向上につながることが期待できる。

　このように、従業員が意味のある仕事や結果への責任という感覚をもち、さらに結果が可視化されることで、成長欲求が満たされる。こうしたプロセスを通じて職務満足が高められるわけである。このような考えは、従業員に単純なノルマを課すような強制的な方法でなく、従業員の内発的な意欲に働きかけることで組織の効率を高めるという発想につながり、従業員個人にとってもよりよい職務経験をもたらすものといえる。

　もっとも職務満足は、あくまで職場における個人の満足度に焦点を当てているに過ぎない。従業員はひとたび職場を離れれば、それぞれが個々の生活をもっていることを忘れてはならない。そのため、生活満足（余暇における満足）と職務満足を対置し双方を測定する調査がなされることもある。また、個人的生活が、仕事・職場とは切り離せない不可分な関係にあるという前提に立つ場合は、次節でふれるように、ウェルビーイングという総合的な視点で人生全体の充実度を測るべきであろう。

2 職場におけるウェルビーイング

ウェルビーイングは日本語にそのまま置き換えることは難しい概念である。ウェルビーイングという言葉が一般に知られるようになった契機の一つとして、1946年に署名されたWHO憲章がある。日本WHO協会（2020）による翻訳では「健康（health）とは、完全な肉体的、精神的及び社会的福祉（well-being）の状態であり、単に疾病又は病弱の存在しないことではない」と記されている[2]。ここでは、ウェルビーイングは「福祉」と訳されているが、一般的に「人間の善い生き方」あるいは「心身が十全に機能している状態」を指すことから、「幸福」と解されることも多い。

ウェルビーイングの概念

もっとも、一口にウェルビーイングといっても、そのとらえ方や測定の仕方は多岐にわたっている。古代ギリシャの哲学においては、長期的な幸福——エウダイモニア——を最高善としてとらえていた。エウダイモニアとは、ヘドニズム（快楽主義）に対置されるものであり、よりよい生き方を追求しその人のもつ最大限の力を発揮し、高潔な品性を身につけ表していくことで得られる心理的状態のことを指した[3]（栗野・高尾、2018）。

以下では、近年の心理学における主たる三つのウェルビーイングの概念について取り上げてみよう。一つ目は「主観的ウェルビーイング」、二つ目は「PERMAモデル」、三つ目は「心理的ウェルビーイング」である。

まず主観的ウェルビーイングは、「善い人生とは何か」の問いに対する考え方が人によって異なるという前提に立っている。したがって、主観的ウェルビーイングの測定は、対象者自身に自分がよい人生を過ごしていると思っているのか判断させる形で行われる（Diener, 2000）。具体的には、自らの人生を、認識的（理性的）側面および、情緒的（感情的）側面の二つから評価してもらう。その結果、人生が充実していると認識し、ポジティブな感情（喜びや愛情など）の方がネガティブな感情（悲しみや寂しさなど）よりも勝っているのであれば、その人は高いウェルビーイングの状態にあるわけである。

この主観的ウェルビーイングは、ウェルビーイングの具体的な構成要素ないしウェルビーイングをもたらすものの判断を対象者に委ねる考え方に基づいており、対象者の価値観の多様性を重視した指標として広く用いられている。一方で、研究者がウェルビーイングの具体的な構成要素を規定した形の指標もある。その代表例が、PERMAモデルや心理的ウェルビーイングである。

PERMAモデルは、アメリカのポジティブ心理学の泰斗であるマーティン・セリグマン（Martin E. P. Seligman）によって提唱されたものである。彼はウェルビーイングを「ポジティブな感情（positive emotion）」のみならず「エンゲージメント（engagement）」「ポジティブな関係性（relationship）」「意味・意義（meaning）」「達成（accomplishment）」も含む五つの要素から構成されるものと想定する（Seligman, 2011）。PERMAモデルは、各要素を複合的に取り込んでおり、より包括的な視点から個人の生活をとらえていることがわかる。

心理的ウェルビーイングも、「自己受容」「人生の目的」「自己成長」「他者との肯定的関係」「環境のコントロール」「自律性」（Ryff, 1989）といった多次元的な要素を基に構成される。これらの要素は「私は目的を持って有意義な生活を送っている」「私は、他の人の幸福や満足のいく生活に積極的に貢献している」（粟野・高尾、2018: 28）というように、他者とのかかわりの中で得られる個人の内面的な成長に焦点を当てている。

ワーク・エンゲージメント

ウェルビーイングの類似の概念として、ワーク・エンゲージメントがあげられる。ワーク・エンゲージメントとは、仕事に対する「ポジティブで充実した精神状態」にかかわる指標で、「活力」「熱意」「没頭」の3要素により特徴づけられる（Bakker & Leiter, 2010）。これらの要素が高い従業員は、エネルギッシュで、自分の仕事に熱心にかかわっており、フロー状態（無我夢中）で仕事に打ち込んでいるとされる。

ウェルビーイングという用語が一般には文脈を限定しない生活全体におけ

る幸福の程度を指すのに対して、ワーク・エンゲージメントは、仕事や職場という限定された文脈における生き方の充実度を表すという違いがある。また、職務満足が職務に関する認識的な判断と情緒的な感覚の双方を含むのに対し、ワーク・エンゲージメントは職務における情緒的な側面に注目している。

　いずれにしても従業員が生き生きと仕事に打ち込み、働きがいや充実感を得られるような職場づくりが現代の企業には期待されているのである。

3　職務満足とウェルビーイング

　従来は、従業員の働きがいや職場環境は、職務満足として計測されることが多かった。しかし、最近ではウェルビーイングが用いられる機会が増えてきた。その背景として、組織と従業員との関係を巡っての、次にあげるような二つの変化が指摘される。

従業員のワーク・ライフ・バランスの推進

　第一に、企業が従業員の生活に対して配慮することが求められるようになってきたことである。これまで日本企業では、フルタイム勤務のいわゆる正社員は終身雇用が保障される一方、会社への高い忠誠を示し、残業をいとわず、会社に尽くすことが当たり前とされてきた。その結果、正社員の長時間労働は常態化し、過労死・過労自殺などの問題も生じている。昨今たびたび言及されるワーク・ライフ・バランスや働き方改革といった言葉からは、企業には職場の環境を整えることだけでなく、従業員が充実した生活を送ることのできる（あるいは生活の質を損ねない）ように配慮する責任が一般化していると推測できる。ウェルビーイングとして生活全体の充実度に基づいて従業員の管理を行うことは、バランスの取れた仕事と私生活を重視する昨今の風潮に沿っていると考えられる。

イノベーションの担い手としての従業員への期待

　第二に、組織と従業員との関係において、求められる成果が変化していることである。例えば職務満足は、企業に勤め続けようとする「定着意思」と関連している。もちろん、ウェルビーイングも定着意思に影響を与えるとされるが、これに加え、従業員がイノベーションを起こす能力や意図にも影響を与えるとされている。さらには、同僚を助けたり、創意工夫したりする「役割外行動」を促す可能性も指摘される。これらを踏まえると、昨今の急激なビジネス環境の変化に対し、組織が適応するためのイノベーションを促す手段として、ウェルビーイングが求められていると考えられる。

　とはいえ、職務満足という指標が、現代の組織にとって無用の長物になったわけではない。職務満足は、長年にわたる組織研究の成果として、職場や職務の問題点を詳細に把握し改善策を考案するだけでなく、従業員の自社に対する評価を業界の平均と比較して把握するなど、さまざまな側面で有用性が認められる。その意味で、職務満足とウェルビーイングの双方を活用して、よりよい組織づくりを目指すことが、倫理的なビジネスへつながるといえる[4]。

討論のための問い

1. 職務満足とウェルビーイングにはどのような意味の共通点と相違点があるか、考えなさい。

2. あなたにとってやりがいのある活動とはなんだろうか。アルバイトや部活動などあなたの経験から考えてみよう。

3. あなたが何らかの「仕事」をした際に不満を抱いた経験について考えてみよう。そのときの経験と、満足感ややりがいを感じた経験とはどのような関係があるだろうか。

4. 社員にとって、調和のとれた働きがいのある職場をつくっていくには、どのような企業理念が求められるか、CASE14. 1、CASE14. 2 から考えてみよう。

◇◇◇

CASE14. 1 電通社員の過労自殺[5]

2015 年 12 月 25 日、世間がクリスマスで賑わう中、広告代理店大手、電通の新入女性社員が社員寮から飛び降りて自殺した。彼女は東京大学文学部を卒業し 2015 年 4 月に入社、デジタル・アカウント部に配属されインターネット広告を担当していたが、本採用後の 10 月以降に仕事量が急増し、休日や深夜の勤務も続くようになっていた[6]。遺族側弁護士の集計によると、1 カ月の時間外労働は最長で約 130 時間に達し、過労死ラインといわれる 80 時間を大幅に越えていた。彼女が友人や母親に送信した LINE やツイッターなどでは、1 日 2 時間だけの睡眠が続いたことなどを訴えたうえで、「これが続くなら死にたいな」「死んだほうがよっぽど幸福」と記していた[7]。

一方で、同社は労使協定で決められた残業時間を越えないよう、勤務時間を過少申告するよう指示していたとみられる[8]。2016 年 9 月、三田労働基準監督署は、女性社員が自殺したのは長時間労働によりうつ病を発症したのが原因と判断し、過労自殺として労働災害（労災）を認定した。同年 12 月には、社員に規定以上の長時間労働をさせたうえ、勤務時間を過小に申告させ

る違法行為をしたとして、東京労働局は法人としての電通と自殺した女性社員の当時の上司を、労働基準法違反の疑いで東京地方検察庁に書類送致した[9]。同日、石井直社長（当時）は翌年1月の取締役会で引責辞任することを表明した[10]。

この事件を受けて2016年12月、同社は社員向けに仕事の心構えを示した行動規範「鬼十則」を社員手帳から削除すると発表した。「取り組んだら放すな、殺されても放すな」などの言葉が並んでおり、女性社員の過労自殺を受け批判が高まっていた。これに併せて同社は、管理職の考課に部下の評価を取り入れる「360度評価」を翌年1月から導入することも公表した。またワーク・ライフ・バランスの改善に向け、全ての部門で有給休暇取得率50％以上を目指すとした。さらに同社からの発注で製作会社の社員に長時間労働のしわ寄せが発生しないよう、協力会社と協議して新たな発注ルールを策定する方針も明らかにした[11]。

◇◇

CASE14.2 滋賀ダイハツの五幸経営[12]

滋賀ダイハツ販売は、1954年設立の、滋賀県で自動車販売関連事業を営む会社である。琵琶湖周辺に約15店舗を展開している[13]。

同社は、「社員の幸せ」「お客様の幸せ」「お取引店様の幸せ」「ダイハツグループの幸せ」「地域の人々の幸せ」の五幸の理念のもと、店舗における店舗の女性の接客事務職（アテンダント）を中心としたサービスの改善活動などを実施している。この五幸の理念においては、当初はお客様が最初にあげられていたが、後に「社員の幸せ」を最初にするように順番を変更したとされている[14]。

滋賀ダイハツは近年、カフェのような店舗でくつろいで待っているうちに車検が終わるというコンセプトで、各店舗からのアテンダントと本部スタッフのプロジェクト・チームによるカフェ・プロジェクトという取り組みを行っている。ここでは、女性のアテンダント同士で活発に話し合う中でアイデアを出し合い、お客様にとって入りやすく過ごしやすい店舗への改善活動

を行っている。

　また、同社では社内分社制を採用しており、各店舗の部門をあたかも会社のように考え経常利益責任と権限を与える制度となっている。ここでは、各店舗の直販部門（新車販売）、サービス部門（修理整備）、中古車部門、業販部門の各部門長が「分社長」として部門の利益をあげるため、規定の予算内で自由にマネジメントを行っている。

　以上の、カフェ・プロジェクトにおける女性スタッフの提案活動に見られるように、リーダーシップを一般の社員も行使できるようにし、店舗内の部門に予算や権限を与えることで従業員の主体性を引きだす取り組みがなされている。同社は、高い顧客満足度を獲得し続け、2013年度には日本経営品質賞を受賞している。

◇◇

注

1　能率とは、組織が従業員に対して、従業員の貢献に見合った報酬（非金銭的なものを含む）を提供できている度合いを表している。

2　原文は次の通りである。"Health is a state of complete physical, mental and social well-being and not merely the absence of disease or infirmity."

3　アリストテレスによれば、あらゆる行動は何らかの目的（望ましいこと）のために行われ、そしてその目的もまた何か他の目的に役立つものであるというように、目的の連鎖があるとしたうえで、人生やすべての行動の究極的な目的（最高善）は幸福だとされる。なおここでいう幸福とは、徳を身につけそれに基づいて行動すること、つまり他の動物にはない人間ならではのはたらきを実現していくことだとされている（Bywater, 1984）。徳倫理については第4章を参照のこと。

4　長谷川（2018）を参考にしつつ本章で扱う従業員満足・ウェルビーイングと倫理学説との関係性について言及するなら、働く人々の満足を増加させていくことは最大多数の最大幸福を追求する功利主義的な観点からも望ましいことだといえよう。ただし、働く人々のウェルビーイングには仕事の意味づけが含まれており、人々の効用を均質的にとらえ快楽の単純な合計としての功利性を追求するベンサムの量的な功利主義には馴染みにくい側面がある。一方で、精神的快楽を身体的快楽より重視するミルの質的な功利主義に立てばウェルビーイングの重要性は自明のことであると思われる。

5　本ケースは高浦康有が注6〜11で示される新聞記事等をもとに再構成したものである。

6 産経新聞「東大卒エリート美女が自殺までに綴った『苦悶の叫び』50 通　電通の壮絶『鬼十則』が背景か」産経ニュース、2016 年 10 月 15 日、https://www.sankei.com/premium/news/161015/prm1610150023-n1.html

7 産経新聞「24 歳東大卒女性社員が過労死　電通勤務『1 日 2 時間しか寝れない』クリスマスに投身自殺　労基署が認定」産経ニュース、2016 年 10 月 7 日、https://www.sankei.com/affairs/news/161007/afr1610070012-n1.html

8 産経新聞「『残業隠し』過少申告を指導　全社的な隠蔽工作か　労働局が調査」産経ニュース、2016 年 10 月 21 日、https://www.sankei.com/life/news/161021/lif1610210003-n1.html

9 産経新聞「電通を書類送検　会社と当時の上司を労基法違反容疑で　異例のスピード立件」産経ニュース、2016 年 12 月 28 日、https://www.sankei.com/economy/news/161228/ecn1612280016-n1.html

10 産経新聞「『経営を預かるものとして責任痛感　来年 1 月に辞任したい』石井直社長が辞意」産経ニュース、2016 年 12 月 28 日、https://www.sankei.com/economy/news/161228/ecn16122800033-n1.html

11 産経新聞「電通、社員手帳から『鬼十則』の削除を発表　過重労働の一因と批判受け」SankeiBiz、2016 年 12 月 9 日、https://www.sankeibiz.jp/business/news/161209/bsd1612091827010-n1.htm?ref_cd = RelatedNews

12 滋賀ダイハツのケースは、木田世界が以下の文献をもとに作成した。
　　・滋賀ダイハツ販売㈱ホームページ、https://www.shiga-daihatsu.co.jp/（2020 年 9 月 30 日最終アクセス）
　　・日本経営品質賞委員会・滋賀ダイハツ販売㈱「2013 年度 経営品質報告書」日本経営品質賞委員会事務局、2014 年.

13 社員数は同社ホームページによると 2020 年 4 月時点で 348 名（男性 266 名、女性 82 名）となっている。

14 この変更には、社員が幸福でなければ、お客様を幸福にできないという同社の姿勢が表れていると解釈できよう。

参考文献

Bakker, A. B., & Leiter, M. P.（2010）*Work Engagement: A Handbook of Essential Theory and Research*. Psychology Press（島津明人総監訳『ワーク・エンゲイジメント：基本理論と研究のためのハンドブック』星和書店、2014 年）

Bywater, I.（ed.）(1894) *Aristotelis Ethica Nicomachea*. Clarendon Press（渡辺邦夫・立花幸司訳『ニコマコス倫理学』光文社、2015 年）

Diener, E.（2000）. Subjective Well-being: The Science of Happiness and a Proposal for a

National Index. *American Psychologist*, 55(1), p. 34

Hackman, J. R., & Oldham, G. R.（1975）Development of the Job Diagnostic Survey. *Journal of Applied Psychology*, 60（2）, p. 159

Herzberg, F.（1976）*The Management Choice: To Be Efficient and to Be Human.* Dow Jones-Irwin（北野利信訳『能率と人間性：絶望の時代における経営』東洋経済新報社、1978年）

Ironson, G. H., Smith, P. C., Brannick, M. T., Gibson, W. M., & Paul, K. B.（1989）Construction of a Job in General Scale: A Comparison of Global, Composite, and Specific Measures. *Journal of Applied Psychology*, 74(2), p. 193

Locke, E. A.（1976）The Nature and Causes of Job Satisfaction. In M. D. Dunnelle（ed.）*Handbook of Industrial and Organizational Psychology*（pp. 1297–1349）. Rand McNally College Publishing Company

Ryff, C. D.（1989）Happiness is Everything, or Is It? Explorations on the Meaning of Psychological Well-being. *Journal of Personality and Social Psychology*, 57(6), p. 1069

Seligman, M. E.（2011）Flourish: A Visionary New Understanding of Happiness and Well-being. Simon and Schuster（宇野カオリ訳『ポジティブ心理学の挑戦"幸福"から"持続的幸福"へ』ディスカヴァー・トゥエンティワン、2014年）

粟野智子・高尾義明（2018）「ミッション志向企業における経営理念の浸透が個人にもたらす影響：心理的ウェルビーイングに注目して」『経営哲学=Management Philosophy』第1巻第1号、18–28頁

日本 WHO 協会（2020）「世界保健機関（WHO）憲章とは」. https://japan-who.or.jp/about/who-what/charter/（2020年8月28日アクセス）.

長谷川宏（2018）『幸福とは何か：ソクラテスからアラン、ラッセルまで』中央公論新社

森永雄太（2019）『ウェルビーイング経営の考え方と進め方：健康経営の新展開』労働新聞社

本章の内容は木田世界「組織研究における職務満足と well-being の概念の比較検討」（経営哲学学会第37回全国大会報告、2020年8月29日）の内容を大幅に整理・修正・加筆したものである。

（木田世界）

第15章 ダイバーシティ・マネジメント

　周囲を見回したときに、あなたと全く同じ人間は見つかるだろうか。おそらく見つからないだろう。双子で姿形がそっくりでも、好きな食べ物が違ったり、考え方が違ったりするはずだ。歴史上の偉人や凄腕の経営者、政治家、タレントといった人々に憧れて、その人の考え方や行動様式を自分の中に積極的に取り入れたり同一視したりすることはあっても、寸分違わず全く同じ人間になれることはない。あなたと「全く同じ」人間はいないのである。

　私たちはなぜこのような違いをもっているのだろうか。性別や国籍、年齢、といったさまざまな属性が、この違いの源泉となりうることが指摘されている（Robbins & Judge, 2018）。また属性だけではなくコミュニケーションのなかでもその違いが形づくられていく（Mumby & Kuhn, 2019）。産まれた社会や育った環境、教育や文化的背景、あらゆる要因が総体となり個々の多様性がひろがっていくのである。このような個々の違いに関する多様性をダイバーシティと呼ぶが、近年では一般的に、このダイバーシティが組織のパフォーマンスを引き出すきっかけとなると理解されている。つまりマネジメントを行ううえで重要な概念の一つとしてとらえられているのである。

　本章では、誰にとっても「働きがいのある仕事・職場環境」をつくる上で欠かせない、ダイバーシティの概念に注目する。まずダイバーシティとは何かを理解し、次いで、職場におけるダイバーシティやそれをマネジメントすることについて学ぶ。

1 ダイバーシティとは

　近年、ダイバーシティという言葉は日本国内でもひろく定着し、企業をはじめとするさまざまな組織で日常的にも使用されるようになった。日本語でダイバーシティとは「多様性」と訳されることが多いが、学術的には「人々との違いを特徴づけるあらゆるもの」と定義づけられている（Robbins & Judge, 2018）。また、「個人が異なる可能性のある全ての特徴」としてダイバーシティを定義することもある（Groeneveld, 2017: 282）。このことから、「多様であること」を意味するだけでなく、「私」と「あなた」の違いを表現するあらゆる事柄、属性を意味する概念だと理解できる。具体的には、ジェンダーや国籍、人種、年齢、宗教、セクシュアリティ、障がい、考え方、価値観などがあげられる。

　近年では加速度的にグローバル化が進み、国境にとらわれない働き手の移動が実現しただけではなく、輸送技術や情報通信技術の向上によって、国や地域をまたいだ商取引が可能となった。さらに、技術革新に伴うホワイトカラーの労働需要増加や少子高齢化による労働力不足が懸念される中で、女性や高齢者、障がい者など、これまで労働力としてあまり注目されてこなかった人材に対し、働き手としての期待が集まるようになっている。このような要因によって、一つの組織に多様な属性や背景をもつ人材が集結する時代に突入している。つまり、従業員にとっても顧客にとっても、あらゆるカテゴリーやバックグラウンドを有する人々が混沌と存在しながら社会や組織を構成し、活動しなければならないのである。

　このような多様性に富む状況をうまくマネジメントし、組織の利益やパフォーマンスを最大限に引き出すことが、ダイバーシティ・マネジメントの目標である。

2 ダイバーシティの種類

　先ほども述べたようにダイバーシティとはあらゆる属性についての多様さ

を意味する。しかし日本にダイバーシティの概念が取り入れられた初期の段階では「女性が家庭を離れ、社会で活躍すること」に専らの議論が集中し、ダイバーシティという言葉が現在のような広がりをもつ形で使われていなかった。アメリカでは人種を意味する傾向が強いものの、人種やジェンダーのみを対象とするのではなく、幅広く多様であることを意味する概念として理解されている。

　例えばステファン・ロビンス（Stephen P. Robbins）とティモシー・ジャッジ（Timothy A. Judge）によれば、それは①表層的な多様性（surface-level diversity）と②深いレベルの多様性（deep-level diversity）に分類される（Robbins & Judge, 2018: 18）。表層的な多様性とは、本人ではない外部者からも判断や観察が可能な年齢や性別、教育、人種、民族、宗教といった、人口統計学的にとらえることの可能な分類のことである。一方で深いレベルの多様性とは、性格や価値観、考え方など相互理解が進んだ先に共有できる性質のことである。つまり外部からは容易に観察ができないものである。

　ここで注意が必要なのは、上記の①と②が必ずしも一致するわけではないことである。つまり、人口統計学的なカテゴリーが同じだからといって考え方や価値観が異なる（深いレベルの多様性が認められる）こともあれば、表層的な属性が違ったとしてもコミュニケーションや協働を通して深いレベルでものの見方が似ているとわかることが往々にあるわけである。

　そもそも、ダイバーシティの議論の原点は、多様性から引き起こされる問題として、自分とは異なる他者を排除しようとする動きや、他者に対する差別的な行動をとることを疑問視したところにあるといわれている（Healy, 2017）。しかし自分自身の価値観の中で他者の多様性に明確な判断基準を設けるのは難しく、またそうすることでダイバーシティに関する問題が容易に解決するわけでもない。

　そこで、属性やレベルによって他者を区別したり判断・決めつけをしたりするのではなく、自分には無意識の偏見があるということを意識することや、さまざまな違いを理解するために自分のコミュニケーションの間口を広げておくことが、多様さへの理解やダイバーシティ・マネジメントへの第一歩となる。

3 ダイバーシティ・マネジメントの意義

　ダイバーシティ・マネジメントに関する議論は、「インクルージョン」の状況やそれに対する価値観と深い関係をもつ。インクルージョン（包摂）とは、人種や宗教、性別、セクシャリティ、能力、年齢、価値観といった多様さを認めて互いに受け入れ合う環境を整えることである（Nishii, 2013）。言い換えれば、多様な人材が社会に進出し、同じ組織で働ける環境を整備し（Healy, 2017）、組織のメンバーが多様さを価値ある資源ととらえて行動することである。これにより、多様性による利益を持続的に享受できると考えられる（Ely & Thomas, 2001）。このように、従来マイノリティだった人々を積極的に雇用することや、そうした人々が昇進すること、多様な価値観を認めることについて、社会の受け止め方は変わりつつある。ただし組織のマイノリティが昇進しにくい状況を表すグラスシーリング（ガラスの天井）が今も残っていたり、さらに男性従業員の育休取得の難しさといった新たな課題も多く見受けられる。

　日本企業でダイバーシティを重要視した経営を実施することが求められる理由として、以下の2点があげられている（佐藤, 2017）。一つめは、新しい働き手の確保である。これまでの日本企業では男性が中心的な働き手で女性は家庭で働くという構造が当たり前だった。しかし、少子高齢化が加速度的に進んだことや、人々のもつ価値観が多様化したことによって「男性」だけを労働力として確保することや「転勤や残業を厭わない」人材の確保が容易ではなくなり、人材の継続安定的な確保の側面から新たな方向性が必要となったのである。

　二つめに、企業の存続や成長のための競争優位性の確保である。先にも述べたが、近年はグローバル化や技術革新が進み、企業間や企業と顧客の間に国境はほぼない。またこのような状況下において技術の進歩や企業間の競争が激化し、今日売れたものが明日には売れなくなってしまうというように需要予測が困難である。市場が不確実性を帯びる環境の中で企業が安定的に存続し成長するためには、従業員それぞれの多様な能力を結集させる必要がある。もし組織が従業員一人ひとりのもつ能力や価値観を活かさなければ、ま

た逆にそこで起きる問題に適切に対応し管理しなければ、組織の競争力が失われる結果が待ち受けている（Wrench, 2005）。

とはいえ、それぞれに異なる行動様式や価値観、文化的背景を備えた個人が多く集まる職場をマネジメントすることは難しいのは事実である。個々の「違い」は、お互いの理解不足や勘違い、対立を生む可能性が高いからだ（Robbins & Judge, 2018）。そもそも今まで価値観や文化を共有してこなかった人々の間ではコンフリクトが生じやすい。個々の属性に対するイメージやステレオタイプからくる偏見が、従業員同士の相互理解を妨げるためである。

さらに、今まで注目されてこなかった人材を雇用したり、重要なポジションに起用したりすることは容易ではない。事実、ダイバーシティ・マネジメントの実践中には、「マイノリティばかりを支援することは逆差別だ」という声や「本当に効果があるのか」といった声があがりやすい（荒金, 2020）。しかし私たちが理解すべきなのは、ダイバーシティ・マネジメントとは単に多様性に関する差別を是正してマイノリティたちに平等な機会を与えるという、アファーマティブ・アクション（日本ではポジティブ・アクションとして実施される）を実施するための手法だけに留まらないという点だ。むしろ、組織にかかわる多様性を活用することによって、組織自体の効率性を高め、パフォーマンスを最大化することに重点が置かれたものなのである（Wrench, 2005: 73）。

4　ダイバーシティ・マネジメントの実践と効果

具体的に、ダイバーシティ・マネジメントがどのような形で組織の利益やパフォーマンスにつながるのか。多様性と組織のパフォーマンスの関連性について一貫した結果は得られていないが、ケリー・ダイ（Kelly Dye）とゴルナス・ゴルナラギー（Golnaz Golnaraghi）は、ダイバーシティを効果的に管理することによって、以下の四つの効果やメリットを享受できると述べている（Dye & Golnaraghi, 2017: 259）。

まず一つめの効果は、優秀な人材を惹きつけ、定着させることができる点

である。優秀な人材はインクルーシブな組織（inclusive organization）に所属したいと考える傾向が強い。インクルーシブな組織とは例えば、少数精鋭で、活躍の機会が多く与えられ、多様さに適応するような組織である（Dye & Golnaraghi, 2017: 259）。このような多様性に富む組織でないと組織の人材は同質化し、優秀な人材を見つけることが困難になるというリスクをはらむ。

　二つめに、多様性の乏しさに起因して発生する諸々のコストを削減することができる点である。多様性が適切に管理されていないことによって、管理されている場合には生じない費用がかかることが考えられる（Robinson & Dechant, 1997）。例えば、多様性に関する管理が適切に実施されていない組織では従業員の不満が噴出し、それによる訴訟が増える可能性がある。また従業員のサボりや離職を助長させる可能性がある。加えて、評判の悪い組織の製品やサービスを積極的に消費しようとする顧客は非常に限定的であるため、売上の減少につながるかもしれない。

　三つめに、多様化する消費者グループをさらに深く理解し、それらの要望に応えることができる点である。先述したが、製品やサービス、人の流れに関する国境が近年曖昧になっている。このような市場では、よりさまざまな顧客の求める製品開発やカスタマーサービスを提供する必要がある。しかし単一的な組織の場合、多様化した市場の期待に対応しきれず、ビジネスチャンスを逃す可能性がある。

　最後に、創造性・革新性と意思決定の強化がされる点があげられる。多様な人材によって構成された組織やチームでは、伝統的にその組織でよりよい意思決定が行われ、また創造性/革新性がある意見交換が可能で、問題解決に繋がりやすいとされている（Cox & Blake, 1991など）。なぜなら、多様な人材による多様な経験や視点で問題を分析することや、今までになかった文化を用いることによって、よりよい解決策を導き出す可能性があるからである。

　ダイバーシティ・マネジメントには組織にとって上記のようなよい効果を期待することができるが、これらを享受するには適切に実践が行われていることが前提となる。では、ダイバーシティ・マネジメントではどのような実践が行われる必要があるのだろうか。ヴィドゥ・ソニ（Vidu Soni）は、①文化の違いに対する感受性を高めること、②多様性を認識してそれらを受け

入れ、評価する能力を養うこと、③組織のマイノリティが経験する不平等の
パターンを最小限に抑えること、④異なる性別、および民族などのグループ
の間の異文化間相互作用と対人関係を改善すること、⑤組織文化とリーダー
シップの実践を変更することをあげている（Soni, 2000: 396）。特に日本企業
においてダイバーシティ経営を導入・定着していくためには、働き方改革や
人事管理システムの変革も不可欠である（佐藤, 2017）。このような目標に向
けた施策を策定し、そして実行することがダイバーシティ・マネジメントの
実践には求められる。

　ダイバーシティ・マネジメントの実践を行う中では、従業員やステークホ
ルダーなどの組織の関係者に納得して協力してもらうことも必要である。納
得を得るためには、ダイバーシティ・マネジメントの必要性や実践を正当化
することが重要であると考えられている（Dye & Golnaraghi, 2017）。このとき
にマイノリティの優遇を掲げるだけでは、マイノリティに対する優遇策だと
いう批判が噴出し、当事者以外は納得することが難しい。当事者にとっても
周囲の評価を正しく受けることができず、よい状況とはいえない（荒金、
2020）。したがって、単にマイノリティたちを優遇するのではなく、ダイ
バーシティ・マネジメントを通じて、組織レベルで、そして従業員の意識レ
ベルで違いを受け入れるインクルーシブな組織の土壌を、組織の中に整える
ことが求められるのである（Healy, 2017）。

討論のための問い

1. ダイバーシティについて理解したことをあげ、近くの人と共有し
   てみよう。
2. 性的指向や文化的背景などの点で、自分と「違う」属性をもつ他
   者を理解するために、私たちに求められることはなんだろうか。
3. 身の回りでダイバーシティへの配慮が必要となる場面を考えてみ
   よう。
4. CASE15. 1 について、ダイバーシティ・マネジメントに取り組む
   ことで同社はどのような価値を得ることができたか、検討してみ
   よう。

5. CASE15. 2 を参照し、LGBT など性的マイノリティの人たちが働き やすい職場にするにはどんな配慮が必要か考えてみよう。

◇◇◇

CASE15.1 JAL の社員一体型ダイバーシティ・マネジメント

　日本航空（以下、JAL）のダイバーシティ施策の特徴は、現場の従業員を積極的にダイバーシティ・マネジメントに巻き込む点にある。その取り組みの一つに 2015 年に立ち上げられた「JAL なでしこラボ」（2019 年に「JAL D&I ラボ」へ名称変更）がある。

　JAL D&I ラボとは、JAL およびそのグループ会社から多様な従業員が横断的に参加する 10 カ月間の研究チームの活動（ラボプロジェクト）と、研究チームが提言した施策や女性活躍推進および障がい者雇用に関する情報交換を通じて、グループ会社の横のつながりを強化する活動（グループプロジェクト）からなる。研究チームは、女性をはじめとするさまざまな「人財」の活躍の状況を分析して課題を洗い出し、解決するための施策を検討する。例えば 2018 年の研究報告会においては、日本人従業員と外国人従業員との間の（言語を含む）障壁を取り除くためのコミュニケーションのあり方、障がい者に対するバイアスとその除去、国籍や性別など特定の属性にとらわれず、従業員一人ひとりがもつ個性をダイバーシティととらえ、それを受け入れていくことの重要性などが発表された。

　提言された施策のうち、特に有効性が高いと評価されたものは、JAL グループ社内で実践される。その具体例が、2015 年の研究チームによって提言された「管理職パネルディスカッション」である。JAL グループには JAL ナビアという、カスタマーサービスを担当する会社がある。この会社に所属する従業員のうち 98% が女性であるが、2015 年の研究チームが行った調査では、女性従業員の 82. 6% が「管理職になりたくない」、あるいは「どちらでもない」と回答した。その理由として「管理職になる具体的なイメージが湧かない」との意見が一定数あげられた。JAL ナビアではキャリ

アとの向き合い方や昇進に対する不安のある社員が多い点に課題を抱えていた。

こうした課題を解決するために企画・運営されたのが「管理職パネルディスカッション」である。2018年12月のパネルディスカッションでは、さまざまな職務経験があり、実際に管理職として活躍する女性3名をパネリストとして迎え、働き方や普段の業務で意識していること、昇進のきっかけなどの経験の共有が行われた。パネルディスカッションによって管理職への昇進に対する不安を払拭するとともに、従業員がキャリア形成のきっかけとなる「ロールモデル」[1]を発見する機会となり、従業員のキャリア形成に貢献する。

以上のように、JALグループでは、現場従業員により構成される研究チームの成果が、JAL D&Iラボ報告会にて発表されることに加え、施策が現場で実行されることを通してダイバーシティ・マネジメントが行われる。グループ全体の現場従業員も巻き込みながらダイバーシティ・マネジメントやインクルージョンに取り組むことによりダイバーシティに関連するさまざまな問題の共有と解決がなされる。

こうした現場従業員を積極的に巻き込んでいく背景には、「現場からの改革」に重きを置く、企業とトップマネジメントの基本方針がある。ダイバーシティにまつわる問題の解決やマネジメントには、経営トップのみでなく、企業全体の理解と協力が不可欠となる。したがってダイバーシティ・マネジメントに取り組む際には、JALが実践するように、トップや一部の部署のみでなく、組織全体をいかに巻き込むかが成功の鍵を握ると考えられる。

◇◇

CASE15.2 職場における LGBT 差別[2]

経済産業省に勤める50代の職員は、男性として入省後、職場に性同一性障害の悩みを打ち明けて女性職員として働くようになった。健康上の理由から性別適合手術を受けることはなかった。女性用の休憩室や更衣室の使用は認められたが、女性用トイレについては自分の部署のフロアでは使用が認め

られず、2階以上離れたフロアのトイレを使うようにいわれた。職員はトイレの使用制限などをなくすよう人事院に求めたが認められなかった。上司からは「もう男に戻ってはどうか」といった発言もあった。同職員は、女性用トイレの使用を認められないのは不当な差別だとして、勤務先である国に対して処遇の改善や賠償を求める訴訟を東京地裁に起こした[3]。

これに対し、国側は「ほかの女性職員との間でトラブルが生じるおそれがあり、合理的な判断だ」と主張し、議論は平行線をたどった。2019年12月、東京地方裁判所は、「性同一性障害を含むトランスジェンダーの人が働きやすい職場環境を整えることの重要性はますます強く意識されるようになってきている」と指摘し、女性用トイレの使用を認めないとした国の措置を取り消したうえで、国に130万円あまりの賠償を命じた[4]。

こうした社会的変化に伴い、性的少数者（LGBT）[5]が働きやすい職場の環境づくりに向けた取り組みが、国内企業の間で徐々に広がり始めている[6]。

日本IBMは2015年、本社の改装で全フロアに男女共用の多目的トイレを設置した。同社は2004年から当事者の社員からなるLGBTコミュニティに公式的な委員会としての発言権を与え、人事部門等と連携して、性的少数者支援に関わる社内課題を解決するという役割を与えている。

2016年からは同性パートナーを登録してもらうことで結婚、出産、介護等に関わる休暇制度や慶弔金などの福利厚生について配偶者と同等の扱いができるようにした[7]。

また企業の枠組みを超えてソニー、パナソニックなど約30の企業とともに任意団体「work with Pride」を結成し、LGBTの働きやすい職場を評価する指標を策定した。同指標は、LGBTの方針の明確化や、相談窓口の設置、当事者の社員たちの支援、同性パートナーに対する福利厚生制度の適用、アライ（ally）と呼ばれる支援者を社内外に増やすことを含む意識啓発などを求めるものとなっている。この指標をもとにした優良企業の表彰や、取り組み事例の紹介を通じて、性的マイノリティの包摂に向けた試みが続けられている。

◇◇

注

1 キャリア形成においてキャリアの参考となる人物をロールモデルというが、その人物の全てではなく、一部を参考にできる場合、その人物を特にパーツモデルという。

2 本ケースは注 3〜7 に示す各資料をもとに高浦康有がまとめた。

3 NHK「心は女性 経済産業省の職員 東京地裁 "女性トイレ使用制限は違法"」NHK NEWS WEB、2019 年 12 月 12 日、https://www9.nhk.or.jp/nw9/digest/2019/12/1212.html

4 二審となる東京高等裁判所での控訴審判決（2021 年 5 月 27 日）では、国側には「他の職員の性的羞恥心や不安も考慮し、すべての職員にとって適切な職場環境を構築する責任があった」などとして、一審とは逆に、トイレの使用の制限は「不合理とは言えない（違法ではない）」との判断が下された。しかしその後の上告審判決（2023 年 7 月 11 日）では最高裁判所は、当該職員が離れた階の女性用トイレを使っていてもトラブルが生じていないことなどの個別事情をふまえ、「ほかの職員への配慮を過度に重視し、職員の不利益を軽視したもので著しく妥当性を欠いている」としてトイレの使用制限を認めた国の対応は違法と判断した。裁判長は補足意見で「事情はさまざまで一律の解決策にはなじまない。現時点では本人の要望と他の職員の意見をよく聴取し、最適な解決策を探る以外にない。今後、事案のさらなる積み重ねを通じ、標準的な扱いや指針、基準が形作られることに期待したい」と述べた。

・NHK「性同一性障害の経産省職員 女性用トイレ使用 2 審は認めず」NHK NEWS WEB、2021 年 5 月 27 日。https://www3.nhk.or.jp/news/html/20210527/k10013054841000.html

・NHK「トランスジェンダー "女性用トイレの使用制限" 違法 最高裁」NHK NEWS WEB、2023 年 7 月 11 日。https://www3.nhk.or.jp/news/html/20230711/k10014125111000.html

・時事通信「女子トイレ使用制限認める 性同一性障害の公務員逆転敗訴—国の賠償減額・東京高裁」時事ドットコム、2021 年 5 月 27 日。https://www.jiji.com/jc/article?k＝2021052700925&g＝soc

・日本経済新聞「職場トイレ制限訴訟 最高裁判決の要旨・補足意見」2023 年 7 月 12 日。https://www.nikkei.com/article/DGXZQOCD11B590R10C23A7000000/

5 LGBT とは、Lesbian（レズビアン、女性同性愛者）、Gay（ゲイ、男性同性愛者）、Bisexual（バイセクシュアル、両性愛者）、Transgender（トランスジェンダー、性別越境者：身体の性別とは異なる性自認の人たち）の頭文字をとった単語で、性的少数者（セクシャル・マイノリティ）を表す言葉として使われる。最近では Questioning（クエスチョニング：性自認や性的指向が定まっていない、もしくは意図的に決めていない人たち）や Queer（クイア：規範的なセクシャリティの枠に属さない人たち全般）も含めて、LGBTQ あるいは LGBTQ ＋と表現することも多い。また性的少数者のみならず、全ての人がもつ性的指向・性自認の多様性を表現したことばに SOGI（Sexual Orientation and Gender Identity）がある。そのことに関して職場等で差別や嫌がらせ（ハラスメント）を受けることを SOGI（ソジ）ハラといい、性的マイノリティのグループを中心として問題の可視化が進められている（東京レインボープライド「LGBT とは」同団体 HP、https://tokyorainbowpride.com/lgbt/、2021 年 9 月 25 日アクセス）。

6 日本経済新聞社「性同一性障害職員、利用トイレ制限は違法 東京地裁」日本経済新聞電子版、

2019 年 12 月 12 日、https://www.nikkei.com/article/DGXMZO53272270S9A211C1CC1000

7 　日本 IBM「LGBT ＋への取り組み」同社 HP、https://www.ibm.com/ibm/responsibility/jp-ja/inclusion/lgbt-plus.html（2021 年 9 月 12 日アクセス）

参考文献

Cox, T. H., & Blake, S.（1991） Managing Cultural Diversity: Implications for Organizational Competitiveness. *Academy of Management Perspectives*, *5*(3), pp. 45-56

Dye, K., & Golnaraghi, G.（2017） Organizational Benefits Through Diversity Management: Theoretecal Perspective on the Business Case. In R. Bendl, I. Bleijenbergh, E. Henttonen, & A. J. Mills（eds.）, *The Oxford Handbook of Diversity in Organization*（paperback ed., pp. 255-277）. Oxford University Press

Ely, R. J., & Thomas, D. A.（2001）Cultural Diversity at Work: The Effects of Diversity Perspectives on Work Group Processes and Outcomes. *Administrative Science Quarterly*, 46(2), pp. 229-273

Groeneveld, S.（2017）Explaining Diversity Management Outcome: What Can Be Learned From Quantitative Survey Research. In R. Bendl, I. Bleijenbergh, E. Henttonen, & A. J. Mills（eds.）, *The Oxford Handbook of Diversity in Organizations*（paperback ed., pp. 282-297）. Oxford University Press

Healy, G.（2017）The Politics of Equality and Diversity. In R. Bendle, I. Bleijengergh, E. Henttonen, & A. J. Mills（eds.）, *The Oxford Handbook of Diversity in Organizations*（pp. 15-38）. Oxford University Press

Mumby, D. K., & Kuhn, T. R.（2019）*Organizational Communication: A Critical Introduction*（2nd ed.）. SAGE

Nishii, L. H.（2013）The Benefits of Climate for Inclusion for Gender-Diverse Groups. *Academy of Management Journal*, *56*(6), pp. 1754-1774

Robbins, S. P., & Judge, T.（2018）*Essentials of Organizational Behavior*（14th ed）. Pearson

Robinson, G., & Dechant, K.（1997）Building a Business Case for Diversity. *Academy of Management Perspectives*, *11*(3), pp. 21-31

Soni, V.（2000）A Twenty-first-century Reception for Diversity in the Public Sector: A Case Study. *Public Administration Review*, *60*(5), pp. 395-408

Wrench, J.（2005）Diversity Management Can Be Bad for You. *Race & Class*, *46*(3), pp. 73-84

荒金雅子（2020）『ダイバーシティ＆インクルージョン経営：これからの経営戦略と働き方』日本規格協会

佐藤博樹（2017）「序章 ダイバーシティ経営と人材活用 働き方と人材管理システムの改革」佐藤博樹・武石恵美子編『ダイバーシティ経営と人材活用：多様な働き方を支援する企業の取り組み』（pp. 1-19）東京大学出版会

（中村暁子）

第16章 組織の倫理風土とリーダーシップ

　本章では、従業員個人やそれを取り巻く集団・組織が、日々の活動の中で企業内外のステークホルダーのための「よい仕事」を生み出し続けていくことにかかわる、倫理的な意思決定のプロセスや、組織の文化・風土、リーダーシップ・スタイルについて学ぶ。「よい企業」を実現するための制度や仕組みについてはすでに第Ⅱ部で理解を深めたが、これを比較的、可視化可能な体制や構造を対象とする「ハード」へのアプローチとするならば、本章では主に、人々の意思決定や行動、相互の関わりによって培われる文化や風土、あるいは影響力など、直接的な観察や関与が難しい「ソフト」に焦点を当てたアプローチについて、経営学、特に組織行動論などの知見も取り込みながら学ぶことになる。

　具体的にはまず、「組織のインテグリティ」という概念に基づき、本章が想定する「よい仕事・職場づくり」のための組織のあり方を確認する。そのうえで、「よい仕事」の実現そのものに大きくかかわる、倫理的な意思決定について学び、考える。次にこれに係る組織の文化と風土について、両者を弁別しながら知識を整理する。最後に、こうした文化や風土の醸成にかかわる、倫理志向のリーダーシップについて理解する。

1 組織のインテグリティ

組織とは

　「よい仕事・職場づくり」にかかわる組織と人のあり方を考えるにあたり、あらためて「組織」とは何かを確認しておこう。経営学で広く用いられているチェスター・バーナード（Chester I. Barnard）の定義によれば、組織は、相互に意思伝達できる人々が、貢献意欲をもって、共通の目的を達成しようとするときに成立する（Barnard, 1938）。この定義にはいくつか着目すべき点があるが、本章での考察において重要なのは、ただ複数の人々が集まっているだけではなく「共通の目的を達成しようとする」ことが「組織」の要件の一つとされる点である。

インテグリティ志向の経営

　「企業」という組織を考えた場合、その「共通の目的」は利益や存続・成長とされるのがこれまでは一般的であり、「倫理」は個人の問題、あるいは「本来の目的（例えば、利益や存続）を脅かす、違反や違法行為を防止すること」として扱われることが少なくなかった。

　こうした考え方に対し、企業における「共通の目的」、すなわち経営者の掲げる理想や組織の存在意義（アイデンティティ）に倫理を統合し、その価値観の体系によって組織のあり方や従業員の行動を方向づけようとする考え方が近年見られるようになった。それが、企業倫理学者であるリン・ペイン（Lynn S. Paine）の示した「組織のインテグリティ」を志向する経営であり、倫理戦略である[1]（Paine, 1994, 1997）。ここでのインテグリティは、第4章で学んだ徳倫理における「徳」に関わる概念であり、人や組織が日々の実践により獲得していく「徳」を統合した、全体的な「完全性」や「一貫性」を意味する。こうしたインテグリティの実現を志向する経営や、これに基づく企業倫理の制度化は「価値共有型」とも呼ばれ、外的な基準（法令等）の順守に主眼を置く「コンプライアンス型」と対比的に扱われることが多い[2]。

組織のインテグリティを志向する（価値共有型の）経営における組織の「共通の目的」は、経営者の倫理的な価値観に基づく理想であり、人すなわち従業員は、賞罰や規則によってだけではなく、「ありたい姿」への共感によって自ら判断し、行動しうる存在でもあると考えられている。

　組織と人の問題を扱う本章では、こうした経営観と人間観に基づいて、「よい仕事」とは、企業（組織）が共通の目的とする倫理的な理想の実現に向けて活動することおよびその成果であり、従業員は本来、そうした仕事を志向し、実現しうる存在なのだとする考え方を前提とする。そのうえで、倫理的な意思決定の基本的なプロセスや、個々の倫理的判断を促す組織の文化や風土、倫理風土の醸成に関わるリーダーシップのスタイルについて、順に見ていこう。

2　倫理的な意思決定

倫理的な意思決定とは

　企業倫理学において「倫理的な意思決定」というときには、少なくとも二つの立場がある。一つは、倫理的な意思決定はいかに「あるべきなのか」という規範を追求する立場であり、もう一つは、ビジネスの場で、倫理的な意思決定はいかに「なされるのか」という事実を説明する立場である。

　前者についてはすでに第Ⅰ部で議論したことから、ここでは後者の立場に注目し、組織の中の個人の倫理的意思決定について、そのプロセスと影響要因を学ぶ。そのうえで、私たちが将来、あるいは今、倫理的な意思決定を行っていくために参考となるいくつかの要点を押さえる。

倫理的意思決定のプロセスと影響要因

　組織の中の個人の倫理的意思決定は、基本的に次の四つの段階によるプロセスによって成り立つと考えられている（Rest, 1986; 中野、2004）。

①倫理的問題の認知：ビジネスの場面で、「これは倫理的な問題だ」と知覚したり、「悩ましい」と倫理的ジレンマに陥ったりする段階。

②倫理的な判断：①の問題に対して「どうすべきか」を、自分なりにまず判断する段階。

③倫理的意思の確立：現実的な状況を勘案しながら倫理的な優先順位づけをし、「何をするか」を具体的に選択して自らの意思を固めていく段階。

④倫理的な行動：①～③を経て、実際に行動を起こしている段階。

　「よい仕事」というとき、ともすれば表出した「④倫理的な行動」だけが問われやすいが、組織の中の個人は、特に倫理的な意思決定が問われる状況においては、このような思考と行動のプロセスをたどっているとされる。そしてこの基本的なプロセスには、本人の個人的要因だけではなく、その人を取り巻く組織や環境、状況といった要因、そして倫理的問題それ自体の特性などが影響する。つまり、一個人としては「②倫理的な判断」の段階である判断をしていても、その人の職場や組織のあり様によっては、「④倫理的な行動」が全く異なったものにもなりうるということである。

　こうした、組織の中の個人の倫理的意思決定に影響を及ぼす要因には、後で検討するように、組織の倫理的な文化や風土や、周囲にいる重要な人々の存在といったリーダーシップに通じる要素などがある。これらは、ネガティブに作用すればいわゆる企業不祥事にもつながりうるが、適切にマネジメントすれば、組織の中の個人が自らの思考のプロセスとして倫理的な意思決定を行い、「よい仕事」を実現していくことを支援する存在にもなりうる。こうしたことを意識した倫理マネジメントを行うことが、経営者や管理者、現場リーダーには求められている。

　このように、組織の中の個人の倫理的意思決定は、周囲のさまざまな要因からの影響を受ける。しかしこれは、私たち自身が組織の一員であるとき、「組織が悪いから」「上司がいい加減だから」と他責的な態度でいてもよい、ということを意味しているのではない。たとえ新入社員であっても周囲に影響を及ぼすことは可能であり、それが実質的には、リーダーシップを発揮していることになる。

　では、私たちが日々の仕事の中で倫理的な意思決定を行っていくために

は、どのようなことに留意すればよいのだろうか。ここでは「想像力」と「理由づけ」の二つを押さえておきたい。

道徳的想像力

まず、「想像力」である。これは例えば、「相手の立場に立って考える」ということや「これを行ったら、ゆくゆくどうなるだろう」と思いを巡らせてみることなどを意味する。

これに関し、企業倫理学者のパトリシア・ワーヘイン（Patricia H. Werhane）は、道徳的想像力（モラル・イマジネーション）の重要性を強調している。ワーヘインによれば、道徳的想像力とは「特定の状況において、単にその状況から決定づけられたり、作動しているメンタルモデルに制限されたり、一連の規則やそれらへの関心による枠組みに縛られたりせずに、可能性を見出し評価できる能力」とされる（Werhane, 1999）。倫理的意思決定のプロセスにおいて、実際に自分が置かれている状況や、これまでその状況（例えば職場や組織）の中で培ってきた考え方の癖に縛られずに、問題を見出したり、判断したり、より望ましい行動の可能性を探ったりするのは、実は難しい。「今まで、こうしてきたから」「ここでは、断れない」「どうせ提案しても、上手くいくはずがない」。人は環境に適応しながら活動しているがゆえに、こうした「思い込み」を意識的にも無意識的にもしてしまいがちな存在なのである[3]。

道徳的想像力をもつということは、自らがこうした「無意識のとらわれ」をしがちであることをまずは自覚し、意識的に、自分や状況を第三者の目で見ることであり、そうした考え方の習慣をつけることから培われる。物事や自分自身を時間的・空間的・そして他者の視点で想像力を働かせ、俯瞰して眺めることで、思いがけない過ちをせずに、よりすぐれた、意思決定を行っていくことにつながる。

そして、こうした視座をもつことは、倫理的な意思決定におけるもう一つの要点である「理由づけ」にも役立つ。

倫理的な理由づけ

　個人の倫理的判断における「理由づけ」に注目したものとして、発達心理学者のローレンス・コールバーグ（Lawrence Kohlberg）が提唱した道徳性発達段階モデルがある。コールバーグは被験者 75 名の 15 年間にわたる追跡調査により、個人の道徳的思考が成熟するにつれ、いくつかの発達段階を経ることを明らかにした。その発達段階は主として三つの水準に分類される（Kohlberg, 1969）。最初の「前慣習的水準」では、行為の正しさはもっぱら、いかに本人の利益になるかという利己主義的な観念から評価され、他人を手段として扱う道具主義的な志向が見られる。次の「慣習的水準」では、よい行いとは、対人関係の中でいかに他人を喜ばせ、その期待に応えるかというよい子志向であったり、集団的権威への忠誠であったりする。最後の「脱慣習的水準」では、個人の内面に普遍的な倫理原則が確立され、良心的決断を行い、公正や平等などの観点から法や規範の正当性を評価するようになる。

　この理論は、個人の倫理的傾向や判断を測定するための手法にも応用されている。その根底にあるのは、ある判断が「いかに、倫理的であるか」は、その結果としての行動からというよりも、その判断の「理由づけ」から測られる、という考え方である。

　例えば、次のようなケースを考えてみよう。

　ある食材メーカーの営業担当者 A さんが、大手レストランチェーン S 社との大口の契約をまとめるため、先方の担当者が設定してくれた社長への最終プレゼンへの出張に、今まさに出かけようとしていた。そこに、昔から懇意にしてきた近隣の小さな飲食店の店主から、昨日納品された食材の味がおかしいような気がする、自分では判断がつかないので、すぐに来て調べてほしいと連絡があった。職場には A さん以外、いずれにも対応できそうな社員が誰もいない。A さんは今、どうするべきか。それは「なぜ」なのか。

　この状況において、もし自分自身が A さんだったら、あるいは「小さな飲食店の店主」だったら、そして「大手レストランチェーン S 社の担当者」だったら、と考えてみると、「どこに行くか」「どうするか」という結果としての「行動」だけではなく、その「理由」もまた重要で、さまざまにあり、

そこから判断の拠りどころとしての「倫理」が見えてくることが理解されるであろう。

　そして、ビジネスの場での倫理的な意思決定は、多くの場合、その本人が「正しい」判断をするだけでは完結しない。その意思決定が周囲の合意を得、関係者が納得して協力し、その成果に共感を得られてはじめて、「すぐれた」倫理的な意思決定といえるのである。このように周囲や関係者のコンセンサスを得るには、十分な理由と、その説明が必要である。「行動」の後であればそれは、説明責任を果たす、ということにもつながるだろう。

倫理的判断における「3つのレンズ」

　では、このようにすぐれた理由づけをし、倫理的な意思決定をするためには、どのような観点をもてばよいのだろうか。これにもさまざまなフレームや手法があり[4]、また企業によっては独自の「エシックス・テスト」などを作成している場合もあるが、ここでは非常にシンプルだが応用範囲が広く、また、本書での学習を振り返り実践につなげていくうえでも有用と思われる、「3つのレンズ」（Paine, 1997）を見ておこう。これは、以下の三つの観点から自分が行おうとしている判断を考え、理由づけができるかを問うものである。

倫理的な意思決定のための「3つのレンズ」
　目的：自分に課せられている目的や、自分の目標を達成できるか。
　原則：関連する原則や規範、果たすべき義務は何か、それと両立するか。
　人間：影響を被る人々の、期待や幸福を尊重しているか。

　「目的」のレンズは、ビジネスの場の価値観に最も馴染みのある考え方であり、目的指向や実用主義に通じる視点である。これに対し、他の二つのレンズは、第Ⅰ部で学んだ西洋の主たる倫理学説により密接に関連するものである。「原則」のレンズは、非帰結主義や義務論に基づいた、「良心に則った正しさ」を追求するものといえる。「人間」のレンズは帰結主義や功利主義

に基づき、ケアの倫理やステークホルダー・マネジメントの考え方とも親和性が高く、特に日本の企業や文化においては人々の共感を得やすい視点でもある。

　そして、この「3つのレンズ」で最も重要なことは、これらのバランスをとり、「どれをも」満たしうる判断と具体的な行動を考え抜くこと、そのようなタフな思考に挑むことである。それには問題を個人で抱えこむのではなく、周囲の人々と話をし、ともに考えること、そのような話し合いや「対話」ができる関係が職場や組織に築かれていることが欠かせない。そのために、組織の文化や風土をつくり、リーダーシップを発揮することが、企業にかかわるすべての人々に期待されている。これもまた大切な、「よい仕事」といえよう。

3　倫理と組織文化、そして組織風土

組織文化と組織風土

　ここで、個人の意思決定に影響を与えるとされる組織文化について考えてみよう。組織文化研究の第一人者であるエドガー・シャイン（Edgar H. Schein）は、「組織文化とはグループが外部への適応、さらに内部の統合化の問題に取り組むプロセスであり、グループによって学習され、共有される基本的な前提認識のパターンである」とする。そして文化は、「人工の産物」「信奉された信条、信念、価値観」「前提認識」の三つのレベルに区分されるとした（Schein, 2010）。こうした文化のとらえ方は「氷山モデル」ともいわれ、「人工の産物」は水面から表出している氷山の一角として目に見えるが、その水面下にはより巨大な氷の塊（価値観や前提認識）が存在するとたとえられる。また、組織文化の国際比較を行った人類学者のギート・ホフステード（Geet Hofstede）は、文化の「玉ねぎ型モデル」として、文化はより表面的なものから順に「シンボル」「ヒーロー」「儀礼」として表出し、これらは観察可能だが、その最も深層にあるのは「価値観」であるとする（Hofstede et al.,

2010）。この二つの代表的な組織文化の考え方に共通するのは、文化は表出した観察可能なものだけではなく、その深奥に価値観や前提認識といった目に見えないものが存在することも含めて考えられるべきだとしていることである。

　組織文化は、（表出しているか否かとは別に）客観的に把握される現象として考えられるが、これに対し組織風土は、その組織の構成員が主観的に認識している組織のあり様とされる。企業倫理学でいえば、明文化された倫理綱領や客観的に把握可能な職務慣行などはその組織の文化だが、従業員が主観的に知覚している組織内の不文律や意思決定時の暗黙の優先順位などは風土にかかわる事柄である。ただし、こうした組織文化と組織風土の区分にはさまざまな見解もあり、例えば「価値観」をどのように位置づけるのかなどあいまいな部分もある。アメリカで行われた実証研究では、企業倫理に係る組織文化と組織風土は、各々弁別はできるが強い相関があること、組織の倫理文化は一つの型に収斂される傾向にあるが、倫理風土は複数の型（タイプ）に分かれることが見出されている（Trevino et al., 1998）。

　以上を踏まえると、人々の相互の関わりなど目に見えにくいものに焦点を当て、「よい仕事・職場づくり」を考える本章においては、組織風土についてより深く考えるのが適切であろう。そこで以下では、組織の倫理風土に焦点を絞り、詳しく見ていく。

組織の倫理風土

　組織の倫理風土とは、「何が倫理的な行動なのか」について、組織の中の人々の間で共有されている知覚であり、組織内の意思決定のための規範として、どのような倫理的理由づけや行動が期待されるのかが確信されるときに生じる（Martin & Cullen, 2006）。つまり、ある企業で働く人々に、「御社では、どのような判断や行動が"よい仕事"といわれていますか？」とたずねたときに返ってくる答えが示すような、組織のあり様である。

　こうした組織の倫理風土は、理論的には、九つのタイプに分けることができるとされている（**図表 16. 1** 参照）。

		分析のレベル		
		個人	組織・集団	社会・市民
倫理の理論	利己主義	自己利益	企業利益	効率
	博愛・善行	友愛	集団利益	社会的責任
	原理・原則	個人的な道徳	組織の規則と手続き	法と専門職規範

図表 16.1　組織の倫理風土モデル

［出所］Martin & Cullen（2006）を基に筆者（本橋）作成.

　組織の倫理風土モデルは、先述のコールバーグの道徳性発達段階モデルが示す三つの水準を援用して倫理観の区分を縦軸にとり、横軸に意思決定にあたって焦点が置かれる範囲をとったもので、各々の軸に三つの区分を想定することで九つのタイプが見出される[5]。例えば、ある企業の従業員が「当社では、自社の観点がまず最優先に検討され（横軸）、ルールや手続きを守ることが評価される（縦軸）」と認識している場合、その組織の倫理風土は「組織の規則と手続き」タイプになる。

　こうした組織の倫理風土は、そこで働く人々にさまざまな影響を及ぼす。まず、「よい仕事」に関しては、従業員が、日々の業務の中で「これは倫理的に考えるべきことがあるのでは？」と気づいたり、「我々は、こうすべきだと思う」といった組織の一員としての判断の源泉になったりする。その結果、組織内外の人々と接する普通の場面での倫理的な意思決定や行動、すなわち「よい仕事」につながったり、逆に、職場全体での不正や隠蔽の原因になってしまったりもする。他にも経営学の観点からいえば、組織コミットメントや職務満足、上司への信頼感への源となり、チームワークや仕事の成果、さらには業績にも影響が及ぶのである。

　では、このように人々に大きな影響を及ぼす組織風土は、何によって醸成

されるのだろうか。これについても、自国の文化や業界団体の特性といった大きな事柄から、企業内の人的資源管理に係るさまざまな施策、個々人の特性まで、さまざまな要因があげられる。そうした中で、直接的にこれに作用し、かつ、経営者や管理者、現場リーダーがコントロール可能なものとして、リーダーシップの問題がある。

そこで次に、「よい仕事・職場づくり」に係るリーダーシップについて考えよう。

4　倫理志向のリーダーシップ

リーダーシップとは

リーダーシップの問題は、企業倫理学のみならず、経営学や実務においても長年にわたり探究されてきた。その黎明期には、リーダーが生来もっている特質が着目されたが、やがて優れたリーダーがとっている行動が注目されるようになる。その後、有効なリーダーシップは状況により異なるとする考え方が現れ、状況的な影響にも関心が集まるようになった。

そもそもリーダーシップとは何かという定義にも多様な考え方があるが、まずは「影響力の一形態」（金井、2005）として理解しておこう。これによれば、リーダーシップは役職やポジションにかかわらず発揮しうる能力と考えることができる。また、リーダーが影響を及ぼす対象はフォロワーと呼ばれる。

こうした理解のもと、「よい仕事・職場づくり」につながるリーダーシップとして把握したいのは「変革型リーダーシップ」と「倫理的リーダーシップ」の二つである。

変革型リーダーシップの影響力

変革型（transformational）リーダーシップは、交換型（transactional）リー

ダーシップと対比され提唱された概念である。交換型リーダーシップが、フォロワーの協力への対価として報酬を与えることで、影響力を発揮するスタイルであるのに対し、変革型リーダーシップは、フォロワーと目的やビジョンを共有し、フォロワーが自らの価値観や態度を変えるよう促すことで、影響力を発揮しようとするものである。もともとは歴史上の、大変革期の偉大なリーダーの研究から生まれた考え方だが、倫理的な理想や価値観の共有を通じて、フォロワーが自ら「よい仕事」を生み出せるよう、影響力を発揮するスタイルととらえることもできる。日本企業に多く見られる「理念経営」にも通じ、インテグリティ志向の経営や人間観とも親和性が高いリーダーシップ・スタイルといえる。

倫理的リーダーシップの機能

　一方、倫理的リーダーシップは、より直接的にフォロワーの倫理的行動を促しうる影響力に関し、提唱されている概念である。これには、心理学者のアルバート・バンデューラ（Albert Bandura）が提唱した、「人は、自ら経験したことのみならず、他者の行動やその結果を観察することにより学習する」という社会的学習理論が援用されており、大きく次の二つの行動が重視されている。まず、リーダー自身が倫理に叶った適正な行動を示すことで、フォロワーの学習を促し影響を与えることである。もう一つは、フォロワーへの働きかけを行うこと、具体的には双方向のコミュニケーションや、賞罰による強化、公正・公平な意思決定を行うことなどによって、倫理的な行動を促進することである。

　倫理的リーダーシップは、組織の倫理風土にも影響を及ぼすが、より直接的にフォロワーの態度や行動にも作用する。例えば、フォロワーの倫理的な判断や社会志向的な行動を促すのはもちろんのこと、モチベーションや職務満足などにもプラスに働くことが知られている。

　では、企業において、倫理的リーダーシップを発揮するのは誰なのかということを考えると、その究極の源泉は経営者である。アメリカの企業に典型的といわれる（そして、近年は日本でも一般的になってきた）トップダウン型の企

業では特に、経営者の経営判断、そこからうかがわれる意思決定の倫理性や公平性・公正さ、さらには日ごろの言動までもがフォロワーである従業員の倫理的行動に影響を与える。わかりやすくいえば、従業員は、経営者の判断や行動を通じて、何がこの企業における「よい仕事」なのかを学習し、そのように振舞おうとするのである。

ただし、先に見たように、リーダーシップは役職やポジションによるものではなく、倫理的リーダーシップも経営者だけの問題ではない。企業における管理者や現場リーダーは、その部下や周囲の人々に対し、日々コミュケーションをとり、ともに業務を遂行している点で、より直接的な影響を及ぼしうる存在である。そのため、彼／彼女ら自身の倫理的な行動や態度もまた、フォロワーに影響を及ぼすという入れ子構造にある。さらにいえば、こうした公式的なポジションを有していない人々、例えば若手社員であっても、周囲の人々に対して倫理的な意思決定を促し、「よい仕事」を実現させるような影響を及ぼすことができているならば、それは倫理的リーダーシップを発揮していることになるのである。

討論のための問い

1. 所属している（したことがある）ゼミやサークル、あるいは勤務先（アルバイト先）には、どのような文化や倫理風土があるか、考えてみよう。
2. CASE16. 1 について、①「事故」の原因は何か、②「社会的に大きく批判」をどう考えるか、話し合ってみよう。
3. CASE16. 2 について、もし自分が日和佐氏だったら、企業倫理に関する組織改革のために、①どのようなことを、②何に留意して行うか、③それはなぜか、意見を出し合ってみよう。

CASE16. 1 雪印乳業食中毒事件[6]

2000 年 6 月 27 日、雪印乳業大阪工場で製造された低脂肪乳によって、

嘔吐や下痢などの症状を伴う食中毒が発生したとの第一報が入った。雪印乳業は、29日に大阪工場の低脂肪乳を含む製造ラインを停止し、店頭からの商品の自主回収を開始したが、発症者は増え続け、最終的に1万3000名を超えることとなった。雪印乳業に対する消費者からの信頼は失墜し、経営陣が辞任する事態にまで発展した。

　当初、食中毒の原因は、大阪工場の製造ラインにあると見られていた。しかし、調査の結果、問題の低脂肪乳は同社の大樹工場（北海道）で製造された脱脂粉乳を原料としたものであり、その脱脂粉乳の製造工程で停電が発生し、数時間にわたり原料乳が放置された結果、黄色ブドウ球菌が増殖して毒素が大量に産出されたことがわかった。この原料乳により製造された脱脂粉乳は、大樹工場の出荷前の品質検査で約半分が不合格となったが、不合格品は廃棄されず、後日、新たな脱脂粉乳の製造工程で原料の一部として用いられた。そこで熱処理がなされたことで黄色ブドウ球菌は死滅したものの、熱に強い毒素は残ってしまい、当時の品質検査はこの毒素を対象にしていなかったため、毒素を含んだ脱脂粉乳が検査に合格し大阪工場に出荷されてしまったのである。

　こうして問題のある脱脂粉乳が低脂肪乳の原料として用いられてしまったことやその経緯が明らかになるとともに、マニュアルの不備やその遵守の不徹底、作業手順の問題などが指摘され、背景には利益優先主義の企業体質があり、安全意識の欠如につながったとする見方が広まって、雪印乳業は社会的に大きく批判された。

　しかしその後、この事件に関し丹念な検証を行った研究（谷口・小山、2007）により、当時の大樹工場には「最終的に熱殺菌すれば、製品の安全性を担保できる」という強い「神話」が存在していたこと、現場では生乳に愛着をもち無駄にしないという価値観が共有されており、「もったいない」という感覚的な「申し訳なさ」のために、製品を廃棄しなかったことが明らかにされた。そして、「神話」と「もったいない」意識が浸透していたところに、想定外の停電が発生したことで、この大きな「事故」が起きたと分析されている。

CASE16.2 雪印乳業の再建への取り組み[7]

2000年の大規模な食中毒事件の2年後の2002年1月23日、雪印乳業の子会社である雪印食品が、牛肉の産地を偽装するという新たな事件が明るみに出た。二度の企業不祥事により雪印乳業の信頼は大きなダメージを受け、株価は大幅に下落、再び経営陣が退陣するなど、非常に厳しい状況になった。

こうした中、同年6月、雪印乳業は、社外取締役に全国消費者団体連絡会前事務局長の日和佐信子氏を起用することを決めた。日和佐氏は雪印食品の牛肉偽装事件に対し消費者の代表として強い批判を行っていたという経緯もあり、日本では極めて異例の人事ともいわれた。雪印乳業は同時に、社外のメンバーを中心とする企業倫理委員会を発足させ、日和佐氏はそのトップとして改革に着手したのである。

当時の日本は、企業倫理やコンプライアンスという言葉がようやく社会的に認知され始めたころであり、倫理綱領や行動基準を策定している企業は数少なく、そのほとんどが社外秘扱いごく一部を公表しているのみであった。このように情報が極めて少ない中、雪印乳業はその翌年の2003年1月、「雪印乳業行動基準」を策定した。これには従業員全員が参画したといい、この「行動基準」は冊子化されて広く配布され、ホームページには全文が掲載された。また、6月27日と1月23日は「事件を風化させない日」とされ、毎年さまざまな取り組みが実施されることとなった。

日和佐氏は、社外取締役に就任した3年後、同社の社内は大きく変わったと評価している。「以前はトップダウンの統率で社員からの発言がなかったのですが、今は役員も社員も自由に発言するようになっています。」（雪印乳業株式会社、2005）。

その後、法人としての雪印乳業は再編されることになったが、前述のような企業倫理への取り組みは間もなく、国内外の注目を集めることとなった。やがて、日本企業における企業倫理推進の先駆的な事例として、アメリカの経営倫理学会で報告されるまでに至ったのである。

注

1 Paine（1994）pp.111-119、および Paine（1997）pp.91-99 では、倫理マネジメントのための戦略（strategies for ethics management）としてインテグリティ志向の戦略（integrity strategy）とコンプライアンス志向の戦略（compliance strategy）が対比され、倫理戦略（ethics strategy）という用語も頻出する。出所の文脈と用語の用法を解釈したうえで、ここでは、インテグリティ志向の「経営」および「倫理戦略」とした。

2 企業倫理の制度化および「価値共有型」「コンプライアンス型」の対比に関しては、第6章を参照されたい。

3 倫理的な意思決定における認知バイアスや各種の思い込みについては第5章を参照のこと。そのほか、ビジネスにおける意思決定には、人々が陥ってしまいやすい現象がいくつか指摘されている。例えば、問題の複雑な面を全てとらえるのではなく基本的な面だけをとらえ限られた枠の中で解決策を見出そうとしてしまう傾向（「限定された合理性」という）や、さまざまなバイアス（例えば、自信過剰バイアス、アンカリング・バイアス、入手容易性バイアス、代表性バイアスなど）、マイナスの情報が入ってきているにもかかわらず前の意思決定に引きずられてしまう傾向（「コミットメントのエスカレーション」という）などがある（Robbins, 2005）。また、集団における意思決定においても、社会的手抜きや同調圧力、少数派影響力、集団極化現象、過剰忖度などの負の現象が知られている（印南、1997）。こうした「人間の限界」を乗り越えていくにあたっても、道徳的想像力の概念は示唆に富む。

4 例えば普遍化可能性テストや可逆性テスト（野城他、2005）他、セブン-ステップ・ガイド（Davis, 2002）、RESOLVEDD 戦略（ファイファー＆フォースバーグ、2014）など。

5 組織の倫理風土モデルの「縦軸」は、最初期と現在とでは若干異なっている。最初期は、上から「利己主義（egoistic）―功利主義（utilitarian）―原理原則（principle）」であり、この軸を定めるにあたっては、主要な三つの倫理理論と考えることができる「利己主義／功利主義／義務論」と、コールバーグの道徳性発達段階モデルが提示する「段階」との両方が参照されており、その後、現在の用語に定まっていった。この「縦軸」の名称が「倫理の理論」となっているのは、こうした経緯の名残ともいえる。また、「横軸」は「自分自身－社内－外部ステークホルダー」という視座の広がりと考えると理解しやすい。こうした点からこのモデルは、本書の第Ⅰ部の倫理学説、及び第Ⅱ部のステークホルダー理論や「企業市民」という考え方に通底するものともいえよう。

6 雪印乳業株式会社は、当時の国内乳製品業界における最大手の一つであった。その後、分割・統合等を経て、雪印メグミルク株式会社に至ることになる。本ケース作成にあたっては以下の資料を参照した。

・雪印食中毒事件に係る厚生省・大阪市原因究明合同専門家会議「雪印乳業食中毒事件の原因究

明調査結果について：低脂肪乳等による黄色ブドウ球菌エンテロトキシン A 型食中毒の原因
について（最終報告）』厚生労働省ホームページ　報道発表資料. https://www.mhlw.go.
jp/topics/0012/tp1220-2.html（2021 年 12 月 30 日アクセス）

・谷口勇仁・小山嚴也（2007）「雪印乳業食中毒事件の新たな解釈：汚染脱脂粉乳製造・出荷プ
ロセスの分析」『組織科学』第 41 巻第 1 号、77-88 頁。

7　本ケース作成にあたっては以下の資料を参照した。

・日本経済新聞　（2002）「消費者の目で経営チェック　雪印乳業・社外取締役に就任予定　日和
佐信子さんに聞く」2002 年 6 月 22 日夕刊 8 面

・雪印乳業株式会社（2005）「新生　雪印乳業の歩み　2002〜2004　活動報告書 2005」

参考文献

Barnard, C. I.（1938）*The Functions of the Executive*. Harvard University Press（山本安次郎・
田杉競・飯野春樹訳『経営者の役割』ダイヤモンド社、1968 年）

Brown, M. E., & Trevino, L. K.（2006）Ethical Leadership: A Review and Future Directions.
The Leadership Quarterly, 17, pp. 595-616

Daft, R. D.（2001）*Essentials of Organization Theory and Design*（2nd ed.）. South-Western
College Publishing（髙木晴夫監訳『組織の経営学：戦略と意思決定を支える』ダイヤ
モンド社、2002 年）

Davis, M.（2002）*Ethics and the University*. Taylor and Francis

Hofstede, G., Hofstede, G., & Minkov, M.（2010）*Cultures and Organizations: Software of the
Mind*（revised and expanded 3rd ed.）. McGraw-Hill（岩井八郎・岩井紀子訳『多文化世
界：違いを学び未来への道を探る』有斐閣、2013 年）

Kohlberg, L.（1969）. *Stage and Sequence: The Cognitive-developmental Approach to Socialization*.
In D. Goslin,（ed.）, *Handbook of Socialization Theory and Research*. Rand Mc Nally（永野
重史監訳『道徳性の形成：認知発達的アプローチ』新曜社、1987 年）

Martin, K. D., & J. B. Cullen.（2006）Continuities and Extensions of Ethical Climate Theory:
A Meta-Analytic Review. *Journal of Business Ethics, 69*(2), pp.175-194

Paine, L. S.（1994）Managing for Organizational Integrity. *Harvard Business Review, 72*(2), pp.
106-117

Paine, L. S.（1997）*Cases in Leadership, Ethics, and Organizational Integrity: A Strategic
Perspective*. McGraw-Hill（梅津光弘・柴柳英二訳『ハーバードのケースで学ぶ企業倫
理：組織の誠実さを求めて』慶應義塾大学出版会、1999 年）

Pfeiffer, R., & Forsberg, R.（2013）*Ethics on the Job: Cases and Strategies*,（4th ed.）, Wadsworth
Publishing Company（髙田一樹訳『48 のケースで学ぶ職業倫理：意思決定の手法と実

　践』センゲージラーニング、2014 年)

Rest, J.(1986) *Moral Development: Advances in Research and Theory.* Praeger

Robbins, S. P.（2005）*Essentials of Organizational Behavior*（8th ed.）.Pearson Education（髙木晴夫訳『【新版】組織行動のマネジメント：入門から実践へ』ダイヤモンド社、2009年)

Schein, E.（2010）*Organizational Culture and Leadership*（4th ed.）, Jossey-Bass（梅津裕良・横山哲夫訳『組織文化とリーダーシップ』白桃書房、2012 年)

Trevino, L. K., Butterfield, K. D., & McCabe, D. L.（1998）The Ethical Context in Organizations: Influences on Employee Attitudes and Behaviors. *Business Ethics Quarterly, 8*（3）, pp.447-476

Werhane, P.(1999) *Moral Imagination and Management Decision-making.* Oxford University Press

印南一路（1997）『すぐれた意思決定：判断と選択の心理学』中央公論社

梅津光弘（2002）『現代社会の倫理を考える(3)　ビジネスの倫理学』丸善

梅津光弘（2007）「企業経営をめぐる価値転換」企業倫理研究グループ『日本の企業倫理：企業倫理の研究と実践』（1-20 頁）白桃書房

岡本大輔・梅津光弘（2006）『企業評価＋企業倫理：CSR へのアプローチ』（慶應経営学叢書　第 2 巻）慶應義塾大学出版会

金井壽宏（2005）『リーダーシップ入門』日本経済新聞社

杉本泰治・高城重厚（2001）『大学講義　技術者の倫理　入門（第二版)』丸善出版

谷口勇仁・小山嚴也（2007）「雪印乳業集団食中毒事件の新たな解釈：汚染脱脂粉乳製造・出荷プロセスの分析」『組織科学』第 41 巻第 1 号、77-88 頁

中野千秋（2004）「組織における個人の倫理的意思決定：組織倫理に関する実証研究の可能性を探る」『組織科学』第 37 巻第 4 号、14-23 頁

野城智也・札野順・板倉周一郎・大場恭子（2005）『実践のための技術倫理：責任あるコーポレート・ガバナンスのために』東京大学出版会

雪印乳業株式会社（2005）「新生　雪印乳業の歩み　2002〜2004　活動報告書」

（本橋潤子)

第17章 技術者倫理と経営

　科学の発展は、あらゆる不可能を可能にしてきた。科学の恩恵により、人は空を飛ぶことや深い海に潜ることが可能になり、ときには地球から離れて暮らすことすら可能になった。また、ヒトやモノは10,000kmの距離をわずか12時間ほどで移動し、カネにいたっては1分足らずで世界中をボーダーレスに移動できるようになった。つまり、人は「科学技術」を味方につけることで、生物としての能力を超える「能力」を手中にしたのである。

　もっとも、人の生活を豊かにする科学技術も、ひとたび使い方を誤れば、大きな不幸を招くこともある。とりわけ、高度に専門化した技術は「ブラックボックス」化が進んでいる。したがって、科学の中身を知りそれを操る技術者の思考や態度によって、科学技術が社会に対していかなる影響を与えるか、その方向性が左右されることとなる。その意味で、専門職としての技術者が社会に対して負う責任は、極めて大きく重い。

　このように現代は、技術者のもつ「倫理性」が今まで以上に問われる時代である。そこで本章では「技術者倫理」に焦点をあて、その重要性について考察を進める。具体的には、まず「技術者倫理とは何か」を説明する。続いて技術者倫理特有の構造問題とその特性を、経営者の倫理との対比で考察する。さらに、問題を克服するための技術者倫理の実践とその方法を検討する。

1　技術者倫理とは何か

　本章では「技術者倫理」[1]を考えるにあたって、技術そのもののもつ倫理性を検討するところから出発したい[2]。技術には、利用可能な資源を効率的に使うことで「経済性」を高めるとともに、人々の健康と安全を守り、また環境に対する負荷を抑えることにより、社会の「持続可能性」を高めることが期待されている[3]。その意味では、技術そのものが、倫理的に運用されるべきものだといえる。

　この運用面を担うのが、専門家としての「技術者」である。このため技術者には、専門分野の知識と能力に秀でているだけでなく、科学技術分野以外でも、物事の価値の本質を理解することが求められる。つまり、科学技術上の解決と、それがもたらす環境・社会・経済・政治などへの広範な影響との適切なバランスを取りながら、正しい「（価値）判断」の基準をもち、的確な意思決定を行うことができなければならない[4]。したがって、自然科学にとどまらず、人文社会科学まで含めた広範な知識と能力をもち、より倫理的な意思決定を行うことが求められるわけである。

　このように考えれば、現代の技術者には、企業を取り巻くあらゆるステークホルダーとの良好なコミュニケーションを通して、バランスよい技術の創造とソリューションの提供を求められることがわかる。技術を通して、経済性と持続可能性の両方を高めていくこと。これこそが本章の想定する「技術者倫理」だといえよう。

2　技術者倫理の問題構造とその特性

　技術者倫理の最大の特徴は、それが人間の現実的な営みに直結する点にある[5]。技術は、それが物体であれシステムであれ、物理的に存在するかしないかなどの違いこそあれ、社会に大きな影響を与えることは間違いない。その影響を専門的見地から予測し、正しい意思決定に結びつけるために、幅広いステークホルダーの納得を広く得る形で、バランス良く価値を実現するこ

ジレンマ（対立）	同時に満たせないと思われる複数の価値の実現が求められている問題
線引き（程度）	実現する価値について個別具体的な程度の解釈が求められている問題

図表 17.1　倫理問題の構造
［出所］金沢工業大学科学技術応用倫理研究所編（2017：40）

とが重要となる。この点において、技術者倫理が——ビジネスの倫理と同様に——問われることとなる。

　しかし、技術者倫理を現場で実践するのは、容易なことではない。なぜなら、技術者の多くは企業などの組織に所属するため、専門職としての立場と組織人としての立場の板挟みになるからである。このような「あちらを立てればこちらが立たず」という「対立」の倫理問題を「ジレンマ問題」という。また、前例がないために、どのような基準や処方で対応をしたらよいか明確化されていないような問題もある。このように「どこまでが OK で、どこからが NG なのか？」という基準のあいまいさが引き起こす倫理問題は「線引き問題」といわれる。

　ビジネスの現場において、ジレンマや線引きの問題に効率的に対処するには、問題に対する行動案を設計する必要がある。とはいえ、これまでの章で論じてきたように、企業は多様なステークホルダーの利害に直面するため、倫理的問題の解決にも唯一の絶対的正解はない。そのような状況の中で、多様な価値を尊重し、バランスのとれた行動案を設計することが、問題解決の鍵を握るのである。

3　行動案の設計と人工物の設計

　そもそも、技術者にとって「設計」という行為は、数学のように唯一の正解を求めるものではない。この点について、住宅設計を例に考えてみたい。2 階建ての一軒家を建設するとしよう。1 階から 2 階へ上がる手段としてまず思いつくのは「階段」であるが、ここでは家族全員が健常者だという前提

がある。仮に車椅子移動が必要な家族がいる場合、エレベーターが最も容易で適切な方法となるが、費用面には制約がある。もう一つの方法は「スロープ」であるが、車椅子移動のためには緩やかな傾斜角度を保つ必要から、広い面積が必要になる。これも住宅設計上の制約になるであろう。

　このように、設計問題では、状況に応じた制約条件に基づき答えを導くため、全てに当てはまる唯一の解答は存在しない[6]。もちろん、対応策があらかじめ決まっているケースも稀にあるが、それは前提となる倫理的判断が明白な場合に限られる。しかし、倫理問題においても、そもそもその状況や制約によって判断や行動の選択肢が広がりうるため、必然的に結論が一つに定まらないことが多い[7]。

　このような状況の中で設計問題に取り組むには、顧客のニーズを満たすように、ステークホルダーが大切にしている価値——住宅の例ではエレベーターやスロープの必要性——をバランスよく実現する必要がある。その際に留意すべきは「時間のながれ」であるが、この点においては、設計問題と倫理問題に相違が生じることとなる。なぜなら、設計問題においては「顧客の要望する納期を守ること」が重要となる一方、倫理問題では、いま直面している状況が、リアルタイムに変化することが大前提となるからである。

　倫理問題においては、ステークホルダーをとりまく状況が変化するのに応じて、経営者も意思決定を変化させる必要がある。しかし、一度下した意思決定を容易に取り消すことはできないため、最初から最後まで、行動の一つ一つを軽んずることはできない。したがって、常に現状が更新され続ける中で、バランスよく意思決定を下すことで、問題を解決していかねばならないわけである。

4　技術者倫理と経営倫理の限界とその克服

　企業が倫理問題に直面した際に、技術者がよりよい経営意思決定に貢献するには、どうすべきか。仮に、ビジネス・プロジェクトにおいて技術的な問題が生じ、その計画を中止しなければ、社会に大きな悪影響を与える状況を

想定する。このとき、問題に精通しているはずの技術者には、プロジェクトの中止を決定する権限はなく、あくまで上司に意見を述べることしかできない。また、問題の深刻さを証明できる技術的データがなければ、経営陣にその危険性を伝えるのは、なおさら難しいだろう。

　もちろん、経営陣のなかに技術者がいて、中止を決定する権限を与えられている場合もあろう。しかし、経営陣の他のメンバーから圧力を受ければ、技術的観点から経営意思決定に影響を与えるのは難しい。このため、技術者としては、プロジェクト継続による社会への悪影響を認識していても、それを止めることができないことも多い。

　このように、組織の脈絡に当てはめて考えれば、いかに技術者が倫理観をもっていても、組織としての倫理的行動を促すには限界があることがわかる。したがって、経営と倫理が互いにジレンマを抱える場合には、会社の意思決定に最終的な責任を負うべき経営者の倫理観が重要になる。もっとも、経営倫理だけをもってしても、ブラックボックス化する高度な技術に直面すれば、正しい判断を下すのは難しい。よって、技術者倫理と経営倫理の双方につき、両者の抱える限界を認識し、バランスの取れた意思決定が求められるわけである。

　技術者が倫理問題に直面するのは「安全」という価値と「利益」という価値が相反する場合である。とりわけ技術者と経営者の間では、安全と利益に対する重みづけが異なるため、両者の間でジレンマが生じるわけである。

　技術者の立場では「公益を害する」ことの回避に焦点が当たる。技術上の問題が社会に与える悪影響を十分に認識しているため、コスト負担を強いてでも、安全を確保するべく事故のリスクを抑えることが望ましいと考える。

　他方、経営者の立場からは「会社の利益」や「株主の利益」が優先される。コスト負担は会社の利益を圧迫することとなり、それが過剰になれば企業のサステナビリティを脅かすことになる。もっとも、大企業が倒産すれば、社会に大きな悪影響を与える可能性もあるため、その被害は一企業にとどまらない。

　とはいえ、多くの企業組織において「経営者」は「技術者」よりも指揮命令系統上、上位に位置しているため、技術者は「業務命令」という強制力に

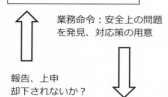

業務命令：安全上の問題
を発見、対応策の用意

報告、上申
却下されないか？

前提：特徴的な相反的価値基準
・経営者　：コスト＞安全
・技術者（専門職）：コスト＜安全

命令に従う か？否か？

図表 17.2　技術者の価値と経営者の価値の構造的問題
［出所］岡部（2014：86）をもとに筆者（岡部）改変.

従わざるを得ない[8]（**図表 17. 2**）。このような前提に立てば、技術者倫理と経営倫理の間でジレンマが生じる場合に、技術者が自らの価値判断を経営者に理解してもらえるよう、事態を説明し納得させられるかが重要となる。

　もっとも、企業の意思決定には、経営者のみならず、投資家や顧客を始めとしたさまざまなステークホルダーが関与している。したがって、ビジネスを支える技術が、安全性を含めたあらゆる側面で、社会にどのようなインパクトを与えるのかを、広くステークホルダーに理解してもらえるように説明しなければならない。つまり、あらゆるステークホルダーの価値観に目を配り、それらをバランスよく実現するための倫理実践が、技術者には求められるのである。

1. CASE17. 1 について、もしあなたがルンド氏の立場で、MT 社の上級副社長のメイソン氏から「君は、技術者の帽子を脱いで、経営者の帽子をかぶりたまえ」と告げられた際、どのように行動するか、考えなさい。
2. CASE17. 2 について、もしあなたが原子力・立地本部の責任者の立場にあったなら、長期評価に基づく津波高試算の結果に対してどのように判断するだろうか。

CASE17. 1　スペースシャトル・チャレンジャー号の爆発[9]

　1986 年 1 月 27 日の夜、スペースシャトルの燃料タンクなどを製造しているモートン・サイオコール（Morton-Thiokol Inc., 以下 MT 社）に勤める技術者のロジャー・ボジョレーは、数時間後に予定されるスペースシャトル・チャレンジャー号の打ち上げについて頭を抱えていた。ボジョレーは自社が製造したチャレンジャー号の固形燃料タンクの安全性に強い懸念があったのである。

　打ち上げ前夜のこの日、ボジョレーは打ち上げ当日の予測気温を知り戦慄した。その年のアメリカは異常な寒波により、気温が非常に低く、打ち上げ当日の気温は−3. 3℃と予測されていた。実はこの低気温下では、燃料タンク内のガスが漏れ出す恐れがあったからだ。以前、気温 12℃で行われた打ち上げの際、燃料タンクの接合部を密閉するゴム製品の O-リングに焼け焦げた跡が確認されていた。この事例では、接合部の 2 次密閉構造により、1 次 O-リングが破損しても 2 次 O-リングが密閉性を保持し、機体の破壊には至らず大事にはならなかった。しかし、これは低温下では O リングの弾性が下がり、密閉性が不十分になることを示唆していたのである。ボジョレーはこの問題について自身の上司に当たる技術担当副社長のロバート・ルンドに伝えることにした。ルンドは、ことの重要性を十分に理解しているよ

うで、これから行われる NASA との TV 会議でこの問題を伝えるという。ちなみに MT 社の承認なしに NASA はチャレンジャー号の打ち上げはできないことになっていた。

　TV 会議後、ボジョレーはルンドに打ち上げ中止の可否を尋ねた。すると、「問題は伝えたが、NASA が過去の気温 12℃のもと行われた打ち上げの事例をあげて反論した。そのため、TV 会議は一時的に中断し、社内で打ち上げ中止を勧告すべきなのか再検討することになった」という。

　チャレンジャー号には民間人初の女性宇宙飛行士が搭乗し、世間の大きな注目が集まっていたため、NASA にとって国民に宇宙開発の重要性を訴え、今後の予算を確保するうえで非常に重要な意味をもっていた。しかし、その打ち上げは既に 4 度も延期され、国民および国から不満の声が上がり始めており、NASA はこれ以上打ち上げを延期したくない状況にあった。気温を理由に打ち上げを中止すれば、気温が上昇する 4 月までは打ち上げはできず、計画が大幅に遅延する。さらに中止勧告をするのに、O-リングの弾性を示す定量的なデータが MT 社にはないことも問題だった。さらに、MT 社の主要な取引先は NASA であり、同社の利益の大部分を占めていた。

　TV 会議の再開後、すぐに打ち上げの可否は決定される。ルンド氏は MT 社の上級副社長のジェリー・メイソン氏から「君は、技術者の帽子を脱いで、経営者の帽子をかぶりたまえ。」と告げられた。

　結局、MT 社は打ち上げを強く願う NASA からの圧力を受け、ボジョレーをはじめとする技術者の中止勧告を無視し、打ち上げを承認した。予定通りチャレンジャー号は 1 月 28 日朝機体の周辺気温 2.2℃のもと打ち上げられた。しかし、チャレンジャー号は打ち上げから 72 秒後機体が爆発、空中分解した。この事故により 7 名の乗組員は全員死亡した。

　事故後の調査によって、－1℃の O-リングは 24℃の O-リングと比較して圧縮された形状から圧縮されていない形状へ戻る際の応答性が 1/5 小さくなることがわかった。これによりタンクの金属接合部の密閉性を保持できずに高温高圧の燃焼ガスが噴出、タンク内の燃料に引火爆発したと考えられた。

CASE17.2 東京電力福島第一原発事故[10]

　2011年3月11日、東日本大震災による約15mもの巨大津波に見舞われた東京電力（以下、東電）福島第一原子力発電所は、全電源喪失により原子炉内の冷却機能を失い、炉心融解（メルトダウン）の緊急事態に遭遇した。これに伴う水素爆発により大量に放射性物質を放出するという史上稀に見る甚大な原発事故となった。この事故を受けて10万人以上の地域住民が避難を余儀なくされ、双葉病院（福島県大熊町）の入院患者ら44人が移動中のバス車内や避難先で衰弱死するという事態も起きた。東電の当時トップであった勝俣恒久元会長、武黒一郎元副社長、武藤栄元副社長ら3人は大津波を予見できたのに対策を怠り、彼らを死亡させたとして業務上過失致死傷罪に問われ、2016年2月に強制起訴された。

　1年9カ月に及ぶ裁判の審理で大きな焦点となったのが、事故が起きる3年前の2008年に、国の予測結果をもとに東電が内部の技術的試算で得た「最大15.7メートルの津波が原発を襲う」可能性に対する評価であった。

　国の地震調査研究推進本部は2002年、福島県を含む太平洋岸で津波地震が起きると予測した「長期評価」を公表した。さらに国は2006年、原発の地震想定を最新の知見で見直し、稀に起こる巨大津波にも備えるよう電力会社に指示した[11]。東電で対策を検討した土木調査グループの担当者は「長期評価は権威があり、取り入れざるを得ない」と考え、この評価を取り入れた津波高試算を子会社に依頼した。そして2008年3月にもたらされたのが先の試算結果だった。

　担当社員らは同年6月、当時原子力・立地副本部長で実質的な安全対策の責任者だった武藤元副社長に試算結果を報告した。翌月には、これを踏まえた津波対策の判断を仰ぐため、沖合に防潮堤を建設するなどの対策工事をする場合、4年の歳月と数百億円の工費がかかることを同元副社長に説明した。しかし同元副社長は、長期評価の信頼性について専門家の間でも疑義が寄せられていたことから、外部機関（土木学会）にあらためて評価を検討してもらうよう指示した。そして防潮堤建設などの対策は取られなかった。

「対策を進める方向だと思っていたので、予想外の結論に力が抜けました。会議の残り数分間は、やりとりを覚えていない」「工事をしない方向になるとは思わなかった」。東電で地震・津波対策を担当していた社員らは、こう証言した。

当時、東電では 2007 年に発生した新潟県中越沖地震の影響で柏崎刈羽原発の運転が停止して収益が悪化しており、これ以上の影響は避けたいという社内の見方もあったという[12]。検察官役の指定弁護士は論告で「対策工事に伴う原発の運転停止や多大な出費を避けるため、不要な指示で対策を先送りした」と指摘した。

しかし武藤元副社長の弁護人は、「長期評価に信頼性はなく、外部機関に確認するのは合理的な判断」と反論した。当時、武藤元副社長の上司で原子力・立地本部長の職にあった武黒元副社長の側も「外部機関に依頼中と説明を受け、当然の判断と受け止めた」と述べた。また当時社長であった勝俣元会長の側は試算結果について事故後まで知らず、「業務命令を出しうる立場になかった」と主張した。

指定弁護士は 3 人それぞれに禁錮 5 年を求刑したが、東京地裁は 2019 年 9 月、巨大津波を予見できたか否かについて「予見可能性を認めることはできない」と結論し、全員に無罪が言い渡された。判決は長期評価について「（事故前に）原発の安全を考える上で取り入れるべき知見とは言えなかった」と指摘し、「信頼性に合理的疑いがある」と述べた[13]。

この無罪判決を受けた東京電力ホールディングス（2016 年 4 月より東電から社名変更）は「原子力発電所の安全性強化対策に不退転の決意で取り組んでいく」[14]とのコメントを出した[15]。

◇◇

注

1 札野（2015）。同書の中で札野は「技術者に関わる様々な価値について判断を下す基準を理解していない者や理解していたとしても適切な倫理的判断能力を持たない者は技術者とはいえない」と論じている。

2 本章では英語の"engineering ethics"と表現される言葉を「技術者倫理」と表す。日本語訳をあてる際によく使われる表現としては「技術者倫理」の他に、「技術倫理」「工学倫理」「技術職倫理」などがある。

3 国際エンジニア連合（International Engineering Alliance：IEA）は「技術とは人々のニーズ、経済発展、社会へのサービスの条件を満たすために不可欠な活動」としている。

4 札野（2015: 87）。技術者教育についての世界的先進国であるアメリカにおいて技術者教育に関する代表的な認定機構である ABET（旧 The Accreditation Board for Engineering and Technology）は、技術者教育の質を維持するための教育プログラムの認定基準の中で「経済、環境、社会、政治、倫理、健康、安全、製造可能性、持続可能性などの現実的な制約条件の中で、望まれるニーズを満たすシステムや部品、あるいは工程（プロセス）を設計する能力」を要件の一つとしている。札野は ABET の定義を受けて「エンジニア（技術者）」を以下のように定義する。21 世紀をになう技術者は、単なる専門分野の知識と能力に秀でたエキスパートではなく、科学技術分野以外の「価値」の本質を理解し、科学技術上の解決と、それがもたらす環境・社会・経済・政治などへの広範な影響との適切なバランスを取りながら、的確な「（価値）判断」に基づいた意思決定を行うことができるものでなければならない、と。

5 この点は、後に CASE17. 1 で考察する「スペースシャトル・チャレンジャー号」などの古典的事例として知られている。この事例では、技術者からの立場の考察、つまりは「チャレンジャー号」の「ボジョリー」との対比が理解しやすいと思う。技術者としての意思決定と行動が、それら事象に対してどのように影響を与えていくかを考察する際に、多くの示唆に富むケースである。これら個別事例の技術者のみならず、その背後にある「共通の問題のフレームワーク」にも意識的に焦点を当てたい。

6 興味深い問題や現実の問題においては、正しい解答ないし対応策が一つしかないとか、正しい対応策の数があらかじめ決まっているといったことはたとえあっても稀である。Whitbeck（1998: 57）

7 技術倫理学者のキャロライン・ウィトベック（Caroline Whitbeck）は「正解が一つしか存在しないということはないにしても、考えうる対応のなかには明らかに許容できないものがあり、たとえ正しい答えは一つではないにしても、間違った答えは存在する。いくつかの解答があるなら、そこには優劣がある」（Whitbeck, 1998）と、設計問題と倫理問題の類似性を認めている。

8 もちろん、この逆もありうるが、この場合は安全装置等の発動頻度やメンテナンスコストなどの経過観察により「ユーザー」や「経営者」、「株主」から「過剰安全コスト」として、ゆくゆくは修正がかかる可能性が高い。

9 本ケースのシナリオ解説は、遠藤菜央（英国レスター大学工学部客員研究員、金沢工業大学工学研究科博士前期課程、2021 年 4 月現在）によって作成されたシナリオ教材と解説をベースに、岡部幸徳が加筆修正したものである。以下の資料も参照した。

・米国大統領喚諮委員会報告書 "Report of the President by the Presidential Commission on the space shuttle Challenger accident", Chapters III, IV, June 6th, 1986（Washington, D.C.）

https://history.nasa.gov/rogersrep/genindex.htm（2020 年 9 月 26 日アクセス）

10　本ケースは東京新聞「東電旧経営陣 3 人に 9 月 19 日に判決、福島第一原発事故刑事裁判」
2019 年 9 月 18 日ほかをもとに高浦康有が作成した。

https://genpatsu.tokyo-np.co.jp/page/detail/1152

11　朝日新聞「東電津波対策先送りどう認識　被告人質問キーマン武藤氏」2018 年 10 月 16 日
https://www.asahi.com/articles/ASLBB4JLGLBBUTIL01H.html

12　同上

13　時事通信「東電旧経営陣 3 人に無罪＝巨大津波『予見できず』－東京地裁の強制起訴判決」時
事ドットコム、2019 年 9 月 19 日

https://www.jiji.com/jc/graphics?p = ve_soc_saiban-tepco-partiesclaim

14　日本経済新聞「東電旧経営陣 3 人に無罪　原発事故で強制起訴」日本経済新聞電子版、2019
年 9 月 19 日、https://www.nikkei.com/article/DGXMZO49963860Z10C19A9MM0000

15　同社ホームーページ「福島への責任―事故の総括」では、「巨大な津波を予想することが困難
であったという理由で、福島原子力事故の原因を天災として片づけてはならず、人智を尽くし
た事前の備えによって防ぐべき事故を防げなかった」との反省の弁が述べられ、「土木学会での
検討に依存し、自ら追加調査や検討を深めて判断する姿勢が不足した」「過酷事故対策の必要性
を認めると、現状の原子力発電所が十分に安全であることを説明することは困難になると考え
た」など独自の事故原因の分析を行っている。https://www.tepco.co.jp/fukushima/review/
（2021 年 9 月 21 日アクセス）

参考文献

Charles E. H. Jr., Michael S. P.,& Michael J. R.（2004）*Engineering Ethics Concepts and Cases*.
Wordsworth Publishing（社団法人日本技術士会訳編『科学技術者の倫理：その考え方
と事例（第 3 版）』第 1 章、2 頁、丸善、2008 年）

Davis,M.（1999）*Ethics and University*. Routledge

Van de Poel, I., & Royakkers, L.（2011）*Ethics, Thechnology, and Engineering: An Introduction*.
Wiley-Blackwell

Whitbeck, C.（1998）*Ethics In Engineering Practices and Research*. Cambridge University Press

岡部幸徳（2014）『よくわかる経営倫理・CSR のケースメソッド：エシックストレーニン
グのすすめ』白桃書房

金沢工業大学科学技術応用倫理研究所編（2017）『本質から考え行動する科学技術者倫
理』白桃書房

札野順（2004）『技術者倫理』放送大学教育振興会

札野順（2015）『新しい時代の技術者倫理』放送大学教育振興会

（岡部幸徳・遠藤菜央）

おわりに

　本書を通じて読者は、企業倫理について、サステナブル（持続可能）な経営のあり方を中心に一通りの入門レベルの知識を得たことだろう。国連の掲げる SDGs（持続可能な開発目標）への取り組みが企業に求められる時代にあって、持続可能な社会をどうつくるか、人権や環境問題にも配慮しながら、新たなマネジメントをデザインする発想力が必要となってくる。倫理学的な思考をベースに、こうした近年の企業倫理のトピックスの検討を行うことで、経営事象の分析力をある程度、鍛えることができたはずである。

　今後は企業不祥事などのニュースに接した際に、その背景は何か、どのような対応が望まれるか、自分自身の頭で考えてほしい。また社会的な課題が生じた際にどのように企業として解決に取り組むことができるか、などの思考トレーニングを積んでもらうとよいだろう。よく知る企業が発行している CSR 報告書やサステナビリティ報告書などに目を通して、実際に企業がどのように倫理的課題に取り組んでいるか知ることも新たな学びとなるはずだ。

　さらに可能なら、大学のゼミ仲間や同僚らとの対話を通じて、自分の倫理的観点の幅を広げることも行ってほしい。自分とは異なる考えをもつ他人と望ましい規範のあり方をめぐって討議を重ねる、対話それ自体の価値にも気づきを得ることができるだろう。多くの読者が企業倫理について学びを深めることで、企業などの組織において倫理的な判断の質を向上させ、また望ましいビジネス・パーソンとしての行動がとれるようになることを期待している。

本書の執筆は、編著者の高浦が東北大学の学部演習で活用していた D・スチュアート著『企業倫理』（白桃書房）が絶版となったことを契機としている。同書のような、倫理学説とビジネス・ケースを組み合わせたベーシックな企業倫理学のテキストをモデルにしつつ、コーポレート・ガバナンスや CSR、環境経営など今日の企業経営の制度的課題に加え、いかに職場内の多様性を高め、倫理的風土を醸成していくかという実践的課題も盛り込んだ内容の書籍としてまとめた。企業倫理にかかわる理論、制度、実践についてバランスよく学習することができるよう配慮しており、大学の演習・ゼミナールなどでの使用に適した教科書に仕上がったのではないかと思う。

　本書の企画にあたっては、日本経営倫理学会若手研究者育成研究部会のメンバーの協力を得た。研究部会のネットワークで互いに知り合い、つながりをもつことができた。本書執筆陣の取りまとめ役を買ってでてくれた現幹事の鈴木貴大先生（日本大学）、またグッド・ビジネスとは何かという観点から本書の基本的なコンセプトと構成案を提示いただいた大塚祐一先生（就実大学）に感謝するととともに、日頃若手の研究会活動を支援いただいている日本経営倫理学会にもお礼を述べたい。ふだんの研究の成果を発表し切磋琢磨する環境があったからこそ、本書のように皆で教科書を執筆する土台ができたように思う。このような若手研究者主体による共著の方針を快くお受け入れいただいた白桃書房の編集部にも感謝申し上げたい。

　なお、同研究部会や関連する経営倫理教育研究部会などの活動成果は以下のサイトを通じて発信していく予定である。適宜そちらも参照いただけると幸いである。

日本経営倫理学会「研究部会」
https://www.jabes1993.org/meeting/

　本書完成までの過程を振り返れば、新型コロナウィルスが世界的な猛威を振い、首都圏中心に緊急事態宣言が発出され社会的不安に世の中が包まれる中、各章担当者らは、誰しもが幸せになりうる持続可能な企業社会のありよ

うを願いながら執筆に取り組んだ。ポスト・コロナのあらたな時代の要請に応え得る教科書に仕上がっていれば編著者として望外の喜びである。

2022 年 2 月

編著者

索引

執筆者紹介

編著者

高浦康有（たかうら・やすなり）
序章
東北大学大学院経済学研究科准教授
専門分野：企業倫理，経営学原理
主要業績：東北大学経営学グループ編『ケースに学ぶ経営学［第3版］』有斐閣，2019年（分担執筆）
宮垣元編著『入門ソーシャルセクター：新しいNPO/NGOのデザイン』ミネルヴァ書房，2020年（分担執筆）

藤野真也（ふじの・しんや）
麗澤大学国際学部准教授
専門分野：企業倫理，企業統治
主要業績："Foreign Public Officials Bribery and Global Compliance of Japanese Corporations." *Journal of Business and Economics*, 2017, Vol.8, No.3, pp.228-240.
『日本航空の破綻と再生』ミネルヴァ書房，2019年（共著）

執筆者（執筆順）

杉本俊介（すぎもと・しゅんすけ）
第1章
慶應義塾大学商学部准教授

西本優樹（にしもと・ゆうき）
第2章
南山大学社会倫理研究所プロジェクト研究員
日本学術振興会特別研究員PD

髙田一樹（たかだ・かずき）
第3章
南山大学経営学部准教授

大塚祐一（おおつか・ゆういち）
第4章
就実大学経営学部准教授

松井亮太（まつい・りょうた）
第5章
山梨県立大学国際政策学部講師

鈴木貴大（すずき・たかひろ）
第6章
日本大学法学部准教授

川名喜之（かわな・よしゆき）
第7章
東京都立大学大学院博士後期課程

横田理宇（よこた・りう）
第8章
麗澤大学経済学部准教授

田中敬幸（たなか・たかゆき）
第9章
拓殖大学商学部准教授

石田満恵 （いしだ・みつえ）
第10章，第12章
横浜国立大学大学院国際社会科学研究院専任講師

藤原達也 （ふじわら・たつや）
第11章，第12章
千葉経済大学経済学部経営学科講師

今井昭仁 （いまい・あきひと）
第13章
パーソル総合研究所研究員

木田世界 （きだ・せかい）
第14章
小樽商科大学商学部准教授

中村暁子 （なかむら・ときこ）
第15章
北海学園大学経営学部講師

本橋潤子 （もとはし・じゅんこ）
第16章
産業能率大学経営学部准教授

岡部幸徳 （おかべ・ゆきのり）
第17章
帝京平成大学人文社会学部教授
英国レスター大学スクールオブビジネス客員教授

遠藤菜央 （えんどう・なお）
第17章
金沢工業大学工学研究科博士前期課程
英国レスター大学工学部客員研究員 （2020年3月）

■理論とケースで学ぶ　企業倫理入門

■発行日——2022年 3 月16日　初版発行　　　　　　　　　〈検印省略〉
　　　　　2023年10月26日　第 3 刷発行

■編著者——高浦康有・藤野真也

■発行者——大矢栄一郎

■発行所——株式会社 白桃書房
　　　　　〒101-0021　東京都千代田区外神田5-1-15
　　　　　☎03-3836-4781　FAX03-3836-9370　振替 00100-4-20192
　　　　　https://www.hakutou.co.jp/

■印刷／製本——亜細亜印刷株式会社

Ⓒ TAKAURA, Yasunari & FUJINO, Shinya 2022

　　　　　　　　　　Printed in Japan　ISBN 978-4-561-25749-3 C3034

好 評 書

金沢工業大学・科学技術応用倫理研究所 編
本質から考え行動する科学技術者倫理　　　　　　　　本体価格1800円

岡部幸徳 著
よくわかる経営倫理・CSR のケースメソッド　　　　　本体価格2200円
　―エシックストレーニングのすすめ

藤野真也 著
グローバルリスクとしての海外腐敗行為　　　　　　　本体価格2273円
　―内部統制機能不全の克服に果たす経営者の役割

本橋潤子 著
人と組織がいきる倫理マネジメント　　　　　　　　　本体価格2727円
　―仕事の有意味感からの探究

谷口勇仁 著
企業事故の発生メカニズム　　　　　　　　　　　　　本体価格2800円
　―「手続きの神話化」が事故を引き起こす

小山嚴也 著
CSR のマネジメント　　　　　　　　　　　　　　　　本体価格2600円
　―イシューマイオピアに陥る企業

田中宏司・水尾順一 編著
人にやさしい会社　　　　　　　　　　　　　　　　　本体価格2381円
　―安全・安心，絆の経営

―――――――― 東京　白桃書房　神田 ――――――――

本広告の価格は本体価格です。別途消費税が加算されます。